CONTRATOS II

- Prestação de Serviço
- Empreitada
- Depósito
- Mandato
- Comissão
- Agência e Distribuição
- Corretagem
- Transporte
- Seguro
- Constituição de Renda
- Jogo e Aposta
- Fiança
- Transação
- Compromisso
- Leasing

JOSÉ ROBERTO DE CASTRO NEVES
Mestre em Direito pela Universidade de Cambridge, Inglaterra
Doutor em Direito Civil pela Universidade do Estado do Rio de Janeiro
Professor de Direito Civil da PUC-RJ e da FGV-RJ
Advogado

CONTRATOS II

- Prestação de Serviço
- Empreitada
- Depósito
- Mandato
- Comissão
- Agência e Distribuição
- Corretagem
- Transporte
- Seguro
- Constituição de Renda
- Jogo e Aposta
- Fiança
- Transação
- Compromisso
- Leasing

GZ EDITORA

Rio de Janeiro
2019

1ª edição – 2019

Ilustração da capa:
Giotto, Capela Scrovegni, Joaquim e Ana

CIP-Brasil. Catalogação-na-fonte.
Sindicato Nacional dos Editores de Livros, RJ.

N424c

Neves, José Roberto de Castro

Contratos II / José Roberto de Castro Neves. - 1. ed. - Rio de Janeiro: LMJ Mundo Jurídico, 2019.
244 p.; 25 cm.

Inclui bibliografia e índice
ISBN 978-85-9524-067-4

1. Direito civil - Brasil. 2. Contratos (Brasil). I. Título.

19-57827
CDU: 347.44(81)

e-mail: contato@editoragz.com.br
www.editoragz.com.br
Av. Erasmo Braga, 299 – sala 202 – 2º andar – Centro – Rio de Janeiro – RJ – CEP 20010-170
Tels.: (0XX21) 2240-1406 / 2240-1416 – Fax: (0XX21) 2240-1511

Impresso no Brasil
Printed in Brazil

Apresentação

Destaco a minha alegria e honra em fazer esta breve apresentação. Em momento inicial, confesso que hesitei. Não sabia se seria capaz de realizar a empreitada a contento. Contudo, analisando a situação, considerando o conhecimento jurídico e a sensibilidade do professor José Roberto de Castro Neves, entendi que seria um momento único, no qual poderia bem expressar a competência, o dinamismo, bem como outras qualidades que são inerentes ao autor desta obra.

O autor é advogado de destaque no cenário jurídico nacional, daqueles que honram a classe dos advogados. É professor de excelência que, por igual, honra o magistério. Leciona direito civil, incluindo-se a disciplina "Contratos", na Pontifícia Universidade Católica do Rio de Janeiro. É Doutor em Direito Civil pela Universidade do Estado do Rio de Janeiro.

Também destaco sua qualidade de doutrinador. Possui obras publicadas comentando o Código Civil, como: Introdução ao Direito Civil (Parte Geral); Direito das Obrigações; Contratos I; e, agora, Contratos II. Estas obras, por sua qualidade, aclaram a legislação (Código Civil), trazendo formas de interpretação contemporâneas, que servem de consulta a advogados, professores de direito, operadores do direito em geral e estudantes. Possui também publicações nas áreas do direito, voltado para a filosofia e literatura, como: Medida por Medida; O Direito em Shakespeare; e, a Invenção do Direito.

Relativamente a obra em apresentação, destaco o seu conteúdo. O direito civil, como sabemos, constitui a grande codificação privada de nosso ordenamento jurídico. A regulação das relações entre pessoas privadas possui relevância na convivência diária dos integrantes da coletividade, na medida em que dispõe a respeito do direito subjetivo que pode ser exercido por cada um, buscando a pacificação social.

De outra vertente, necessário destacar a releitura a que foi submetida a legislação civil, com a entrada em vigor do atual Código Civil, mediante a inserção de cláusulas gerais e dispositivos de ordem pública, como a função social e a boa-fé objetiva. Na parte relativa aos contratos, houve a mitigação de princípios como "*pacta sunt servanda*", mediante a inserção no ordenamento civil das denominadas cláusulas revisionistas. Mencione-se, ainda, a releitura do princípio da autonomia da vontade privada, balizada pela dicotomia entre igualdade formal e substancial. Da simples leitura da presente obra, percebe-se que seus comentários se encontram inseridos nesta contemporaneidade, abordando os aspectos pós-modernos da relação contratual.

O livro "Contratos II" constitui a continuidade da obra "Contratos I", iniciando pelo contrato de prestação de serviços, quando destaca que "as pessoas físicas não são objeto de propriedade". Merece menção a abordagem relativa a alteração do Código Civil no sentido de retirar a vinculação da prestação de serviços ao contrato de locação, como constava na codificação anterior (*locatio operarum*). A codificação atual coloca o contrato de prestação de serviços completamente desvinculado da locação, de forma autônoma, retratando efetivamente o seu objeto, que é a prestação de um serviço, a realização de uma atividade lícita, seja material, seja imaterial.

No contrato de empreitada destaca a obrigação de resultado do empreiteiro, procedendo a distinção entre este contrato e a prestação de serviços. No contrato de depósito, destaca as obrigações de guarda, conservação e restituição, por parte do depositário, procedendo as distinções entre o depósito voluntário e o necessário, bem como a distinção entre depósito regular e irregular. Enfrenta, ainda, a controvérsia a respeito das consequências, quando caracterizada a figura do depositário infiel.

Os comentários ao contrato de mandato trazem a distinção entre representação e presentação, proporcionando ao leitor uma visão clara e exemplificativa de ambas as situações. Passeia através das modalidades de representação, quer legais, judiciais ou convencionais, igualmente permitindo ao público uma visão clara da distinção entre os institutos. Finaliza analisando as hipóteses de irrevogabilidade do mandato, bem como suas causas de extinção.

Para não nos alongarmos, seguem, por relevante, algumas observações relativamente aos contratos de transporte e de seguro. No que diz respeito ao contrato de transporte, importante frisar que a codificação civil anterior nada previa especificamente a respeito deste instituto, talvez porque, quando de sua vigência o transporte de pessoas não tivesse tanta relevância na sociedade. No Código Comercial, datado de 1850, havia regulamentação do contrato de transporte terrestre e marítimo, mais voltado ao transporte de cargas. Daí a relevância atual do tema, considerando que constitui uma inovação na atual codificação. As regras dispostas na codificação civil e, comentadas nesta obra, procuram regular os direitos e obrigações do transportadores e dos passageiros, quando relativo ao transporte de pessoa, e do dono da mercadoria transportada, quando relativo ao transporte de coisas. A responsabilidade objetiva do transportador constitui tema de abordagem obrigatória, assim como a incidência das normas de proteção ao consumidor (Código de Defesa do Consumidor). O autor bem destaca a dicotomia entre fortuito interno e externo, essencial na análise da responsabilidade civil do transportador.

No que se refere ao contrato de seguro, importante mencionar a análise do "risco", definindo-o, esclarecendo que o risco não se transfere a terceiro, mas os prejuízos dele decorrentes podem ser transferidos, sendo esta a essência do contrato de seguro, quer de pessoas, quer de dano. Questões como: limitação da garantia prometida, que encontra alforria no seguro de dano, mas não no seguro de pessoa; sub-rogação pelo segurador, nos direitos do segurado, uma vez paga a indenização, que se aplica ao seguro de dano, mas encontra vedação no seguro de pessoa; prazo de carência no seguro de vida para o caso de morte; suicídio do segurado dentro dos dois primeiros anos de vigência do contrato, ou de sua recondução depois de suspenso.

O autor, em seus comentários, enfrenta com maestria, competência, e uma certa dose de romantismo, as controvérsias que cercam tanto os temas aqui mencionados, como vários outros que se colocam como verdadeiros desafios para os operadores do direito. O livro contém uma leitura leve e suave, proporcionando encantamento para o leitor que, de certa forma, procede a uma leitura prazerosa e, ao mesmo tempo, solucionadora de suas eventuais dúvidas.

A qualidade da obra é inquestionável. Indico a leitura ou consulta, considerando que a presente obra passará, como os demais livros do autor já passaram, a fazer parte da biblioteca essencial de cada operador do direito.

Março de 2019

Carlos Santos de Oliveira

Desembargador do Tribunal de Justiça do Estado do Rio de Janeiro

Professor de Direito Civil da PUC-RJ

Nota do Autor

Assim como mencionei na nota de apresentação do *Contratos I*, este trabalho se origina diretamente da minha experiência como professor universitário. Já são muitos anos em sala de aula, convivendo com alunos, que chegam cada vez mais informados e curiosos sobre a matéria.

Da mesma forma que em *Uma Introdução ao Direito Civil*, *Direito das Obrigações* e *Contratos I*, o trabalho que o leitor tem nas mãos possui, em primeiro lugar, o propósito de introduzir o tema, sem, entretanto, perder-se em superficialidades. Buscou-se apresentar a matéria sempre da forma mais contemporânea, atento às andanças do fenômeno jurídico. Idealmente, deseja-se que esse livro seja um primeiro passo, que cultive a curiosidade do leitor a explorar outras fontes, em um caminho – felizmente – sem fim.

Em *Contratos I*, foram examinados Compra e Venda, Troca, Contrato Estimatório, Doação, Locação, Comodato e Mútuo. Nesta obra, trato dos demais contratos tipificados no Código Civil, incluindo-se, ainda, o *Leasing*.

Agradeço imensamente a Luiz Bernardo Rocha Gomide, Natalia Lamas, Patricia Klien Vega e Enrico Mazza, que me ajudaram a corrigir os originais, quando a minha leitura já se encontrava anestesiada. Eles aprimoraram o trabalho. Muito obrigado.

Rio de Janeiro, maio de 2019

José Roberto de Castro Neves

Para Rúbia e Chamoun
pelos exemplos

Para Bel, Guilherme, João e Duda
procurando dar exemplos

OBRAS DO AUTOR

Livros Publicados:

"*O Código do Consumidor e as Cláusulas Penais*", Ed. Forense, Rio, 2004; 2ª ed. (2006.

"*Uma Introdução ao Direito Civil – Parte Geral*", Ed. Letra Legal, Rio, 2005; Ed. Forense, Rio, 2ª ed. (2007); Ed. GZ, Rio, 2011 (3ª ed.).

"*Direito das Obrigações*", Ed. GZ, Rio, 2008 (1ª e 2ª tiragens), 2ª ed. (2009); 3ª ed. (2012); 4ª ed. (2013); 5ª ed. (2014); 6ª ed. (2016); 7ª ed. (2017)

"*Medida por Medida – O Direito em Shakespeare*", Ed. GZ, Rio, 2013 (1ª e 2ª ed.); 3ª ed. (2014), 4ª ed. (2015), 5ª ed.; Edições de Janeiro (2016).

"*A Invenção do Direito*", Edições de Janeiro, Rio, 2ª ed., 2018.

"*Contratos I*", Ed. GZ, Rio, 2016; 2ª ed. (2017).

"*Measure for Measure – The Law in Shakespeare*", Edições de Janeiro, Rio, 2016.

"*Como os Advogados Salvaram o Mundo*", Nova Fronteira, Rio, 2018.

Como coordenador:

O Mundo é um Palco, Rio de Janeiro, Edições de Janeiro, 2016.

Ele, Shakespeare, visto por nós, os Advogados, Rio de Janeiro, Edições de Janeiro, 2017.

Os Grandes Julgamentos da História, Rio de Janeiro, Nova Fronteira, 2018.

Os Advogados vão ao Cinema, Rio de Janeiro, Nova Fronteira, 2019.

Como co-autor:

"Código Civil Interpretado Conforme a Constituição da República", vol. 1, Ed. Renovar, Rio de Janeiro, 2004.

"Código Civil Interpretado Conforme a Constituição da República", vol. 2, Ed. Renovar, Rio de Janeiro, 2006.

"Código Civil Interpretado conforme a Constituição Federal", vol. 3, Renovar, Rio de Janeiro, 2011.

"Código Civil Interpretado conforme a Constituição Federal", vol. 4, Renovar, Rio de Janeiro, 2014.

Trabalhos publicados:

"Insolvency Law in Brazil" – pela Southwestern University Law Journal, dos Estados Unidos, 1996.

"Boa-fé objetiva: posição atual no ordenamento jurídico e perspectiva de sua aplicação nas relações contratuais" – Revista Forense, Rio de Janeiro, v. 351, 2001.

"O artigo 924 do Código Civil: uma leitura do conceito de equidade nas relações de consumo" – Revista Forense, Rio de Janeiro, v. 360, 2002.

"Coação e Fraude contra Credores", no livro "A Parte Geral do Novo Código Civil", Ed. Renovar, Rio de Janeiro, 2002.

"Uma leitura do conceito de equidade nas relações de consumo", no livro "A Constitucionalização do Direito", Ed. Lúmen Iuris, Rio de Janeiro, 2003.

"Aspectos da cláusula de não concorrência no direito brasileiro" – Revista Trimestral de Direito Civil, v. 12, ed. Padma, Rio de Janeiro, 2003.

"Considerações jurídicas acerca das agências reguladoras e o aumento das tarifas públicas" – Revista dos Tribunais, v. 821, São Paulo, 2004.

"Justiça, segurança, bem comum e propriedade. Uma breve introdução ao direito de propriedade e à sua função social" - Revista da EMERJ, nº 26, Rio de Janeiro, 2004.

"A intertemporalidade e seus critérios" – Revista Forense, v. 382, Rio de Janeiro, 2005.

"O enriquecimento sem causa como fonte das obrigações" – Revista dos Tribunais, v. 843, 2006.

"O enriquecimento sem causa: dimensão atual do princípio no Direito Civil", no livro "Princípios do Direito Civil Contemporâneo", Ed. Renovar, Rio de Janeiro, 2006.

"O Direito do Consumidor – de onde viemos e para onde vamos", in Revista Trimestral de Direito Civil, v. 26, Padma Editora, 2006.

"Responsabilidade Civil – vinte rachaduras, quebras e desmoronamentos (e uma canção desesperada)", in Revista Trimestral de Direito Civil, nº 33, Padma Editora, 2008.

"As Garantias do Cumprimento da Obrigação", in Revista da EMERJ, nº 44, Rio de Janeiro, 2008.

"O árbitro conhece o direito – Jura novit cúria", in Revista Direito ao Ponto, nº 7, São Paulo, 2011.

"O Arredamento Rural e a sua Contraprestação", in Aspectos Polêmicos do Agronegócio, São Paulo, Ed. Castro Lopes, 2013.

"O Contrato de Fiança", no livro, in: Direito e Justiça social, São Paulo, Atlas, 2013.

"O Contrato Estimatório", in Revista Forum do Direito Civil nº 2, Belo Horizonte, 2013.

"*Os Direitos da Personalidade e a Liberdade de Expressão – Parâmetros para a Ponderação*", Revista da EMERJ, v. 16, nº 62, Rio de Janeiro, 2013.

"*Custas, Despesas e Sucumbência na Arbitragem*", in Revista de Arbitragem e Mediação, ano 11, 43, Ed. Revista dos Tribunais, São Paulo, 2014.

"Resolução e Revisão dos Contratos", *in Direito Imobiliário*, São Paulo, Atlas, 2015.

"Arbitragem nas Relações de Consumo – Uma Nova Esperança", *in Arbitragem e Mediação*, São Paulo, Atlas, 2015.

"O Contrato de Seguro, sua perspectiva civil-constitucional e sua lógica econômica", In Anais do I Congresso Internacional de Direito de Seguro do Conselho da Justiça Federal e do Superior Tribunal de Justiça, Ed. Roncarati, São Paulo, 2015.

"Shakespeare e os estudantes de direito", *in Cadernos FGV Direito Rio*, vol. 11, Rio de Janeiro, Edição FGV, 2015.

"O Contrato de Seguro, sua Perspectiva Civil-Constitucional e sua Lógica Econômica", in Direito dos Negócios Aplicado, vol II, São Paulo, Almedina, 2016.

"*O Bardo e a Lei*", *in* Suplemento, Belo Horizonte, Imprensa Oficial do Estado de Minas Gerais, 2016.

"A escolha do árbitro como fundamento da arbitragem", in A Reforma da Arbitragem, Rio de Janeiro, Forense, 2016.

"Shakespeare e o espelho do homem público", in *O Mundo é um Palco*, Rio de Janeiro, Edições de Janeiro, 2016.

"*O Canalha em Shakespeare*", *in Ele, Shakespeare, visto por nós, os Advogados*, Rio de Janeiro, Edições de Janeiro, 2017.

"*Os honorários advocatícios de sucumbência na arbitragem*", *in 20 anos da Lei de Arbitragem*, São Paulo, Atlas, 2017.

"Contrato de Transporte", in Aspectos do Direito Ferroviário, Ed. Verbatim, São Paulo, 2018.

"*O Julgamento de Lutero*", *in Os Grandes Julgamentos da História*, Rio de Janeiro, Nova Fronteira, 2018.

"*Por que a Advocacia?*", *in Deferido – A Advocacia Segundo seus Protagonistas*, Rio de Janeiro, ed. Lumen Juris, 2018.

"O Contrato Depois da Constituição de 1998 e a Revogação da Lei de Gérson", in Constituição da República – Um projeto de Nação: Homenagem aos 30 anos, Brasília, OAB, 2018.

"O Comportamento das partes como elemento de integração do contrato", in Direito, Cultura, Método – Leituras da obra de Judith Martins Costa, Rio de Janeiro, GZ Editora, 2019.

"Gloria Feita de Sangue", in Os Advogados vão ao Cinema, Rio de Janeiro, Nova Fronteira, 2019.

"*Em Busca do Novo*", em 130 anos de República, Rio de Janeiro, Intrínseca, 2019.

Sumário

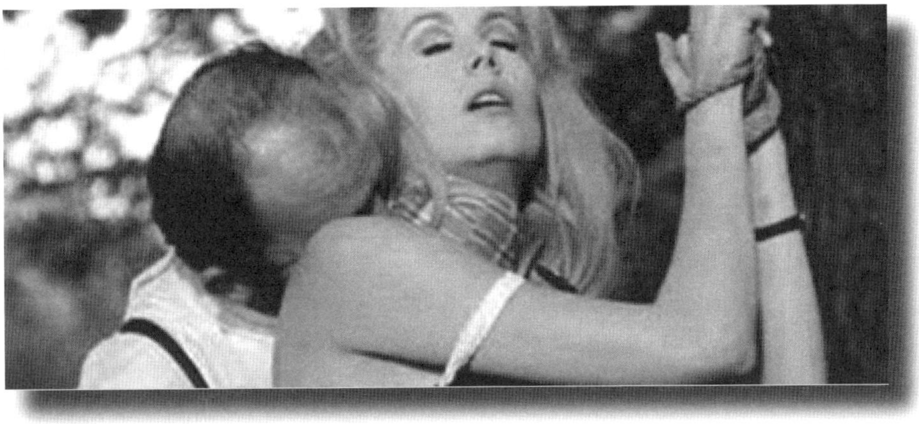

Prestação de Serviço

As pessoas físicas não são objeto de direito de propriedade. Elas se encontram livres para negociar sua força física e intelectual. Admite-se, obviamente, que elas firmem acordos, nos quais ofereçam, como prestação, uma atividade física ou uma obra intelectual. Dessa forma, elas "vendem" sua força de trabalho.

Uma grande empresa, por exemplo, precisa de pessoas que atuem em diversos setores, com distintas capacidades e talentos. A empresa contrata todas elas, cada qual com sua especialidade. Uma faz contas, outra serve o café e uma terceira controla a entrada dos demais no local do trabalho. De acordo com o tamanho da estrutura e da necessidade da operação, diferem o número de funcionários e de prestadores de serviço, que poderão ter maior ou menor grau de complexidade.

Por meio dessas relações, a maior parte da população se insere no mercado de trabalho. Negociando a sua mão-de-obra, as pessoas recebem uma remuneração, que, em regra, constitui sua fonte de renda. Pelo trabalho, portanto, as pessoas tornam-se úteis à sociedade e garantem sua subsistência. Trata-se do mais poderoso meio de inserção social e, possivelmente, o caminho mais eficaz e consistente de se adquirir dignidade – pois a dignidade não é uma dádiva, senão algo que se conquista.

Na mitologia grega, Hércules (o Héracles dos gregos) cometeu um ato odioso, quando em um momento de fúria, assassinou sua esposa e os filhos. Desconsolado, Hércules se isolou. Em seguida, foi convencido a procurar o oráculo de Delfos, a fim de receber algum sentido para a sua vida, afundada em arrependimentos. Para se reintegrar à sociedade – e como penitência –, Hércules se obrigou a executar 12 trabalhos, comandados por Euristeu, exatamente a pessoa que o herói mais odiava. Com os famosos 12 trabalhos, Hércules recuperou sua dignidade.

Tamanha a importância do trabalho, para o homem e para a sociedade, que o Estado se dedica a regulamentar, de forma cuidadosa, as relações nas quais uma pessoa atua em benefício de outra. Isso se revela ainda mais fundamental se, por meio desse vínculo, o contratado dependa dessa relação para a sua subsistência.

Até a Igreja Católica já tomou posição concreta nessas relações. Em 1891, o Papa Leão XIII – um sacerdote com formação jurídica – editou a encíclica – uma carta aberta – chamada *Rerum Novarum*. Ele tratava das relações de trabalho em massa e revelava preocupação em que essa situação abundante não se tornasse fonte de abusos. Vale repetir a parte da encíclica em que trata das "obrigações dos operários e patrões":

> "10. Entre estes deveres, eis os que dizem respeito ao pobre e ao operário: deve fornecer integral e fielmente todo o trabalho a que se comprometeu por contrato livre e conforme a equidade; não deve lesar o seu patrão, nem nos seus bens, nem na sua pessoa; as suas reivindicações devem ser isentas de violências e nunca revestirem a forma de sedições; deve fugir dos homens perversos que, nos seus discursos artificiosos, lhe sugerem esperanças exageradas e lhe fazem grandes promessas, as quais só conduzem a estéreis pesares e à ruína das fortunas.
>
> Quanto aos ricos e aos patrões, não devem tratar o operário como escravo, mas respeitar nele a dignidade do homem, realçada ainda pela do Cristão. O trabalho do corpo, pelo testemunho comum da razão e da filosofia cristã, longe de ser um objecto de vergonha, honra o homem, porque lhe fornece um nobre meio de sustentar a sua vida. O que é vergonhoso e desumano é usar dos homens como de vis instrumentos de lucro, e não os estimar senão na proporção do vigor dos seus braços. O cristianismo, além disso, prescreve que se tenham em consideração os interesses espirituais do operário e o bem da sua alma. Aos patrões compete velar para que a isto seja dada plena satisfação, para que o operário não seja entregue à sedução e às solicitações corruptoras, que nada venha enfraquecer o espírito de família nem os hábitos de economia. Proíbe também aos patrões que imponham aos seus subordinados um trabalho superior às suas forças ou em desarmonia com a sua idade ou o seu sexo.
>
> Mas, entre os deveres principais do patrão, é necessário colocar, em primeiro lugar, o de dar a cada um o salário que convém."

O trabalho que dignifica é aquele lícito, fruto de um verdadeiro esforço, no qual se encontre presente uma função social. Não por outro motivo, o artigo 5º da Constituição Federal, em seu inciso XIII, confere ampla liberdade aos cidadãos, dispondo que "é livre o exercício de qualquer trabalho, ofício ou profissão, atendidas as qualificações profissionais que a lei estabelecer"[1].

Por meio do contrato de prestação de serviço, uma pessoa, chamada prestador, se obriga, mediante certa remuneração, a realizar uma atividade em proveito de outra, o tomador.

No Direito Romano antigo, *Locatio* referia-se a três tipos de contrato: a *locatio rerum*, consistente na locação de coisas; a *locatio operis*, referente à empreitada e a *locatio operarum*, a locação de serviços.

O termo "locação" – cuja origem vem claramente de locatário – hoje se restringe à locação de coisas. Até o Código de 1916, a prestação de serviços ainda era tratada como locação de serviços. O Código de 2002 alterou a qualificação, abandonando a terminologia antiga, passando a se referir ao contrato como prestação de serviços. A nova denominação é mais feliz. Afinal, não parece razoável admitir que o trabalho humano possa ser objeto de locação, pois não é coisa. O que se quer, com o negócio, é que o contratado realize uma atividade, uma "prestação" de fazer em proveito do contratante, daí se justificando o *nomem* do contrato.

relações de trabalho

A *locatio operarum* romana era mais extensa. Ela abrangia a relação de trabalho. Hoje, essa relação não se encontra inserida no Direito Civil. No Brasil, o legislador escolheu dar um tratamento diferenciado à relação entre o empregado e o empregador, com leis específicas e, até mesmo, um Tribunal de Justiça próprio. O Código Civil se aplica às prestações de serviço que não se inserirem nas relações de trabalho, garante o artigo 593 do Código Civil.[2] Este tem posição, sobre o tema, excludente e subsidiária.

Assim, em primeiro lugar, cumpre distinguir as relações consideradas como de trabalho. Para elas, incidirão as leis trabalhistas, referidas na Consolidação das Leis do Trabalho, e a matéria, se houver divergência entre as partes dessa relação, será discutida na Justiça do Trabalho, com uma direção principiológica peculiar.

Segundo o artigo 114, I, da Constituição Federal, compete à Justiça do Trabalho processar e julgar "*as ações oriundas da relação de trabalho*".

1 "O dispositivo confere liberdade de escolha de trabalho, de ofício e de profissão, de acordo com as propensões de cada pessoa e na medida em que a sorte e o esforço próprio possam romper as barreiras que se antepõem à maioria do povo." (José Afonso da Silva, Comentário Contextual à Constituição, 2ª ed. São Paulo, Malheiros Editores, p. 108)

2 "Art. 593. A prestação de serviço, que não estiver sujeita às leis trabalhistas ou a lei especial, reger-se-á pelas disposições deste Capítulo".

Não há diferença substancial entre a natureza do serviço, isto é, da atividade humana desempenhada nas relações de trabalho e na prestação de serviço. Em todos esses casos, uma pessoa realiza uma atividade em benefício de outra. Contudo, na relação de trabalho, há subordinação, habitualidade e dependência econômica entre quem presta e quem recebe o serviço.

Imagine a pessoa que trabalha numa loja. Ela tem que ir todos os dias ao estabelecimento, cumprir um horário de serviço pré-determinado e seguir as orientações do dono da loja. Nesse caso, estamos diante de uma relação de trabalho. Uma situação diferente é a daquele contratado pelo dono da loja apenas para, digamos, ir eventualmente à loja para decorá-la. Esse decorador oferece apenas um serviço e não há outro vínculo com quem o contratou.

subordinação

No simples serviço, como no exemplo acima, não há a subordinação. Aliás, a lei civil fala em serviço no singular. Evidentemente, quem presta o serviço o faz em benefício e em conformidade com a determinação de quem contrata, o tomador do serviço. Contudo, há uma independência do prestador de serviço, o que, em regra, não ocorre com o empregado.

Tome-se, ainda, a situação de um cirurgião, contratado para fazer, imagine-se, uma operação para retirar pedras nos rins de determinado paciente. O médico tem autonomia em relação ao paciente. Ele não é empregado do paciente, mas apenas prestou um serviço específico.

habitualidade

Na prestação de serviço, não há também habitualidade. Trata-se de trabalho autônomo. Na relação de emprego, o empregador absorve de forma mais ampla o empregado, o que não vai ocorrer, em regra, com o prestador de serviço. Veja, para ilustrar, o que ocorre com o advogado contratado para atuar em certa causa. Normalmente, esse profissional não cuidará apenas de um caso para um único cliente, mas acompanhará vários processos, de clientes distintos, com os quais se ocupará.

Já o advogado contratado para trabalhar no setor jurídico interno de uma empresa é, na maior parte das vezes, obrigado a dedicar-se exclusivamente àquela companhia, configurando um vínculo empregatício.

O contratado na prestação de um serviço realiza a atividade em seu nome e por sua conta e risco. Na relação de emprego, diferentemente, o risco com a atividade realizada é do empregador e o empregado atua em nome daquele. Nesse sentido, se a empregadora experimentar um prejuízo financeiro, ela não poderá repassá-lo aos funcionários, reduzindo o seu salário. Por outro lado, se a empresa perceber lucros, os empregados também não compartilharão dessa prosperidade.

Enquanto os empregados assalariados possuem a garantia de recebimento de uma quantia fixa de dinheiro, o prestador de serviços autônomo, por outro lado, encontra-se exposto aos ônus e aos bônus decorrentes da sua atividade.

dependência econômica

Não há dependência econômica entre o prestador de serviço e quem o recebe, ao contrário do que se dá nas relações de emprego.

O Estado cerca o empregado, parte de uma relação de trabalho, de proteções, pois acredita que essa relação de emprego pode ser fonte de abusos, diante do desequilíbrio natural entre as partes. Afinal, o empregado, em regra, tem enorme dependência econômica diante do empregador. Há predominância de interesse público, pois socialmente justifica-se tutelar o empregado, a parte, normalmente, mais frágil da relação.

Portanto, ao analisar uma situação de prestação de serviço, uma primeira trincheira consistirá em identificar se o caso concreto se insere em uma relação de trabalho, hipótese em que será examinado pelas leis trabalhistas. Se, de outra ponta, houver a prestação apenas de um serviço, aplicar-se-ão as regras previstas no Código Civil.

Ao se contratar uma pessoa jurídica para prestar certo serviço (e não um determinado profissional), a relação é comercial e, logo, escapa da jurisdição trabalhista. Se uma pessoa contrata, por exemplo, uma empresa especializada em faxina e limpeza, a relação não será de trabalho. Caso, contudo, alguém contrate exclusivamente certa faxineira para lhe prestar serviços diretamente, estabelecendo-se uma relação de habitualidade, subordinação e dependência, estar-se-á diante de uma relação de trabalho.

relações de consumo

Outro aspecto que merece ser apreciado ao analisar uma prestação de serviço consiste em compreender que uma grande parcela dessas relações se encontra inserida nas relações de consumo.

Isso porque, muitas vezes, a prestação de serviço se fará por quem oferece esses serviços profissionalmente em benefício da pessoa que o contratou. Em nossa sociedade, há um sem-fim de pessoas que tiram seu sustento de prestar serviços às outras. Por outro lado, há um número maior ainda de pessoas que precisam desses serviços para satisfazer suas necessidades. Quando alguém procura, por exemplo, um encanador, um bombeiro hidráulico, um médico, entre tantas outras atividades, estará valendo-se de um serviço. O Direito percebeu que existe nessa relação, na maior parte das vezes, um desequilíbrio em desfavor do consumidor, na medida em que o prestador de serviço detém o conhecimento técnico do seu mister. Na prática, o encanador domina sua atividade, ao contrário do consumidor. Essa relação adernada também pode decorrer do fato de o prestador de serviço, mormente quando este for uma grande pessoa jurídica, ter maior poder econômico do que o consumidor. Por esses motivos, a lei oferece um tratamento benéfico ao consumidor nas suas relações com o prestador de serviço, reguladas pelo Código do Consumidor, a Lei nº 8.078, de 11.9.1990.[3]

No Direito brasileiro, a identificação das relações de consumo começa com a definição das partes envolvidas. Segundo o artigo 3º da Lei:

> "Art. 3° Fornecedor é toda pessoa física ou jurídica, pública ou privada, nacional ou estrangeira, bem como os entes despersonalizados, que desenvolvem atividade de produção, montagem, criação, construção, transformação, importação, exportação, distribuição ou comercialização de produtos ou prestação de serviços."

Como se vê, o legislador procurou dar ao fornecedor uma acepção bem ampla e abrangente, fazendo referência não apenas ao gênero, mas também às espécies de serviço – embora a menção às espécies seja apenas exemplificativa.[4]

O serviço, por sua vez, recebe a seguinte definição:

> "§ 2° Serviço é qualquer atividade fornecida no mercado de consumo, mediante remuneração, inclusive as de natureza bancária, financeira, de crédito e securitária, salvo as decorrentes das relações de caráter trabalhista."

Como se vê, também no Código do Consumidor, o legislador cuidou de afastar as relações de caráter trabalhista.

A partir do conceito de que se deva tutelar o consumidor, a Lei estabelece uma série de regras protetivas, que terão grande impacto na prestação de serviço.

O artigo 14 do Código do Consumidor aponta a responsabilidade objetiva do prestador de serviço para responder pelos prejuízos sofridos por quem recebeu o serviço. Segundo o referido dispositivo, o prestador de serviço, nas relações de consumo, responde independentemente de culpa por defeitos e pela falha no oferecimento de informações acerca da fruição e dos riscos da atividade. Eis a redação do dispositivo:

---

3 Ver Sergio Cavalieri, Programa de Direito do Consumidor, São Paulo, Atlas, 2008.

4 Sylvio Capanema, José Guilherme Vasi Werner e Thiago Cardoso Neves, Direito do Consumidor, Rio de Janeiro, Forense, 2018, p. 27.

> "Art. 14. O fornecedor de serviços responde, independentemente da existência de culpa, pela reparação dos danos causados aos consumidores por defeitos relativos à prestação dos serviços, bem como por informações insuficientes ou inadequadas sobre sua fruição e riscos."

Trata-se da responsabilidade pelo fato do serviço.

O parágrafo primeiro da citada regra cuida de definir o que é o serviço defeituoso:

> "§ 1º O serviço é defeituoso quando não fornece a segurança que o consumidor dele pode esperar, levando-se em consideração as circunstâncias relevantes, entre as quais:
>
> I. O modo de seu fornecimento;
>
> II. O resultado e os riscos que razoavelmente dele se esperavam;
>
> III. A época em que foi fornecido."

Portanto, nas situações nas quais o consumidor receber um serviço defeituoso e isso lhe acarretar algum dano, o prestador deverá indenizá-lo, não se questionando se agiu com culpa. Basta que se reconheça o dano e o prestador do serviço terá que indenizá-lo.

responsabilidade objetiva

O conceito de responsabilidade objetiva já é conhecido do leitor. Nesses casos, o causador do dano responde mesmo que não tenha agido com culpa, isto é, mesmo nos casos nos quais atuou com diligência. Entende-se ser um risco natural do negócio que o fornecedor ou o prestador de serviços tenha que se responsabilizar pelos danos decorrentes de sua atividade, ainda que não tenha culpa pelo fato que originou o prejuízo. Ou seja, não importa que o prestador do serviço, numa relação de consumo, adotou toda diligência, ele responderá pelo dano a que sua atividade der causa.

Consoante registra o § 2º do artigo 14 da Lei do Consumidor, "*O serviço não é considerado defeituoso pela adoção de novas técnicas.*" Assim, o fato de o prestador de serviço valer-se de uma determinada técnica moderna não significa que ele estaria inadimplente. Ou seja, o simples fato de se adotar uma forma nova para prestar o serviço não acarreta, *per se*, o dever de reparar. Para que o prestador de serviço fique obrigado a indenizar, é necessário, ainda, que, por conta de sua conduta, o consumidor sofra um dano. Evidentemente, apenas havendo prejuízo real a parte lesada pode reclamar a reparação.

Segundo o § 3º do artigo 14, "*O fornecedor de serviços só não será responsabilizado quando provar: (I.) que, tendo prestado o serviço, o defeito inexiste; (II.) a culpa exclusiva do consumidor ou de terceiro.*"

Como se vê, a lei buscou apenas eximir a responsabilidade do prestador de serviços quando restasse clara a ausência do nexo causal entre a conduta deste e o dano do consumidor. Portanto, apenas quando o prestador de serviço, numa relação de consumo, demonstrar que a sua conduta não acarretou o dano, poderá eximir-se de indenizar.

Em outras palavras, o prestador de serviço somente deixará de responder pelo dano do consumidor nos casos em que ficar demonstrado que não houve defeito no serviço ou que o dano decorrer de ato do consumidor ou de terceiro.

Tome-se a situação de uma empresa de engenharia que, contratada para planejar uma casa, apresenta um projeto. Contudo, o consumidor, ao executar o projeto, acaba por se distanciar da instrução recebida pela empresa de engenharia e constrói algo substancialmente distinto. Se, em seguida, sobrevier algum defeito estrutural na casa e o consumidor reclamar o serviço da sociedade de engenheiros, esta poderá defender-se alegando que seu trabalho original fora alterado, de sorte que a culpa pelas falhas se deve exclusivamente ao consumidor.

profissionais liberais

Por último, o § 4º do artigo 14 da Lei do Consumidor traz importante regra em relação aos profissionais liberais. Segundo esse dispositivo, "A *responsabilidade pessoal dos profissionais liberais será apurada mediante a verificação de culpa*." Portanto, para esses profissionais, a responsabilidade não será objetiva, mas demandará o reconhecimento e o diagnóstico do desvio do comportamento padrão.

O profissional liberal é aquele que, com formação universitária ou técnica, exerce uma atividade por conta própria. São, por exemplo, os arquitetos, advogados, médicos, entre outros, que, diretamente ou por escritório próprio, oferecem seu serviço.

O conceito legal de profissional liberal pode ser extraído do artigo 966 do Código Civil:

> "Art. 966. Considera-se empresário quem exerce profissionalmente atividade econômica organizada para a produção ou a circulação de bens ou de serviços.
>
> Parágrafo único. Não se considera empresário quem exerce profissão intelectual, de natureza científica, literária ou artística, ainda com o concurso de auxiliares ou colaboradores, salvo se o exercício da profissão constituir elemento de empresa."

profissional autônomo

A Confederação Nacional das Profissões Liberais (entidade sindical reconhecida pelo Decreto nº 35.575/54) define em seu artigo 1º, § único, o profissional liberal como sendo aquele "*legalmente habilitado a prestar serviços de natureza técnico-científica de cunho profis-*

sional com a liberdade de execução que lhe é assegurada pelos princípios normativos de sua profissão, independentemente do vínculo da prestação de serviço". Entende-se que esse profissional não atua como empresário e, logo, sua responsabilidade, no âmbito de uma relação de consumo, será aferida mediante a verificação de culpa.[5] O conceito, como se vê, nasce de uma negativa: não sendo empresário, justo que o profissional liberal não receba o tratamento de prestador de serviço que tenha essa característica, como se dá nas relações de consumo.

Há, ainda, a categoria do profissional autônomo. Aqui está aquele que, embora desprovido de uma formação profissional plena, trabalha por conta própria, sem vínculo empregatício. São eles, por exemplo, os eletricistas, pintores, encanadores, entre outros.

Apesar de o § 4º do artigo 14 do Código do Consumidor não registrar, os profissionais autônomos também terão sua responsabilidade aferida, tal como o profissional liberal, de forma subjetiva, isto é, examinando-se a sua culpa.

O profissional liberal é sempre uma pessoa física. Assim, se o serviço, no âmbito de uma relação de consumo, é solicitado a uma pessoa jurídica, a responsabilidade desta será objetiva.

Veja-se a situação de uma pessoa que procura um hospital, buscando auxílio médico. Caso esta receba um serviço deficiente, ela poderá reclamar, sem questionar a culpa do estabelecimento. Situação diversa ocorrerá se o paciente tiver contratado um médico, profissional liberal, para executar o serviço. Nesta hipótese, caso o consumidor entenda que o médico falhou na prestação do serviço, caberá a ele demonstrar a culpa do profissional, para se reconhecer devida alguma indenização.[6]

---

5 Nagib Slaibi Filho, A Obrigação de Diligência e a Responsabilidade Civil do Profissional Liberal, Revista da EMERJ, v. 9, nº 36, 2006, p. 51/53

6 "A responsabilidade do hospital somente tem espaço quando o dano decorrer de falha de serviços cuja atribuição afeta única e exclusivamente ao hospital. Nas hipóteses de dano decorrente de falha técnica restrita ao profissional médico, mormente quando este não tem nenhum vínculo com o hospital – seja de emprego ou de mera preposição – não cabe atribuir ao nosocômio a obrigação de indenizar. Se, na ocorrência de dano impõe-se ao hospital que responda objetivamente pelos erros cometidos pelo médico, estar-se-á aceitando que o contrato firmado seja de resultado, pois se o médico não garante o resultado, o hospital garantirá. Isso leva ao seguinte absurdo: na hipótese de intervenção cirúrgica, ou o paciente sai curado ou será indenizado – daí um contrato de resultado firmado às avessas da legislação. O cadastro que os hospitais normalmente mantêm de médicos que utilizam suas instalações para a realização de cirurgias não é o suficiente para caracterizar relação de subordinação entre médico e hospital. Na verdade, tal procedimento representa um mínimo de organização empresarial" (STJ – 2ª Seção, REsp 908.359, Min. João Otávio, j. 27.8.08, quatro votos a três, DJ 17.12.08).

"Quando o paciente é internado sob a responsabilidade de seu médico, previamente escolhido, a responsabilidade do hospital fica confinada aos seus domínios, como antes mencionado, não ha-

obrigação de fazer

O artigo 594 do Código Civil[7] informa que qualquer atividade humana lícita pode ser contratada mediante retribuição. Esse serviço pode ser intelectual ou manual. Trata-se de exemplo clássico de obrigação de fazer. Aliás, se as partes tiverem em mente o resultado do serviço, com a entrega de algo ao final, é provável que se esteja diante de um contrato de empreitada, de que trataremos adiante. Na prestação de serviço, foca-se na atividade humana.

O trabalho é uma forma fundamental de inserção social. As pessoas se sentem úteis, integram-se a partir do trabalho, seja de que natureza for. Assim, essa atividade constitui fonte de realização pessoal e, logo, de felicidade. No que se refere à escolha da profissão e dos serviços que se dediquem a prestar, as pessoas devem, portanto, ter ampla liberdade.

dignidade da pessoa humana

Contudo, a atividade precisa respeitar o limite da dignidade, pois não se admite um serviço que exponha o prestador a uma situação humilhante, mesmo com o seu consentimento.

Um bom exemplo desse tema ocorreu no caso, hoje famoso, do "arremesso dos anões". Ocorreu que, na França, nos anos 90, houve a ideia de se promover, em bares e discotecas, uma atração peculiar: premiava-se quem conseguisse arremessar, na maior distância possível, anões. Estes se inscreviam voluntariamente no evento, recebendo uma remuneração em troca do "serviço". Uma cidade do interior francês, Morsang-sur-Orge, proibiu o evento, sob o fundamento de que esse serviço ofendia a dignidade dos anões. Inicialmente, um anão, que ganhava a vida com essa atividade, recorreu do ato do município, com fundamento na sua liberdade de escolha de trabalho. Em um primeiro momento, o Tribunal Administrativo de Versalhes anulou o ato do Prefeito, dando ganho de causa ao anão. Posteriormente, a instância mais alta do judiciário francês considerou que a dignidade do ser humano estava acima de sua autonomia privada. Logo, o anão, mesmo que quisesse, não poderia engajar-se num serviço que lhe maculasse a honra e a dignidade.[8]

---

vendo nexo de causalidade com o erro do médico propriamente dito. Todavia, quando o paciente procura o hospital para tratamento, principalmente naqueles casos de emergência, e recebe atendimento do médico que se encontra em serviço no local, a responsabilidade em razão das conseqüências danosas da terapia pertence ao hospital. Em tal situação, pouco releva a circunstância de ser o médico empregado do hospital, porquanto ele se encontrava vinculado ao serviço de emergência oferecido" (STJ-3ª T., REsp 400.843, Min. Menezes Direito, j. 17.2.05, DJU 18.4.05).

7 "Art. 594. Toda a espécie de serviço ou trabalho lícito, material ou imaterial, pode ser contratada mediante retribuição".

8 Sobre casos análogos, ver Anderson Schreiber, Direitos da Personalidade, São Paulo, Atlas, 2011

No Brasil, ficou conhecido o caso do mestre cervejeiro, que acionou a sua antiga empregadora, sob a alegação de que esta deixou de adotar os cuidados necessários para que ele não se transformasse em um alcóolatra. O conceito, que se extrai desse caso, é o de que o tomador do serviço (e o empregador ainda em maior grau) é responsável pelo que ocorrer com o prestador do serviço enquanto ele estiver exercendo a atividade. Evidentemente, isso se relaciona aos atos direcionados ao serviço contratado e exercidos dentro dos padrões normais. Se o prestador de serviços, no momento em que oferece a prestação, se afastar do modelo de normalidade, deve arcar sozinho com os seus exageros e falhas.

objeto

O objeto da prestação deve ser, desde o princípio, definido pelas partes.

De acordo com o artigo 601 do Código Civil,[9] caso não se tenha ajustado especificamente o trabalho, o prestador pode ser concitado a fazer qualquer serviço compatível com "as suas forças e condições".

Isso faz toda a diferença: há um caso histórico e determinante. O rei espanhol escolheu um conhecido e experiente comandante de exército, Medina Sidônia, para liderar a sua frota, numa guerra naval contra a Inglaterra. Medina Sidônia era, possivelmente, um dos melhores generais de seu tempo, mas nada conhecia de navegação. O resultado foi o de que, em 1588, a Inglaterra derrotou a "Invencível Armada" espanhola, mudando o destino da história. A lição é a importância da escolha da pessoa certa para prestar o serviço. Quem se destaca para uma atividade, pode revelar-se a pessoa errada para se dedicar à outra.

Evidentemente, se as partes tiverem expressamente contratado qual seria o objeto do trabalho, não haveria discussão acerca da amplitude da prestação e caberia ao contratado realizá-la para atingir o adimplemento. Contudo, por vezes, as partes não identificam com precisão qual a extensão do serviço ou existe apenas um contrato verbal, no qual fica incerta a amplitude do que se contratou, de sorte que já não se consegue identificar perfeitamente o seu objeto. Nestes casos, observa-se a capacidade normal do contratado, ou seja: busca-se imaginar, diante do caso concreto, qual seria o serviço para o qual ele estaria naturalmente talhado.

Imagine-se que se contrate verbalmente um conhecido mágico para o aniversário de uma criança. Neste caso, não seria difícil intuir que o objeto da prestação de serviço seria uma apresentação daquele profissional na tal festa, com os truques e ilusões próprias de seu mister. Se o contratante quisesse exigir do mágico que realizasse

9 "Art. 601. Não sendo o prestador de serviço contratado para certo e determinado trabalho, entender-se-á que se obrigou a todo e qualquer serviço compatível com as suas forças e condições."

outro serviço, como, por exemplo, o de servir os salgadinhos para os convidados, o contratado poderia recusar-se, argumentando que tal atividade não consistia no objeto do seu contrato, nem sendo isso compatível com o serviço que normalmente oferece, valendo-se do artigo 601 do Código Civil.

remuneração

O contratado exerce a atividade para o contratante mediante uma remuneração. Logo, cuida-se de um contrato bilateral. O Código Civil brasileiro trata apenas da modalidade onerosa da prestação, porém nada impede que as partes ajustem uma prestação graciosa.[10]

O principal dever do contratante consiste em remunerar quem prestou o serviço. Normalmente, denomina-se essa contraprestação de honorários (adotando-se o termo salário para a remuneração decorrente das relações de emprego, embora o artigo 599, parágrafo único, II, do Código Civil,[11] use, erroneamente, a palavra).

O serviço presume-se oneroso. Caso nada tenha sido estabelecido em termos de remuneração, a presunção será a de que o tomador do serviço deve alguma remuneração a quem o auxiliou, sob pena de haver um enriquecimento indevido. Salvo excepcionalmente, pode-se admitir que houve uma liberalidade do prestador, mas isso deve ser demonstrado.

Normalmente, as partes convencionam de antemão qual será a remuneração pelo serviço prestado. Se não houver ajuste, dar-se-á o seu arbitramento (artigo 596), muitas vezes feito por um juiz.[12] Evidentemente, apenas poderá haver arbitramento se as partes não estabeleceram previamente o valor da remuneração. Para apurar o montante, leva-se em conta a qualidade da pessoa, o tempo do serviço e os costumes locais. Como é natural, há profissionais mais qualificados e talentosos do que outros, o que justifica, em uma sociedade capitalista, a diferença entre as suas remunerações.

Segundo a regra do artigo 460 da CLT,[13] caso não se tenha fixado o salário, apura-se a remuneração adequada pela equiparação de quem presta o serviço à pessoa que atua em atividade semelhante.

---

10 O artigo 1.154 do Código Civil português define o contrato de prestação de serviço, esclarecendo que esse negócio pode dar-se "com ou sem remuneração".

11 "Art. 599. Não havendo prazo estipulado, nem se podendo inferir da natureza do contrato, ou do costume do lugar, qualquer das partes, a seu arbítrio, mediante prévio aviso, pode resolver o contrato. Parágrafo único. Dar-se-á o aviso: II - com antecipação de quatro dias, se o salário se tiver ajustado por semana, ou quinzena;"

12 "Art. 596. Não se tendo estipulado, nem chegado a acordo as partes, fixar-se-á por arbitramento a retribuição, segundo o costume do lugar, o tempo de serviço e sua qualidade".

13 "Art. 460 - Na falta de estipulação do salário ou não havendo prova sobre a importância ajustada, o empregado terá direito a perceber salário igual ao daquela que, na mesma empresa, fizer serviço equivalente ou do que for habitualmente pago para serviço semelhante."

Toma-se uma base da remuneração por analogia.

A remuneração ocorre, em regra, depois de prestado o serviço, informa o artigo 597.[14] Entretanto, esse tema pode ser convencionado de forma distinta, pois se trata de uma regra supletiva. Afinal, as partes têm ampla discricionariedade para ajustar o momento da remuneração da forma que lhes for mais conveniente. Vale esclarecer, também, que, não raro, há uma praxe em certo segmento da economia no sentido de que o pagamento seja feito antes ou depois do serviço prestado. Nas consultas médicas, por exemplo, normalmente se remunera o profissional depois de recebido o serviço. Nada impede, contudo, que se convencione de forma distinta, ajustando que o tomador do serviço ofereça a sua prestação antes de quem realiza a atividade.

Em regra, a remuneração se faz em dinheiro, mas nada impede que se ajuste outra forma de pagamento. Seguirá havendo uma prestação de serviço se a remuneração do tomador é oferecida com uma coisa. Não seria, de forma alguma, o caso de falar em troca, no qual ambas as partes oferecem coisas como prestação e há o propósito de adquirir a propriedade. Na prestação de serviço, visa-se a atividade humana. A forma de pagamento do contratante não retira a natureza do contrato.

prova

O contrato de prestação de serviços não é solene e admite livre forma de convenção. A prova desse contrato pode ser feita de qualquer forma, inclusive por testemunhas.

Segundo o artigo 595 do Código, quando qualquer das partes desse negócio não souber ler, o instrumento poderá ser assinado a rogo – isto é, a pedido do contratante – e subscrito por duas testemunhas.[15] Essas testemunhas terão o propósito de confirmar a declaração de vontade refletida no documento.

relação personalíssima

A relação estabelecida nesses contratos é, em regra, personalíssima. Logo, não se poderá transferir esses serviços a outros, sem o consentimento de quem os recebe. O artigo 605 do Código Civil, ao examinar o tema, diz que essa natureza personalíssima abrange ambos os lados da relação contratual: vale tanto para quem executa o serviço como para quem o recebe.[16]

---

14 "Art. 597. A retribuição pagar-se-á depois de prestado o serviço, se, por convenção, ou costume, não houver de ser adiantada, ou paga em prestações".

15 "Art. 595. No contrato de prestação de serviço, quando qualquer das partes não souber ler, nem escrever, o instrumento poderá ser assinado a rogo e subscrito por duas testemunhas".

16 "Art. 605. Nem aquele a quem os serviços são prestados, poderá transferir a outrem o direito aos serviços ajustados, nem o prestador de serviços, sem aprazimento da outra parte, dar substituto que os preste".

É muito fácil imaginar o aspecto personalíssimo de quem presta. Afinal, em regra, contrata-se uma pessoa para realizar certa atividade a partir das qualidades e capacitações desta. Com efeito, contrata-se um cantor para um show pelos atributos do profissional. O mesmo se pode dizer de quando se ajusta com um determinado médico que proceda a certa cirurgia. Entretanto, a lei civil informa que esse aspecto personalíssimo ocorre também para quem recebe o serviço. Como ensina a experiência, embora possa haver uma relação personalíssima nesta hipótese, na maior parte dos casos não se vislumbra essa natureza. Ao revés, em regra, mostra-se de pouca relevância ao prestador o destinatário de seus serviços.

Imagine-se a situação da pessoa que contrata um encanador para consertar a tubulação de sua casa. Ocorre que, no momento seguinte do contrato, quem solicitou o serviço vem a falecer ou venda a casa. Os sucessores do morto ou o novo dono do imóvel seguem com total interesse na prestação daquele serviço. E que diferença faz a morte do tal senhor, o contratante original, ou a venda do imóvel para o encanador? Nenhuma. Ele também continua interessado em prestar o serviço.

Assim, no que se refere ao contratante, o aspecto personalíssimo deve ser analisado casuisticamente e o artigo 607, segundo o qual a morte de qualquer das partes acarreta o fim do contrato, pode ser mitigado, apreciando-se o caso concreto.[17]

Portanto, a melhor leitura do artigo 607 é aquela na qual não se vê, necessariamente, uma relação personalíssima no que se refere ao contratante, embora exista uma vedação a que ambas as partes cedam a sua posição no contrato, salvo, claro, com o consentimento da contraparte.

O artigo 607, como acabou de se mencionar, informa que o contrato de prestação de serviços acaba com a morte de qualquer das partes. Entretanto, como acima se frisou, isso nem sempre expressa uma realidade, sendo necessário examinar-se, de forma inteligente, o real interesse das partes.

habilitação

Pode ocorrer de o prestador de serviço não obter o título de habilitação para o dever contratado. Nesse caso, segundo o artigo 606 do Código Civil, a sua remuneração não pode ser a normalmente cobrada por quem possui a qualificação, reduzindo-a.[18]

17 "Art. 607. O contrato de prestação de serviço acaba com a morte de qualquer das partes. Termina, ainda, pelo escoamento do prazo, pela conclusão da obra, pela rescisão do contrato mediante aviso prévio, por inadimplemento de qualquer das partes ou pela impossibilidade da continuação do contrato, motivada por força maior".

18 "Art. 606. Se o serviço for prestado por quem não possua título de habilitação, ou não satisfaça requisitos outros estabelecidos em lei, não poderá quem os prestou cobrar a retribuição normal-

Caberá, diz a segunda parte do referido dispositivo legal, fixar qual será essa redução, levando-se em conta o proveito do contratante.

Veja-se que se distingue o título de habilitação da efetiva capacidade para a prática do ato objeto do contrato. Pode haver uma pessoa que seja um excelente alfabetizador, mas, por exemplo, não possua o título de professor, ou uma extraordinária parteira, que não tenha curso superior.

É importante, contudo, que se analise, para o fim de estabelecer essa redução do valor dos honorários, o benefício de quem recebe o serviço e a boa-fé do prestador.[19] Isso porque se deve levar em conta a efetiva vantagem do tomador, para que ele não obtenha um enriquecimento desprovido de causa. Além disso, cumpre averiguar se o prestador agiu corretamente, informando o tomador de sua condição. Afinal, não seria razoável que o tomador, ciente da falta de qualificação do prestador, ajustasse honorários, mas, depois, reclamasse uma redução do valor por conta dessa ausência de capacitação.

O tomador não haverá, contudo, que arcar com qualquer remuneração se a exigência de específica habilitação do prestador de serviço decorrer de ordem pública, consoante preconiza o parágrafo único do artigo 606 do Código. De acordo com a Constituição Federal, a regra é a liberdade de profissão;[20] no entanto, a legislação infraconstitucional pode estabelecer exceções, impondo requisitos e limitações ao exercício de certos ofícios, caso haja algum interesse público em jogo. Não se pode prestar serviços médicos, sem credenciamento junto ao competente Conselho Regional de Medicina.

A exigência se justifica em função da saúde pública, pois seria uma temeridade permitir que a manipulação de bens jurídicos de suma relevância como a integridade psicofísica e a vida fossem entregues a pessoas desqualificadas.

A lei, neste particular, cria uma sanção àquele que ofereceu um serviço sem qualificação, na medida que lhe impede de receber qualquer contraprestação. De fato, seria equivocado admitir que alguém pudesse colher algum proveito da própria torpeza. Dessa forma, a lei

mente correspondente ao trabalho executado. Mas se deste resultar benefício para a outra parte, o juiz atribuirá a quem o prestou uma compensação razoável, desde que tenha agido com boa-fé. Parágrafo único. Não se aplica a segunda parte deste artigo, quando a proibição da prestação de serviço resultar de lei de ordem pública".

19 Pablo Stolze Gagliano e Rodolfo Pamplona Filho, Novo Curso de Direito Civil, Tomo 2, Vol. IV, São Paulo, Saraiva, 2008, p. 245

20 "Art. 5º, XIII - é livre o exercício de qualquer trabalho, ofício ou profissão, atendidas as qualificações profissionais que a lei estabelecer;"

desestimula a prática ilegal da profissão, considerada uma contravenção.[21]

Com efeito, há determinadas profissões cuja atividade é regulada em prol de um interesse público. Natural, como já se deu o exemplo, que se exija daquele que presta serviço médico tenha formação especial. Infelizmente, não são raras as histórias de pessoas sem habilitação que oferecem serviços médicos e acabam por causar uma tragédia. O mesmo se pode dizer de quem presta serviços jurídicos sem a qualificação de advogado, acarretando enormes danos a quem neles confiou. É intuitivo que o Estado busque coibir essas atividades, até porque, não fosse assim, se permitiria que o infrator obtivesse um proveito da própria torpeza. Portanto, nada será devido a quem oferece um serviço médico se o prestador não tem inscrição no Conselho Regional de Medicina. De igual forma, quem atuar como advogado sem o registro na Ordem dos Advogados do Brasil não poderá reclamar uma remuneração.

Diferentemente, se uma pessoa atua como corretor de um imóvel, embora não tenha a habilitação, o prestador do serviço deverá receber uma remuneração, mas poderá sofrer uma redução.

quitação

Enquanto a quem recebe o serviço cabe remunerar, quem presta deve cumprir a atividade para a qual foi contratado.

Findo o contrato, informa o artigo 604, quem prestou pode pedir uma declaração de que o serviço se encerrou.[22] Trata-se de uma espécie de quitação. Por meio dessa declaração, o prestador do serviço recebe a prova de que cumpriu a sua prestação. Muitas vezes, essa prova é necessária para que o prestador do serviço reclame a sua remuneração ou se proteja de uma eventual discussão acerca da qualidade do seu trabalho.

tempo

O serviço pode ser instantâneo, prestado de uma única vez e imediatamente, ou diferido no tempo.

O serviço contratado, entretanto, não pode ser perpétuo. Do contrário, haveria a venda da liberdade, em situação que se aproximaria da servidão, não tolerada mais pela civilização.

---

21 A contravenção penal de exercício ilegal de profissão ou atividade é prevista no art. 47 da Lei de Contravenções Penais:

"Art. 47. Exercer profissão ou atividade econômica ou anunciar que a exerce, sem preencher as condições a que por lei está subordinado o seu exercício:

Pena – prisão simples, de quinze dias a três meses, ou multa, de quinhentos mil réis a cinco contos de réis.

22 "Art. 604. Findo o contrato, o prestador de serviço tem direito a exigir da outra parte a declaração de que o contrato está findo. Igual direito lhe cabe, se for despedido sem justa causa, ou se tiver havido motivo justo para deixar o serviço".

De acordo com o artigo 598, dá-se o prazo de quatro anos como o máximo para o ajuste do serviço.[23] Findo esse limite temporal, nada impede que se estabeleça outro contrato, renovando o negócio de forma idêntica ou alterado seus contornos. Entretanto, ao fim do prazo, as partes, tanto o prestador do serviço como o tomador, podem escolher se desejam renovar a relação e, em caso positivo, como isso se dará.

O contrato que fixar prazo superior não será necessariamente nulo. Ele é válido para os primeiros quatro anos, período no qual os contratantes encontram-se vinculados ao negócio. Depois disso, haverá um contrato de prestação por prazo indeterminado, que pode ser resolvido por qualquer das partes, na forma do artigo 599 do Código Civil,[24] de que adiante se tratará.

O prazo referido, em regra, importa o fim do contrato, mas deve ser lido com inteligência. Imagine-se que o serviço foi contratado visando a uma obra específica – o projeto para construção de uma grande obra arquitetônica. A chegada do termo não determina que o serviço possa ser descontinuado. Cabe analisar o caso concreto, a fim de aferir se o prestador é essencial à consecução do objeto do serviço, ainda não terminado. Essa leitura, claro, é restritiva, pois a regra geral diz que ao fim do prazo máximo de quatro anos, as partes podem desvincular-se.

aviso prévio

Se não for fixado expressamente prazo para o contrato de prestação de serviço ou não haja um fim específico que justifique a contratação, pode haver, a qualquer momento, a resilição unilateral, por qualquer das partes, exigindo-se, contudo, que essa parte ofereça um "aviso" à outra, na forma do parágrafo único do artigo 599.

De acordo com o citado dispositivo, a antecedência do aviso será de oito dias, se a remuneração (a lei fala, equivocadamente, de salário) for fixada por prazo de um mês ou mais, ou com antecedência de quatro dias, caso o prazo ajustado para remuneração seja de uma quinzena ou uma semana. Assim, quanto menor for o prazo de pagamento, menor será o prazo necessário para esse "aviso prévio".

23 "Art. 598. A prestação de serviço não se poderá convencionar por mais de quatro anos, embora o contrato tenha por causa o pagamento de dívida de quem o presta, ou se destine à execução de certa e determinada obra. Neste caso, decorridos quatro anos, dar-se-á por findo o contrato, ainda que não concluída a obra".

24 "Art. 599. Não havendo prazo estipulado, nem se podendo inferir da natureza do contrato, ou do costume do lugar, qualquer das partes, a seu arbítrio, mediante prévio aviso, pode resolver o contrato. Parágrafo único. Dar-se-á o aviso: I - com antecedência de oito dias, se o salário se houver fixado por tempo de um mês, ou mais; II - com antecipação de quatro dias, se o salário se tiver ajustado por semana, ou quinzena; III - de véspera, quando se tenha contratado por menos de sete dias".

A ausência desse "aviso prévio" pode gerar o dever de reparar as perdas e danos do prestador de serviço, mas não afeta o direito de a parte resolver o contrato de prestação de serviços. Afinal, esse poder de resolver os contratos com prazo indeterminado possui natureza potestativa.

abandono de serviço

Se o prazo estipulado se relacionar ao fim de certa obra ou a certo tempo, não pode o prestador escapar de sua obrigação (de acabar seu serviço quando a obra estiver pronta), salvo por justa causa, como expõe o artigo 602.[25]

Caso o prestador se despeça antes de terminada a obra, terá direito de receber a remuneração pelo que já prestou, mas arcará com as perdas e danos, diz o artigo 602, parágrafo único. Esse dano normalmente decorre dos prejuízos sofridos pelo tomador pela paralisação do trabalho. A remuneração devida ao prestador pode ser compensada com a indenização por ele devida a título de perdas e danos. No entanto, pode ocorrer de a remuneração a que o prestador tem direito ser bem inferior ao dano que ele causou ao abandonar o serviço, antes de terminar o que havia combinado. Nesses casos, evidentemente, o prestador ficará, ao fim, obrigado a indenizar o tomador.

despedida

Segundo o artigo 603 do Código Civil, a "despedida" do prestador de serviços sem justa causa confere a este o direito de receber a integralidade da prestação vencida e metade da vincenda.[26] A norma fixa, de antemão, qual seria a perda do contratado: a metade do que ganharia se o contrato fosse cumprido até o fim, tal como inicialmente convencionado.

E se o contratado demonstrar que o seu dano foi maior? Não há dúvidas de que a lei, nesse caso particular, criou uma situação que soa desigual, pois o tomador, se o prestador desistir do negócio, pode reclamar uma indenização, enquanto o prestador pode exigir uma reparação já previamente estabelecida: a metade do que ganharia.

Bem vistas as coisas, o legislador procurou proteger o prestador de serviço. Isso porque, para ele, não será uma tarefa fácil indicar com precisão qual seria seu prejuízo. Haverá, claro, um lucro cessante, na medida em que deixará de receber a remuneração. De outro lado, ele também não mais prestará o serviço – e poderá dedicar seu

25 "Art. 602. O prestador de serviço contratado por tempo certo, ou por obra determinada, não se pode ausentar, ou despedir, sem justa causa, antes de preenchido o tempo, ou concluída a obra. Parágrafo único. Se se despedir sem justa causa, terá direito à retribuição vencida, mas responderá por perdas e danos. O mesmo dar-se-á, se despedido por justa causa".

26 "Art. 603. Se o prestador de serviço for despedido sem justa causa, a outra parte será obrigada a pagar-lhe por inteiro a retribuição vencida, e por metade a que lhe tocaria de então ao termo legal do contrato".

tempo a outras atividades, por vezes até mais rentáveis. Diante disso, o legislador entendeu que seria mais prático estabelecer previamente o montante da indenização.

Contudo, apesar do parâmetro, nada impede que a parte interessada demonstre que o dano foi substancialmente maior ou menor, a fim de que a reparação seja fixada de forma a cobrir o efetivo prejuízo.[27]

O poder de resilição unilateral do tomador encontra-se limitado em função dos investimentos que este tiver induzido o prestador a realizar, a fim de permitir a execução do objeto do contrato. Nos termos do parágrafo único do artigo 473 do Código Civil, o tomador de serviço é obrigado a aguardar o transcurso de um prazo compatível com a natureza e a proporção do investimento realizado pelo profissional.[28]

A lei civil não indica o que seja justa causa. Caberá ao intérprete apreciar as especificidades do caso concreto para apurar se houve um motivo que justificou ao contratante despedir o prestador de serviço.

fim do contrato

O artigo 607 trata das hipóteses nas quais se encerra a relação.[29] O artigo arrola seis possíveis desfechos.

Começa examinando a morte de qualquer das partes, como expressão da natureza personalíssima desse contrato, tema antes apre-

27 "Neste sentido já protestava Clovis Bevilaqua: "Esse artigo não guarda simetria com o art.1225, parágrafo único (correspondente ao atual art.602, parágrafo único, CC2002), e coloca o locador de serviço em situação inferior ao locatário. Se aquele se despede sem justa causa, antes do termo do contrato, responde por perdas e danos, que serão as que se apurarem. Se este despedir o locador sem justa causa, terá de pagar, além da contribuição vencida, apenas a metade do que deveria pagar se executasse o contrato. As perdas e danos pela infração do contrato ficam, assim restritas à metade do seu valor, ou menos (código civil, p 336)." (Gustavo Tepedino et al., Código Civil Interpretado, Vol. II., Rio de janeiro, Editora Renovar, 2006, p. 333)

"O solicitante tem todo o direito de dispensar o prestador de serviço antes do término do contrato; é o exercício da denúncia vazia - sem justa causa – e os motivos que o levaram a isso não importam. Contudo, esse direito tem um preço, qual seja, o pagamento ao prestador da retribuição vencida por inteiro e da metade a que lhe tocaria de então ao termo legal da avença. É a indenização devida. A segunda parcela corresponde à indenização e, em princípio, não se cumula coma condenação decorrente de cláusula penal.
A norma é justa porque o prestador já contava com o pagamento e, diante dessa expectativa, pode ter firmado compromisso ou até ter dispensado outros trabalhos. " (Nancy Andrighi e Sidney Beneti, Comentários ao novo código civil, Vol. IX., Rio de Janeiro, Forense, 2008, p. 261)

28 "Art. 473. A resilição unilateral, nos casos em que a lei expressa ou implicitamente o permita, opera mediante denúncia notificada à outra parte.
Parágrafo único. Se, porém, dada a natureza do contrato, uma das partes houver feito investimentos consideráveis para a sua execução, a denúncia unilateral só produzirá efeito depois de transcorrido prazo compatível com a natureza e o vulto dos investimentos."

29 "Art. 607. O contrato de prestação de serviço acaba com a morte de qualquer das partes. Termina, ainda, pelo escoamento do prazo, pela conclusão da obra, pela rescisão do contrato mediante aviso prévio, por inadimplemento de qualquer das partes ou pela impossibilidade da continuação do contrato, motivada por força maior."

ciado. Portanto, se qualquer uma das partes vier a falecer, o negócio se extingue. Contudo, nada impede que os herdeiros da parte falecida renovem o contrato. Deve, todavia, haver um novo contrato. Essa, aliás, era a única referência à extinção que havia no Código Civil de 1916.[30] A norma revogada, contudo, ao contrário do que faz o artigo 607 da lei civil em vigor, estabelecia que apenas a morte do locador acarretava o fim do contrato, seguindo a linha, previamente mencionada, de que a natureza personalíssima se dá, em regra, apenas para quem executa a atividade, ou seja, o prestador.

Depois, a lei trata da hipótese de ocorrer o fim do prazo convencionado, que, no máximo, como antes já visto, pode ser de quatro anos.

O artigo 607 diz, ainda, que se dá o fim desse contrato com a conclusão do serviço. Com efeito, se a atuação estava atrelada a um fim específico, o seu atingimento importará o término da relação contratual.

Em quarto, a lei fala da resilição – a extinção unilateral – por meio do aviso prévio, tal como previsto no artigo 599 do Código Civil, estando sujeita a possibilidade de resilição pelo tomador, ainda, à limitação prevista no parágrafo único do artigo 473 do Código Civil.

O contrato também pode prever formas, condições e consequências específicas para o distrato, hipótese na qual tais determinados elementos devem ser observados no rompimento do vínculo, consoante o artigo 472.[31]

Ainda, o artigo informa que se extingue a relação se houver o inadimplemento de qualquer das partes, por força do artigo 598.

Por fim, extingue-se o contrato diante de uma hipótese de força maior. A rigor, o dispositivo sequer precisaria expressar essa situação, pois se dá, de forma geral, a extinção das relações negociais pelo advento da força maior.

terceiro cúmplice e aliciamento

No âmbito da prestação de serviço, o Código Civil examina a situação de quem induz – ou, nos termos da lei, alicia – um prestador de serviço, que atuava para terceiro, a abandonar aquela relação contratual e contratar nova prestação de serviços. Trata-se de interferência lesiva de terceiro, inicialmente estranho à relação, mas cuja atuação é determinante para encerrar o contrato de prestação de serviços original. Este terceiro, que atua decisivamente aliciando o

30 Segundo o artigo 1.233 da lei revogada: "O contrato de locação de serviços acaba com a morte do locador."

31 "Art. 472. O distrato faz-se pela mesma forma exigida para o contrato."

contratado, indenizará o tomador prejudicado. A situação é regulada pelo artigo 608, numa redação reconhecidamente confusa:

> "Art. 608. Aquele que aliciar pessoas obrigadas em contrato escrito a prestar serviço a outrem pagará a este a importância que ao prestador de serviço, pelo ajuste desfeito, houvesse de caber durante dois anos."

Imagine-se a situação de um dono de uma casa de shows, que tivesse contratado um determinado cantor para se exibir em seu estabelecimento. Contudo, poucos dias antes da apresentação, o tal empresário toma conhecimento que outra casa de espetáculos, exatamente a sua maior concorrente, havia aliciado o mesmo cantor, para fazer apresentações nos mesmos dias em que faria no seu estabelecimento. Evidentemente, a relação contratual existe apenas entre o cantor e o dono da casa de show, prestador e tomador, respectivamente. Somente entre eles há uma relação contratual.

Entretanto, a lei entendeu que seria injusto que o aliciador, aquele que também contribuiu de forma definitiva para impedir que a prestação assumida se concretizasse, nada tivesse que responder. Assim, o artigo 608 do Código Civil indica que também o terceiro aliciador poderá ser responsabilizado.

Por diversos motivos, vale examinar com mais cuidado esse dispositivo. Para começar, nota-se que a lei civil, na particular apreciação do artigo 608, indica apenas o ato do "aliciador" como sujeito à multa. Portanto, ao se demonstrar que não houve, no caso concreto, uma atuação do novo contratante para persuadir o prestador de serviços a deixar suas antigas atribuições, deve-se afastar a incidência do dispositivo. Tenha-se presente que, muitas vezes, a iniciativa de buscar uma nova posição profissional é exclusivamente de quem presta o serviço. Com efeito, para muitos, compõe a *fattispecie* desse ato ilícito, que desencadeia a multa prevista no artigo 608, o induzimento do prestador pelo novo contratante.[32] Se a iniciativa de dei-

---

32 "Para que se caracterize o aliciamento, deve haver o induzimento do prestador para que este mude de vínculo contratual. De Plácido e Silva anota que o importante é a intenção de retirada do prestador por induzimento. Portanto, se o prestador se apresentar espontaneamente, não há presunção de aliciamento. (...) Arnaldo Rizzardo salienta que, ao contrário do que parece, não se trata de situação incomum, como no aliciamento de profissionais de melhor nível, que são atraídos por melhores ofertas e por isso rompem contratos, abandonando projetos, pesquisas e trabalhos em andamento ao aceitarem trabalhar para concorrentes, causando prejuízos a seus contratantes, estando aí a razão da vedação ao aliciamento." (Nancy Andrighi et al. Comentários ao artigo 608 do Código Civil. in: Sálvio de Figueiredo Teixeira (coord). Comentários ao Novo Código Civil – vol. IX. Rio de Janeiro: Forense, 2008. pp. 267-268)

xar o antigo tomador for do prestador de serviço, não há que se falar em aliciamento e, logo, afasta-se o dever de indenizar.

No ordenamento jurídico brasileiro, como vimos, a "venda" da atividade humana é estabelecida por meio de um contrato de trabalho, no qual se constitui uma relação de emprego, ou pela prestação de serviço.

Idealmente, em um modelo econômico capitalista, as pessoas vendem sua força de trabalho, recebendo, em contraprestação, uma remuneração justa e condizente. O empregador paga pelo serviço recebido e garante ao empregado ou ao prestador um ambiente saudável no qual exerce a sua atividade.

Talvez o principal motivo pelo qual o empregador ou o tomador de serviço remunera bem seus contratados – por vezes, até mesmo, promovendo a majoração da contraprestação – e busque aprimorar as condições de trabalho é o receio de que o bom prestador encontre outro tomador que lhe faça uma oferta melhor de trabalho. Natural que o prestador busque sempre "vender" sua força de trabalho para quem lhe garanta uma remuneração mais alta e promova um ambiente mais agradável. Essa concorrência, portanto, revela-se altamente salutar, pois mantém quem contrata o serviço alerta de que não pode recompensar mal ou destratar seus funcionários e prestadores de serviço, sob pena de perdê-los para outros empregadores – ou, até mesmo, que os prestadores de serviço deixem sua atividade para buscar condições melhores.

Na sua literalidade, a Lei Civil aponta um ato condenável – aliciar quem presta serviço a outrem – e estabelece, de antemão, uma multa a quem seduziu o prestador que estava vinculado. A redação do disposto legal permite a seguinte – e, como se verá, imperfeita – interpretação: não se poderia aliciar quem presta serviços a terceiro. Será que essa regra convive com conceitos previstos na Constituição

"Para que se configure o aliciamento, é fundamental que o terceiro tenha induzido o prestador de serviço a trabalhar com ele e que o locatário sofre prejuízo decorrente do ajuste desfeito.

A consequência do aliciamento é que o terceiro que o realiza deve indenizar o beneficiado pela prestação de serviço – locatário – pelo valor que corresponde a dois anos de salário ou retribuição devida ao prestador de serviços, estabelecendo o legislador verdadeira prefixação das perdas e danos. (...)

Contudo, de acordo com Sílvio Venosa, 'há aspectos que devem ser considerados no caso concreto: a especialidade ou não da prestação; o grau de especialização do sujeito; a exclusividade nessa prestação de serviço, etc. (...) No entanto, imagine-se a situação do técnico, de alta especialização, que se vincula com exclusividade para a manutenção de um equipamento perante o dono do serviço. O aliciamento por terceiro, concorrente no mesmo mercado, nesse caso, gerará dever de indenizar.'" (Gustavo Tepedino et al. Comentários ao artigo 608 do Código Civil de 2002. In: Código Civil Interpretado Conforme a Constituição da República. Rio de Janeiro: Renovar, 2012. pp. 340-341)

Federal, como a liberdade de trabalho e a livre iniciativa? É papel do civilista interpretá-la à luz dos preceitos constitucionais em jogo, a fim de desenvolver uma análise crítica – e prática – do alcance do referido dispositivo.

A Constituição Federal, logo no seu artigo 1º, estabelece que a República Federativa do Brasil tem como fundamentos (III) a dignidade da pessoa humana e (IV) os valores sociais do trabalho e da livre iniciativa.

De forma inteligente, os "valores sociais do trabalho" e da "livre iniciativa" foram arrolados em conjunto, pois, em rigor, o respeito a esses dois conceitos se revela essencial e, mais ainda, visualizá-los de forma independente entre si poderia acarretar um desequilíbrio nocivo, como se verá.

Reconhece-se a importância de proteger os trabalhadores, normalmente a parte frágil na relação com os empregadores – fenômeno que, não raro, ocorre também com os prestadores de serviço. Esse interesse se cristaliza, por exemplo, no artigo 7º da Constituição Federal, segundo o qual:

> "São direitos dos trabalhadores urbanos e rurais, além de outros que visem à melhoria de sua condição social: I - relação de emprego protegida contra despedida arbitrária ou sem justa causa, nos termos de lei complementar, que preverá indenização compensatória, dentre outros direitos"

O artigo 170 da Constituição Federal, por sua vez, dispõe:

> "Art. 170. A ordem econômica, fundada na valorização do trabalho humano e na livre iniciativa, tem por fim assegurar a todos existência digna, conforme os ditames da justiça social, observados os seguintes princípios: (...)
> IV - livre concorrência;".

Aqui, mais uma vez, a legislação constitucional menciona, lado a lado, a valorização do trabalho e a livre iniciativa.

A livre iniciativa, bem vistas as coisas, é indissociável da valorização do trabalho, e se relaciona tanto ao tomador como a quem presta o serviço. Com efeito, quem oferece ao mercado seu trabalho deve estar livre para alterar de emprego se lhe surgir uma oportunidade mais vantajosa.[33] Por outro lado, também é legítimo que o empregador busque, no mercado, as pessoas mais aptas e qualificadas.

---

33 "O princípio da liberdade de iniciativa econômica constitui a marca e o aspecto dinâmico do modo de produção capitalista. Consiste no poder reconhecido aos particulares de desenvolverem

Na prática, quando uma pessoa identifica um prestador de serviço eficiente (a ponto de desejar contratá-lo), este, na maioria das vezes, se encontra, naquele momento, relacionado a outro tomador de seu serviço. Nesses casos, que são corriqueiros, o prestador de serviço, visualizando uma posição que lhe parece mais vantajosa, deixa seu antigo contratante para "vender" sua mão-de-obra para o novo.

Inseridos nesse contexto, há o sedimentado negócio de "head-hunters", isto é, profissionais que se dedicam a encontrar talentos e alocá-los em uma melhor situação. Esses profissionais atuam tanto em benefício de quem busca receber o serviço como de quem oferece o serviço.

Em um mercado no qual se prestigia a meritocracia e se premia o bom profissional, é natural que o prestador de serviço qualificado receba oferta de trabalho de terceiros, que busquem agregar ao seu negócio pessoas competentes. A disputa comercial pelos melhores prestadores de serviço deve, pois, ser estimulada, uma vez que, como todo ato de concorrência saudável, favorece a que o mercado ofereça o melhor serviço pelo preço mais justo.

Portanto, a contratação de um prestador de serviço, que antes atuava para um terceiro que explora outro mercado, por si só, não é reputada abusiva ou ilegal. Ao contrário, essa contratação encontra-se escorada em valores de magnitude constitucional, notadamente a livre iniciativa e a liberdade de trabalho.

Contudo, para que a afirmação acima seja plenamente confirmada, convém apreciar tanto a licitude dos propósitos como as consequências dessa contratação, notadamente a fim de que ninguém exerça abusivamente um direito.[34]

Afinal, o aliciamento de funcionários, objeto desta discussão, pode ser uma forma de determinado agente do mercado auferir vantagens ilícitas, como, por exemplo, colher uma informação privilegiada ou açambarcar o fundo de comércio. Isso, evidentemente, o ordenamento jurídico não irá tolerar.

---

uma atividade econômica. É mesmo uma fonte axiológica de liberdade do particular perante o Estado e até perante os demais indivíduos, um atributo essencial da pessoa humana em termos de realização direta de sua capacidade, suas realizações e seu destino." (Lafayete Josué Petter, Princípios Constitucionais da Ordem Econômica, São Paulo, Revista dos Tribunais, 2008. p. 181)

34 Eis, nesse sentido, um clássico acórdão do Supremo Tribunal Federal: "A livre concorrência, como toda liberdade, não é irrestrita; o seu exercício encontra limites nos preceitos legais que regulam e nos direitos dos outros concorrentes, pressupondo um exercício legal e honesto do direito próprio, expressivo da probidade profissional; excedidos esses limites, surge a concorrência desleal" (STF, RE 5232, 2ª Turma, DJ 11.10.1949, p. 3.262).

Outro ponto importante é o de que, como se depreende da interpretação lógica do dispositivo acima transcrito, o aliciamento que se condena é aquele feito a quem oferece um serviço com exclusividade.[35] Portanto, se o prestador atuava para uma gama de pessoas, nada há que reclamar se um deles, ou mesmo um terceiro, contratá-lo, pois era conhecido que o serviço era disponibilizado a outros.

Apreciando a função teleológica da regra, deve-se verificar se existe abuso no aliciamento ou um "desvio" de sua finalidade, para aferir sua licitude. O intérprete, para melhor aplicar essa norma, é convidado a uma análise do caso concreto, levando em consideração as suas particularidades.

Inicialmente, verifica-se que a regra do artigo 608 reclama, para a sua incidência, que exista um contrato escrito entre o prestador do serviço e seu antigo tomador. Esse requisito de que o contrato inicial, entre o prestador de serviço e o terceiro, seja por escrito se justifica porque, dessa forma, existiria uma prova mais robusta da existência da relação inicial. Mais feliz, contudo, seria se a norma exigisse que a relação fosse pública. Isso porque um contrato escrito pode não ser do conhecimento do terceiro que convida o prestador de serviço.

Com efeito, embora a norma não fale diretamente, parece melhor entender necessário que o "aliciador" tenha ciência de que o prestador de serviço se encontra vinculado a outrem. Afinal, a lei visa a sancionar – a ponto de criar uma multa – quem, por sua conduta, atua decisivamente para extinguir um vínculo contratual, que existia entre o prestador de serviço e quem tomava seu serviço. O novo contratante, o "aliciador", apenas será punido se tiver consciência de que sua conduta diretamente acaba por extinguir outro vínculo.[36]

---

35 "Ocorre o aliciamento de mão-de-obra quando uma pessoa convence o prestador de serviço a romper o contrato existente, para trabalhar em outro estabelecimento. Exige a lei que o contrato anterior seja escrito. Caracteriza-se pela captação de mão-de-obra alheia, que pode ser intelectual, técnica, científica ou simplesmente braçal. Restringe-se a incidência da norma aos casos em que a prestação de serviço anterior é contratada com caráter de exclusividade, como ocorre frequentemente com técnicos de alta especialização, não se aplicando àqueles em que a atividade do trabalhador consiste precipuamente em atender vários clientes. Aplica-se ela a todo tipo de prestação de serviços, e não apenas aos de natureza agrícola, como constava do art. 1.235 do Código de 1916." (Carlos Roberto Gonçalves, Direito Civil Brasileiro – vol. III., São Paulo, Saraiva, 2004. p. 341)

36 "É por essas circunstâncias que ao terceiro só poderia ser imputada a responsabilidade pelo aliciamento na hipótese de o credor prejudicado comprovar que aquele tinha conhecimento do contrato prévio ou a possibilidade de conhece-lo. Do contrário, sem o conhecimento desse fato, apenas o prestador de serviço poderia ser responsabilizado nos termos dos arts. 475 e 389 do CC/2002. (...). Outra questão que também se deve pontuar é se, no caso do art. 608 do CC/2002, poderia se falar em aliciamento culposo. Como se extrai das lições de Lopez, a culpa seria um elemento

Por outro lado, como antes se esclareceu, a liberdade de o trabalhador migrar de serviço é algo salutar, da mesma forma que, no modelo capitalista saudável, também se revela proveitoso ao empregador oferecer melhores condições aos seus contratados – que, por vezes, migrarão de seus antigos postos atraídos pela melhor oferta.

Portanto, conceitualmente, é lícito a uma pessoa contratar outra, mesmo sendo esta funcionária ou prestadora de serviços a terceiro – e isso segue sendo verdade, ainda que a nova contratação determine o fim do contrato com este terceiro. Todavia, se o novo e o antigo tomador concorriam no mercado, a análise do eventual abuso deve ser aprofundada. Assim, nesse passo, cumpre verificar se o antigo e o novo tomador do serviço competem pela mesma clientela.

O aliciamento condenável, que reclama a aplicação do artigo 608 do Código Civil, é, ao menos em princípio, aquele feito por um empregador concorrente. Afinal, de forma indireta – e imprópria – essa contratação pode acarretar a aquisição de uma série de informações de enorme valor comercial ou mesmo desvio de clientela, sem que haja qualquer remuneração para tanto, que seria devida ao antigo tomador. Em outras palavras, o patrimônio do antigo tomador – que tem, entre os seus ativos, informações comerciais sigilosas e relevantes – seria afetado negativamente, pois perderia a exclusividade das informações, que lhe trazem vantagens comerciais. De outra ponta, o contratante do prestador de serviços estratégico, receberia, junto com seu novo empregado, informações comerciais preciosas, ou o aproveitamento de alguma ideia do negócio, que pertenciam ao seu concorrente, sem nada pagar a este por isso, obtendo, assim, um proveito sem contraprestação.

Imagine-se que, num determinado segmento – de material escolar, por exemplo –, um consultor atua como o principal analista comercial da venda dos produtos de certa empresa especializada no ramo. Por conta disso, esse consultor – profissional liberal que presta o serviço – tem livre acesso a todos os valores praticados às principais papelarias e aos demais compradores dessa mercadoria específica. Se um concorrente de quem o contratou procurasse aliciá-lo, para que o referido profissional estratégico passasse a prestar o mesmo serviço, essa "troca" de emprego traria, por razões evidentes, grande dano

da fattispecie desse preceito legal, com o que, no entanto, se discorda. Isso porque, se a falta de conhecimento ou possibilidade de conhecer a existência da relação jurídica contratual anterior inviabiliza a oponibilidade do direito de crédito – e, assim, a responsabilidade do terceiro pelo aliciamento –, esse ilícito civil, portanto, não admite uma forma culposa stricto sensu, mas apenas dolosa." (Hugo Evo Magro Corrêa Urbano. A Eficácia Externa dos Contratos e a Responsabilidade Civil de Terceiros. In: Gustavo Tepedino e Luiz Edson Fachin (org.). Doutrinas Essenciais: Obrigações e Contratos – vol. IV, p. 1.081/1.083)

para o antigo tomador, notadamente porque o consultor carregaria consigo não apenas a sua força de trabalho, mas também um manancial de informações comerciais que compõem segredos de negócio.

No exemplo acima, o consultor especializado no setor de material escolar saberá indicar ao seu novo tomador quais as condições de negócio, a estratégia comercial e os pontos de venda de seu antigo empregador, transferindo importantes segredos da operação comercial. A vantagem – indevida – do novo empregador salta aos olhos e acarreta, como consequência, o desvio da clientela.

Em regra, portanto, pode-se dizer que não haverá concorrência desleal ou qualquer dever de indenizar se uma pessoa contrata outra, mesmo que esta trabalhe para terceiro, se não houver transferência de informações privilegiadas de mercado. Se o novo e o velho empregador atuarem em mercados distintos, não haverá concorrência entre eles. Logo, não se encontrará desvio de clientela, o que afasta a existência do ato ilícito e retira a malícia, além da possibilidade de obtenção de uma vantagem indevida.

Por outro lado, mesmo entre concorrentes, é licitamente possível que um deles busque contratar um bom profissional que preste serviços ao outro, visando apenas a um propósito louvável de melhorar sua atividade, situação na qual não haverá abuso. Isso porque, comumente, o profissional aliciado não detém nenhum grande segredo, mas apenas conhece conceitos dominados. Se o novo contratante procurava apenas uma qualificada mão-de-obra, sem intuito de obter informações sigilosas ou de prejudicar o concorrente, o aliciamento é considerado lícito.

Tenha-se presente, ainda, que a análise desse tema, sob pena de se tornar imperfeita, deve sempre ser considerada também pelo prisma do prestador de serviço. Cumpre aferir se a migração de serviço importa melhoria de sua condição profissional, seja no que se refere à remuneração, seja nas perspectivas e desafios que encontra no seu novo emprego. Na hipótese de o prestador de serviços mudar de serviço para assumir novas e mais altas responsabilidades, com um horizonte mais amplo de progresso profissional e financeiro, fica mais nítido o interesse legítimo e particular do prestador de serviços.

Como se sabe, a regra do artigo 188, I, do Código Civil[37] garante que não será ato ilícito aquele praticado no exercício regular de um direito. Portanto, a princípio, se o prestador de serviço deixou o serviço anterior para um outro, atraído por uma melhor situação profissional, não comete um ato ilícito. A ilegalidade passa a existir no

37 "Art. 188. Não constituem atos ilícitos: I - os praticados em legítima defesa ou no exercício regular de um direito reconhecido;"

abuso, que se dá, normalmente, se o prestador leva consigo segredos, informações, ideias, conceitos comerciais do antigo tomador, que passarão a ser usufruídos, de forma indevida, pelo novo contratante.

sanção da lei

Verificado o aliciamento condenável, o concorrente aliciador arca com uma multa em benefício do antigo tomador de serviço correspondente ao montante de dois anos de remuneração do prestador de serviço. Nesse ponto, também, convém criticar a literalidade da lei. O legislador, no particular, simplesmente arbitrou um meio de estabelecer o valor da multa. Esse *quantum* pode revelar-se, na prática, excessivo ou insuficiente. Ao invés de estabelecer uma apuração concreta do dano, decorrente do ato ilícito identificado – o aliciamento abusivo de um prestador de serviço –, o legislador adotou o caminho de estabelecer a forma de pré-liquidar a multa pecuniária.

Essa escolha legislativa se justifica pela dificuldade em mensurar o dano experimentado pelo antigo tomador de serviço. Optou-se, assim, por arbitrar de antemão uma forma – imprecisa e falha – de identificar o *quantum* dessa multa. Isso porque o dano experimentado pelo antigo tomador pode ser extraordinariamente maior do que o valor da remuneração oferecida ao prestador de serviço aliciado. Mais correto entender que essa precisão legal de indenização serve como um mínimo, diante da dificuldade da mensuração desse dano, podendo a parte, se conseguir, demonstrar que seu prejuízo foi superior, a fim de receber indenização integral.

Afinal, a lei não pode servir para proteger quem agiu de forma ilícita. O propósito da norma, ao fixar uma forma de mensurar o dano, é o de facilitar a reparação, não o de beneficiar a deslealdade. Além de reparar integralmente o dano sofrido pelo contratante lesado pelo novo vínculo, há que se observar o lucro ilicitamente obtido pelo aliciador. Se for necessário – leia-se, se as vantagens obtidas forem superiores ao valor ressarcido ao contratante –, o julgador deverá excluir do patrimônio do aliciador as vantagens obtidas mediante a intervenção no relacionamento contratual pré-existente, valendo-se de condenações pecuniárias ou não, como melhor demande o caso concreto.

Para não deixar apenas críticas ao dispositivo do artigo 608, vale registrar, em seu benefício, que ele oferece, ao ordenamento jurídico nacional, o precioso conceito de terceiro cúmplice – conhecido como "tortious interference" do direito anglo-saxão –, que alarga o princípio da relatividade dos contratos, com esteio em fundamentos éticos.[38]

38 Ver, Luciano de Camargo Penteado, Efeitos Contratuais Perante Terceiros. São Paulo: Editora Quartier Latin, 2007, p. 122 e Ver José Roberto de Castro Neves, Direito das Obrigações, 6ª ed., Rio de Janeiro, GZ Editora, 2016, p. 22.

cláusula de não concorrência

Vale a pena tratar da cláusula de não concorrência. Trata-se, por assim dizer, do espelho inverso da prestação de serviço. Nela, ajusta-se que uma pessoa deixará de realizar uma atividade, numa típica obrigação de não fazer.

A incidência dessa cláusula de não concorrência é cada vez maior na atualidade. Isso porque, muitas vezes, há legítimo interesse comercial de uma empresa ou de determinada pessoa em evitar que outra seja sua concorrente no mercado. Um caso bastante comum ocorre se uma empresa adquire outra, mas impõe aos principais executivos da sociedade adquirida, que serão desligados, que não atuem no mesmo segmento por um período. O motivo é óbvio: deseja-se evitar que os executivos dividam com a concorrência todos os segredos comerciais do negócio, o que seria extremamente nocivo. O mesmo se dá quando um executivo importante deixa seu cargo, mas a sua empregadora não quer que ele transfira a sua experiência para os competidores. Veja-se, ainda, a hipótese de um garoto propaganda de determinado negócio. Evidentemente, quem o contratou não deseja que ele, no futuro, vá trabalhar para a concorrência. Em todos esses casos, é legítimo que se estabeleça uma obrigação de não fazer, por meio da qual o contratado se comprometa a se abster de realizar certa atividade.

Já se discutiu a legalidade, no Brasil, de uma obrigação negativa dessa natureza. Isso porque, no nosso ordenamento, o trabalho é uma garantia constitucional. De fato, como antes se salientou, por meio do trabalho, o homem garante a sua dignidade e faz-se útil à sociedade. Para alinhar todos os interesses em jogo, admite-se a estipulação dessa obrigação, desde que estejam presentes três requisitos.

Em primeiro lugar, a limitação ao trabalho não pode ser absoluta. Isto é, não se admite uma obrigação que impeça por completo a pessoa de trabalhar. A obrigação negativa deve ser bem delimitada, indicando qual o ramo ou a atividade em que o contratado deve abster-se de atuar.[39] Se a pessoa trabalhou, por exemplo, no ramo da indústria de alimentos, nada impede que ele venha a trabalhar no setor elétrico.

O segundo requisito se relaciona ao limite temporal. Essa obrigação não pode ser perpétua, mas deve ter um prazo. Entende-se que os segredos comerciais se diluem no tempo. Com efeito, o executivo de uma empresa, munido de informações sigilosas, que sai de seu trabalho para a concorrência em dias, carrega consigo segredos relevantes. Contudo, essas informações já não têm a mesma relevância, se é que têm relevância, anos depois de sua saída. De outra ponta,

39 Assim: Arnoldo Wald, Obrigações e Contratos, 14ª ed., vol. II, Ed. Revista dos Tribunais, São Paulo, 2000, pág. 48 e Carvalho de Mendonça, Tratado de Direito Comercial Brasileiro, vol. II, 1963, págs. 447/448.

pode ser que o executivo tenha experiência num setor específico, de sorte que a obrigação perpétua de ele jamais voltar a trabalhar no ramo pode ser uma terrível mutilação.

Para definir se o prazo fixado em uma cláusula de não concorrência é razoável, cumpre investigar o mercado no qual ela se insere. Com efeito, alguns setores, como o da informática e da tecnologia, passam por inovações a uma velocidade muito maior do que os demais. Assim, natural que esses nichos não comportem cláusulas de não concorrência de longa duração, já que os segredos comerciais no mercado são constantemente atualizados.[40]

De todo modo, se as partes não estabelecerem um prazo, caberá ao intérprete (que pode ser um juiz ou um árbitro), integrar o contrato, estabelecendo um prazo razoável e dando eficácia prática ao acordo estabelecido entre as partes.

Por fim, o terceiro e último requisito é o de que o contratado, isto é, quem assumiu a obrigação de não fazer, receba uma remuneração específica por isso. De fato, a conduta omissiva para o contratado tem um valor, pois ele deixará de desempenhar uma atividade para a qual, ordinariamente, estaria apto e receberia uma remuneração. Assim, justo que receba para cumprir a obrigação de não fazer. Ademais, no momento em que essas obrigações são estabelecidas, o contratado, em regra, encontra-se numa posição de fragilidade. Assim, essa obrigação pode, até mesmo, ser fonte de abuso. Diante disso, justo que se exija que ela seja remunerada, de forma compatível.

A cláusula de não concorrência entre pessoas jurídicas tem limitações distintas. É sensivelmente diferente da estipulação dessa obrigação de não fazer com pessoas físicas, ou em que haja, no polo de quem se sujeita ao *non facere,* uma pessoa física. Avulta, se a obrigação de não concorrer for assumida por uma pessoa jurídica, uma questão comercial, que não invade as garantias constitucionais ao trabalho.

É comum que uma empresa, ao adquirir outra, estipule com os antigos controladores da sociedade vendida, normalmente outra pessoa jurídica, que se abstenha de atuar no mesmo mercado do negócio alienado, para, assim, garantir que não haja uma concorrência. Haveria, de fato, uma disputa desleal se fosse possível a quem alienou uma sociedade que se destinava a certa atividade comercial, começar, logo depois de vender seu negócio, a explorar o mesmo ramo. Muitas vezes, essa proteção contra a concorrência do próprio negócio que se comprou justifica a operação. Assim, há uma tolerância maior, nessas circunstâncias, quanto às bases desse acordo de não fazer.

40 Sérgio Pinto Martins, Cláusula de não concorrência inserida no contrato de trabalho. In: Revista de Direito do Trabalho, vol. 107, 2002, p. 258/268.

Empreitada

O Livro do Gênese narra que, depois do dilúvio, alguns descendentes de Noé, ao caminharem em direção ao leste, decidiram fundar uma grande cidade, que batizaram Babel, isto é, "portão de Deus". Concordaram, então, em construir uma edificação altíssima, com o propósito de atingir os céus. Deus não viu com bons olhos aquela ambição e soberba, principalmente dos construtores. Decidiu, então, que cada construtor e cada arquiteto do grande edifício passasse a falar com uma língua própria, de sorte que os homens deixaram de se entender. Sem comunicação, a construção não poderia seguir adiante.

Muitos comentam que essa parábola conhecida, da Torre de Babel, tenta explicar a diversidade linguística existente na terra. Uma outra forma de interpretar a passagem bíblica seria a de demonstrar como é comum, no curso de execução dos contratos de empreitada, que as partes envolvidas passem, cada uma delas, a "falar a sua própria língua" e ninguém mais se entenda....

Na empreitada, uma pessoa – o empreiteiro – se compromete a realizar uma obra específica para outra – o dono da obra –, em troca de remuneração. Há a obrigação de prover certo resultado, cristalizado numa obra material.

Esses contratos podem destinar-se a pequenas obras, assim como cuidar de construções que atinjam proporções amazônicas. O trabalho, objeto desse contrato, pode ser intelectual ou artístico, desde que se materialize. As pessoas associam a empreitada à construção de uma casa, no que estão corretos, mas também será contrato de empreitada, por exemplo, que alguém se comprometa a escrever um livro ou um parecer. Essa obrigação se aperfeiçoa no momento em que se entregar o livro ou o parecer pronto.

Era a *locatio operis faciendi* do Direito Romano. Diferentemente de grande parte dos contratos, o termo empreitada não se origina do latim, porém do grego *empractos*: o que se faz.

Trata-se de uma típica obrigação de resultado. Em decorrência dessa característica, ela se difere substancialmente da prestação de serviços. Nesta, o contratante mira o serviço, na atuação (e, logo, trata-se de uma obrigação de meio), ao passo que, na empreitada, quem contrata quer a obra, evidentemente concluída, caracterizando uma obrigação de resultado.

Com efeito, apenas haverá adimplemento se o empreiteiro entregar a obra pronta. Além disso, na prestação de serviço, a remuneração, em regra, se faz pelo tempo trabalhado, ao passo que na empreitada pelo oferecimento da obra. Dessa forma, pode-se dizer que a principal distinção está em que na empreitada visa-se à obra, ao passo que na prestação de serviço, o próprio serviço.

Ademais, na prestação de serviço, mede-se a retribuição, em regra, pelo tempo despendido e pela qualidade do prestador, ao passo que, na empreitada, afere-se, para fins de dimensionar a retribuição, a extensão da obra.

obrigação de fazer

A empreitada, portanto, é uma obrigação de fazer, que se cristaliza numa obra. Contrata-se a atividade que redundará num trabalho pronto. Assim, não se está diante de um contrato de compra e venda de uma coisa, o que seria uma obrigação de dar, porém da obrigação de fazer que se aperfeiçoa em um determinado bem.

Esse contrato de empreitada será, em regra, oneroso e comutativo. Há transferência de ativos de lado a lado e uma razoável equivalência entre o valor pago pelo dono da obra e, com contraprestação, a atividade do empreiteiro, muitas vezes acrescida do material empregado.

partes

São partes desse contrato o dono da obra, quem contrata a obra, e, de outro lado, o empreiteiro, quem realiza a obra.

O dono da obra é credor da obra e devedor do preço. O empreiteiro, por sua vez, é devedor da obra e credor do preço. Na maior parte das vezes, o empreiteiro é pessoa qualificada, com atuação profissional. O dono da obra, por sua vez, normalmente não possui experiência em construção ou no objeto fim da contratação. Assim, na grande parte dos casos, os contratos de empreitada se notabilizam porque uma parte – o empreiteiro – domina a atividade, ao contrário da outra – o contratante –, que não detém especialidade ou conhecimento acerca do mister que se exercerá para cumprir a obrigação.

Não há, na empreitada, vínculo de subordinação, logo não existirá entre as partes relação de emprego. O empreiteiro se obriga a fazer, em benefício do contratante, determinada obra, cuja extensão é acordada entre as partes.

Também não se trata de uma prestação de serviços porque, como se disse, o empreiteiro deve atingir um resultado. Além disso, em muitos casos, o empreiteiro assume os riscos.

obrigação de resultado

Na empreitada, ajusta-se uma obrigação de resultado, o que a diferencia, consoante se registrou, de uma prestação de serviço.

Somente haverá adimplemento por ocasião da entrega da obra. Evidentemente, a obra deve ser aceita pelo contratante. Ainda que o empreiteiro tenha adotado seus melhores esforços, a obrigação não será cumprida caso o trabalho final não seja entregue.

Para fixação desse resultado deve-se ter presente qual seria o objetivo da obra. Em outras palavras, cabe aferir se o empreiteiro seguiu o projeto do trabalho, a fim de verificar se desempenhou corretamente a obrigação. O resultado se atinge quando a obra corresponde ao projeto.

forma

A empreitada não é um contrato formal. Admite-se sua estipulação verbalmente, embora isso não seja comum. A vantagem do contrato escrito reside na garantia das partes em evitar discussões futuras acerca da extensão do que se contratou e da correspondência entre a obra e o projeto fornecido pelo dono da obra.

comutativo

Normalmente, cuida-se, como se ressaltou, de um contrato comutativo, pois o dono da obra remunera o empreiteiro com base no custo normal da obra.

Conceitualmente, depois de celebrado o contrato, o contratante não pode alterar substancialmente o projeto, sob pena de ter que negociar com o empreiteiro uma revisão dos termos do acordo. É comum que o contrato estipule um procedimento para implementação de alterações no projeto, bem c omo uma forma de apuração do acréscimo ou decréscimo da remuneração devido à modificação.

O empreiteiro tem o poder de, legitimamente, rescindir o negócio, caso não concorde em efetuar a modificação desejada pelo dono da obra. Esse poder do empreiteiro deve ser exercido sem abuso. Afinal, é comum que, durante as obras, sobrevenham alterações no seu escopo. Quer-se evitar, entretanto, alterações colossais, que promovam uma radical mudança do negócio inicial.

Nesse sentido a regra do artigo 621, que veda ao proprietário da obra alterar substancialmente o projeto (se for algo menor, o parágrafo único do referido dispositivo permite a mudança).[1] A exceção

1 "Art. 621. Sem anuência de seu autor, não pode o proprietário da obra introduzir modificações no projeto por ele aprovado, ainda que a execução seja confiada a terceiros, a não ser que, por

da regra se dá caso se comprove, supervenientemente, a inconveniência ou a excessiva onerosidade do projeto originário, o que, claro, demandará prova.

Nos contratos de obras públicas, a Lei de Licitações disciplina especificamente a possibilidade de acréscimos ou supressões nas obras ou serviços, prevendo que o contratado é obrigado a aceitar variações até o limite de 25% do valor atualizado do contrato (artigo 65, § 1º, Lei nº 8.666, de 21.6.1993).[2] O poder do contratante de ditar modificações no escopo contratual, portanto, encontra-se limitado a um patamar específico, de forma que se as oscilações promovidas no objeto da empreitada excederem a 25% do seu valor original, é necessária aquiescência do empreiteiro (artigo 65, § 2º, II, da mencionada Lei nº 8.666/93).[3]

aspecto personalíssimo

Em regra, não é um contrato personalíssimo, mas pode assim tornar-se, caso as partes convencionem nesse sentido ou ficar evidente pelas circunstâncias.

O artigo 626 do Código Civil cuida da hipótese do falecimento de uma das partes do contrato de empreitada.[4] Segundo a norma, isso não acarretará, necessariamente, o encerramento desse contrato, salvo se o negócio tiver sido estipulado em consideração às qualidades particulares do empreiteiro. Ocorre que, normalmente, quem contrata certa obra o faz confiando na qualidade do executor. De fato, na maioria dos casos, haverá, na prática, um aspecto personalíssimo na contratação do empreiteiro.

Se a relação for personalíssima, a morte do empreiteiro, ou o fim da pessoa jurídica – se esta for a contratada para cumprir a obrigação de fazer – importa o fim do negócio.

subempreitada

Se não for personalíssimo nem houver cláusula proibitiva, pode haver subempreitada. Com isso, o empreiteiro contrata terceiro, inicialmente estranho à relação, para que este faça parte ou mesmo

motivos supervenientes ou razões de ordem técnica, fique comprovada a inconveniência ou a excessiva onerosidade de execução do projeto em sua forma originária.

Parágrafo único. A proibição deste artigo não abrange alterações de pouca monta, ressalvada sempre a unidade estética da obra projetada".

2 "Art. 65. (...). § 1º O contratado fica obrigado a aceitar, nas mesmas condições contratuais, os acréscimos ou supressões que se fizerem nas obras, serviços ou compras, até 25% (vinte e cinco por cento) do valor inicial atualizado do contrato, e, no caso particular de reforma de edifício ou de equipamento, até o limite de 50% (cinqüenta por cento) para os seus acréscimos."

3 "Art. 65. (...). § 2º Nenhum acréscimo ou supressão poderá exceder os limites estabelecidos no parágrafo anterior, salvo: II - as supressões resultantes de acordo celebrado entre os contratantes".

4 "Art. 626. Não se extingue o contrato de empreitada pela morte de qualquer das partes, salvo se ajustado em consideração às qualidades pessoais do empreiteiro".

a totalidade da obra. Salvo estipulação diversa, o empreiteiro fica responsável pelo trabalho do subempreiteiro.

Segundo o artigo 455 das Consolidações das Leis do Trabalho[5], os empregados do subempreiteiro poderão levar suas reclamações também ao empreiteiro principal. Não poderão, contudo, os empregados do empreiteiro e do subempreiteiro reivindicar alguma indenização do dono da obra.

A subempreitada é muito comum, mormente se a obra for complexa. Isso porque, em regra, o empreiteiro não tem condição de realizar todos os componentes de uma obra. Tome-se, por exemplo, a construção de um prédio de muitos andares. Normalmente, o empreiteiro não possui a expertise de instalar elevadores. Diante disso, o empreiteiro promove uma subempreitada de outra pessoa para esse específico fim. O valor da subempreitada, salvo estipulação expressa em contrário, já se encontra embutido no preço pago ao empreiteiro.

construtor

O empreiteiro, comumente, é um construtor. O artigo 3º do Código do Consumidor arrola, entre os prestadores de serviço, o construtor: aquele que, com certos materiais, constrói algo.

Muitas vezes, a atividade de empreitada consistirá em uma relação de consumo, notadamente quando o construtor atua profissionalmente. Necessário, para esse fim, averiguar se o dono da obra é o destinatário final daquele serviço, ou se, a rigor, trata-se de uma relação comercial.

Se a administração pública decide fazer uma obra, a contratação do empreiteiro deve ser precedida de uma licitação, ou seja, de um processo público no qual se escolhe a mais vantajosa proposta para a coisa pública. Esse processo culmina, claro, na seleção do empreiteiro mais competente que pode ser aquele que faz o serviço pelo menor preço, ou então o que apresenta a melhor proposta técnica. A melhor proposta também pode ser eleita com base em uma combinação de critérios.

No início do século XV, deu-se, em Florença, a mais conhecida das licitações do mundo artístico. Pretendia-se apurar, por meio de concurso, quem faria as portas do batistério da famosa cidade italiana. Cada candidato recebeu quatro placas de bronze, onde deveriam representar o mesmo tema extraído do Antigo Testamento: o sacrifício de Isaac. Os concorrentes tinham um ano para executar a tarefa, o que foi feito em 1402. Dois candidatos disputavam a indicação:

5 "Art. 455 - Nos contratos de subempreitada responderá o subempreiteiro pelas obrigações derivadas do contrato de trabalho que celebrar, cabendo, todavia, aos empregados, o direito de reclamação contra o empreiteiro principal pelo inadimplemento daquelas obrigações por parte do primeiro."

Filippo Brunelleschi e Lorenzo Ghiberti. Os detalhes e o desfecho desse concurso tiveram enorme impacto na história da arte.[6] Ghiberti acabou sagrando-se vencedor – segundo a lenda porque se aproximou dos jurados – e foi contratado para realizar a empreitada, cujo resultado maravilha quem admire as portas do batistério.

tipos

Como já fazia o Código Napoleão, de 1804, o Código Civil prevê dois tipos de empreitada no artigo 610: a empreitada na qual o empreiteiro contribui apenas com o seu trabalho – a chamada empreitada de lavor – e a empreitada mista, na qual o empreiteiro fornece o trabalho e os materiais[7].

A obrigação de fornecer o material não se presume, registra o parágrafo primeiro do artigo 610[8]. Ela resulta da lei ou da vontade das partes. Assim, caso não se tenha estipulado de forma diferente, entende-se que a empreitada é de lavor, cabendo ao dono da obra fornecer o material. Deve-se ter clara essa identificação, uma vez que as consequências de um ou de outro tipo de empreitada podem ser bem distintas.

Na empreitada de lavor, o material é fornecido pelo dono da obra – paga-se ao empreiteiro pelo esforço feito. O empreiteiro fica obrigado a realizar uma determinada obra, porém os materiais, necessários à consecução de seu trabalho são fornecidos pelo dono da obra, que a encomendou.

O dever do empreiteiro fornecer os materiais apenas se configura se houver ajuste específico. Como acabou de se informar, não se presume que a obrigação do empreiteiro de fornecer os materiais (artigo 610, § 1º). Entretanto, essa contratação não precisa necessariamente dar-se por escrito. Muitas vezes, a situação prática demonstra que houve uma empreitada mista, estabelecida, contudo, oralmente.

Nas empreitadas de lavor, os riscos, salvo em hipótese de culpa, correm por conta do dono da obra, como registra o artigo 612[9]. Aplica-se o princípio *res perit domino*. Portanto, se, no curso da construção, a coisa perece, o dono dela – e não o empreiteiro – suporta o dano.

De acordo com o artigo 613, na empreitada de lavor, se a coisa perece antes de ser entregue e não houver culpa das partes, o em-

6 Ver Ross King, O Domo de Brunelleschi, São Paulo, Record, 2013, p. 31 e seguintes.

7 "Art. 610. O empreiteiro de uma obra pode contribuir para ela só com seu trabalho ou com ele e os materiais"

8 "Art. 610. (...). § 1º A obrigação de fornecer os materiais não se presume; resulta da lei ou da vontade das partes."

9 "Art. 612. Se o empreiteiro só forneceu mão-de-obra, todos os riscos em que não tiver culpa correrão por conta do dono".

preiteiro, contudo, perderá a remuneração[10]. Neste caso, portanto, todos perdem: o empreiteiro fica sem a remuneração, enquanto o dono da obra suporta o dano decorrente da perda do material.

Isso, todavia, não ocorrerá se a perda resultou de defeitos dos materiais e o empreiteiro, antes, havia reclamado o fato ao dono da obra. Por outro lado, o empreiteiro não poderá reclamar do material ao dono da obra se nada disse enquanto realizava o seu trabalho. Há, por assim dizer, uma preclusão dessa defesa. Afinal, era dever de o empreiteiro alertar que o material apresentava algum vício ou deficiência – e que isso poderia comprometer o sucesso do trabalho. Não pode o empreiteiro, depois que ocorrer o problema, alegar o vício, quando deveria tê-lo feito antes, oportunamente.

Todos se lembram da história dos três porquinhos. O primeiro construiu sua casa de palha, o segundo de madeira e o terceiro de tijolos. O lobo mau teve facilidade em derrubar a primeira, um pouco mais de dificuldade em colocar a segunda no chão, mas não conseguiu destruir a terceira. O caso dos dois primeiros porquinhos seria levado aos seus empreiteiros: afinal, quem forneceu os materiais (a palha e a madeira): os suínos ou o empreiteiro? Houve erro no projeto?

Caso o material venha a se perder ou inutilizar, por imperícia ou negligência, o empreiteiro, diz o artigo 617[11], fica obrigado a pagar por ele. Claro, pois o empreiteiro tinha o dever de cuidar do material, com o qual realizaria a obra.

Na empreitada de trabalho, pode haver um contrato no qual apenas se formule o projeto, o que não implica o dever de executá-lo ou fiscalizar a sua execução (artigo 610, § 2º[12]).

empreitada mista

Na empreitada mista, o empreiteiro oferece tanto o trabalho como os materiais. O dono da obra paga pelo resultado. A doutrina faz uma analogia com a venda de coisa futura, embora com esta não se confunda, porque, na empreitada, há uma obrigação de fazer, enquanto na de venda de coisa futura, a obrigação é de dar.

Há quem defenda que nessa empreitada mista haja uma obrigação de dar, em relação aos materiais, e de fazer, na realização da

10 "Art. 613. Sendo a empreitada unicamente de lavor (art. 610), se a coisa perecer antes de entregue, sem mora do dono nem culpa do empreiteiro, este perderá a retribuição, se não provar que a perda resultou de defeito dos materiais e que em tempo reclamara contra a sua quantidade ou qualidade".

11 "Art. 617. O empreiteiro é obrigado a pagar os materiais que recebeu, se por imperícia ou negligência os inutilizar".

12 "Art. 610. (...). § 2o O contrato para elaboração de um projeto não implica a obrigação de executá-lo, ou de fiscalizar-lhe a execução."

obra. A melhor orientação, contudo, parece ser a de se reconhecer apenas uma obrigação de fazer, pois o que se mira é o resultado, que passa, necessariamente, por uma atividade. Afinal, há uma diferença, por exemplo, entre comprar uma casa pronta e a de contratar o empreiteiro para construi-la. Não se confunde o ato de adquirir um vestido em uma loja e encomendar um vestido ao costureiro. Embora nessas situações, a parte vá, ao fim, ficar com uma coisa, na empreitada há atividade de uma pessoa que faz a coisa seguindo uma orientação do futuro dono.

Na empreitada de trabalho e materiais – a mista –, o risco corre todo por conta do empreiteiro, até a entrega da obra (artigo 611)[13]. Assim, caso sobrevenha algum acidente, que danifique ou mesmo destrua a obra, o empreiteiro arca com esse prejuízo. Isso porque o empreiteiro, nesses casos, assume toda a obra. O contratante concorda em remunerar o empreiteiro pela entrega da coisa. Se algo falhar na realização da obra, o empreiteiro suportará o risco._

O dispositivo contido no artigo 611, contudo, é supletivo e não cogente, sendo, portanto, lícito às partes convencionar alocação de risco diversa, inclusive especificando quais tipos de contingências serão suportados por cada uma das partes.

Isso se reverte se o dono da obra estiver em mora de receber a obra, pois se aplica o artigo 399 do Código Civil[14]. Assim, caso a obra esteja pronta e o seu dono deixar de recebê-la – e, logo, ficar em mora –, passará este a suportar os riscos de qualquer dano que sofra a obra.

O dono da obra tem importantes obrigações.

recebimento da obra

A primeira delas, registrada na primeira parte do artigo 615,[15] é a seguinte: concluída a obra na forma ajustada, ou na forma que reflita o costume do lugar, o dono da obra deve aceitá-la e recebê-la.

13 "Art. 611. Quando o empreiteiro fornece os materiais, correm por sua conta os riscos até o momento da entrega da obra, a contento de quem a encomendou, se este não estiver em mora de receber. Mas se estiver, por sua conta correrão os riscos".

14 "Art. 399. O devedor em mora responde pela impossibilidade da prestação, embora essa impossibilidade resulte de caso fortuito ou de força maior, se estes ocorrerem durante o atraso; salvo se provar isenção de culpa, ou que o dano sobreviria ainda quando a obrigação fosse oportunamente desempenhada".

15 "Art. 615. Concluída a obra de acordo com o ajuste, ou o costume do lugar, o dono é obrigado a recebê-la. Poderá, porém, rejeitá-la, se o empreiteiro se afastou das instruções recebidas e dos planos dados, ou das regras técnicas em trabalhos de tal natureza".

Se não aceitar, sem um justo motivo, o dono da obra fica, como se acabou de registrar, em mora. Aqui, há o caso da *mora accipiendi*, prevista no artigo 400 do Código Civil.[16]

Se a obra se tiver afastado do projeto ou não seguir as técnicas aplicáveis às obras semelhantes, o contratante pode recusar-se a aceitá-la, como assevera a segunda parte do artigo 615.

Também, a recusa em receber a obra será legítima se a obra apresenta vícios e defeitos.

O dono da obra também pode recusar a aceitá-la se houve um atraso na sua entrega que acarrete a perda do interesse ou diminuição da utilidade.

Se o problema for de afastamento, pelo empreiteiro, das melhores técnicas ou das instruções recebidas, pode o dono da obra reclamar um abatimento do preço, dispõe o artigo 616.[17]

estado da arte

Discute-se, nesse particular, a necessidade de a obra refletir o "estado da arte". Este seria o mais avançado dos conceitos aplicáveis a uma construção. O empreiteiro não se encontra inadimplente se deixou de utilizar a técnica mais moderna na sua obra. Contudo, ele terá falhado se adotar uma técnica descartada. Se o empreiteiro se valer de prática aceitável, mesmo que não a melhor, não há falha e o contratante nada tem a reclamar. Contudo, se fazia parte do contrato que determinada técnica fosse utilizada, o empreiteiro estará inadimplente se não seguiu a orientação, ainda que se tenha valido de uma técnica considerada mais apropriada e melhor.

momento de verificação da obra

O momento da verificação da obra é crucial no contrato de empreitada. Afinal, em regra, é nesse momento que o contratante identificará se houve algum vício ostensivo na obra.

Segundo o § 1º do artigo 614, o que foi pago presume-se verificado.[18] Assim, se o contratante remunerou o empreiteiro, parte-se da ideia de que isso ocorreu depois que se viu a obra e considerou-a boa e aceitável. Com efeito, em regra, o dono da obra, antes de pagar pelo serviço, aprecia se a obra está conforme. O jargão utilizado para designar esse procedimento é a medição. Isso tem relevância para o fim de reconhecer a procedência da reclamação do contratante por

---

16 "Art. 400. A mora do credor subtrai o devedor isento de dolo à responsabilidade pela conservação da coisa, obriga o credor a ressarcir as despesas empregadas em conservá-la, e sujeita-o a recebê-la pela estimação mais favorável ao devedor, se o seu valor oscilar entre o dia estabelecido para o pagamento e o da sua efetivação."

17 "Art. 616. No caso da segunda parte do artigo antecedente, pode quem encomendou a obra, em vez de enjeitá-la, recebê-la com abatimento no preço".

18 "Art. 614. (...). § 1º Tudo o que se pagou presume-se verificado."

algum defeito da obra. De fato, razoável presumir que, se o contratante pagou, ele concordou com a obra que lhe foi entregue. Contudo, essa presunção não é absoluta. Pode o contratante demonstrar que pagou, embora não tenha visto a obra de forma adequada. Deverá, para isso, provar que pagou sem o adequado exame.

A importância de se determinar esse momento é intuitiva. Depois que o contratante recebe a obra, pode esta sofrer algum dano. Os riscos da coisa, mormente após a entrega da obra, correm exclusivamente por conta do dono. Portanto, o contratante, quando recebe a obra, analisa o seu estado. Se a obra não se revela conforme, cabe a ele reclamar e, eventualmente, sequer recebê-la. Se ficou com a coisa, sem qualquer ressalva, presume-se que ela se encontrava no estado adequado. Não poderá, no futuro, reclamar algum vício – até porque se poderá dizer que o vício surgiu em momento posterior ao da entrega.

O recebimento da obra pelo contratante pode ser provisório, apenas para verificar seu estado. Porém, o prazo para essa análise, acerca da adequação da obra, não pode ser eterno nem extraordinário, isto é, o prazo deve ser aquele normal para que o dono da obra verifique se a obra foi feita corretamente.

Evidentemente, isso não engloba a situação de um vício redibitório. Esse vício, como se sabe, é aquele não aparente, que não se identifica em uma mera análise visual da coisa. A sua constatação apenas ocorre quando se usa a coisa.

remuneração do empreiteiro

Outra importante obrigação do dono da obra consiste em remunerar o empreiteiro. Afinal, caso não exista uma contraprestação, estaríamos diante de um ato gracioso e o negócio perderia a sua natureza.

Segundo Paulo Nader, a remuneração deve dar-se sempre em dinheiro,[19] embora se admita que uma parte menor seja em prestação de serviço ou outro bem distinto de dinheiro. Não parece, contudo, que isso seja determinante. Não será descaracterizada a empreitada se o empreiteiro admitir receber sua remuneração em uma coisa. Imagine-se o exemplo de alguém que contrata um construtor para fazer uma casa de bonecas, seguindo certas orientações, e ajusta que a remuneração se dará com a entrega de um valioso relógio. Não há dúvidas de que no caso deu-se uma empreitada, sendo irrelevante a forma de pagamento.

Se não houver preço fixado para a empreitada, deve ele ser arbitrado por terceiro, que, em última situação, será o juiz ou o árbitro.

19 Paulo Nader, Curso de Direito Civil, Contratos, vol. 3, 3ª ed., Rio de Janeiro, Forense, 2008, p. 299.

A remuneração devida pelo dono da obra ao empreiteiro pode ser estabelecida (a) por preço fixo, (b) por medida, ou (c) por administração – aqui se prevê uma percentagem sobre o custo.

No preço fixo, contrata-se um valor certo. Ele apenas pode ser alterado se houver modificação substancial do escopo da obra, assim requerido e autorizado pelo dono da obra, ou então, evidentemente, nas hipóteses contratualmente previstas.

Muitas vezes, o estabelecimento de um preço fixo para o dono da obra é um motivo relevante do negócio. Nesses casos, nem mesmo a alegação de fatos extraordinários, que poderiam ensejar a aplicação da teoria da imprevisão, estariam aptos a permitir a revisão do preço.[20]

Em negócios feitos por empreiteiras experientes, esse ajuste do preço é condicionado a uma série de variantes objetivas, tais como o aumento do custo em determinado percentual de materiais básicos.

A mera atualização monetária não importa aumento do preço, pois, afinal, a correção consiste apenas na equiparação do valor do dinheiro no tempo.

Na remuneração por medida, o empreiteiro recebe desde que vá atingindo certas metas, como, aliás, faz referência o artigo 614 do Código.[21] Dessa forma, o dono da obra acompanha o andamento dos trabalhos e a remuneração ocorre de forma parcelada.

Na empreitada por administração, a contraprestação será devida de modo proporcional ao valor ou custo da obra, de sorte que o empreiteiro recebe um percentual do montante despendido pelo dono da obra.

Portanto, nas duas formas de empreitada – na de lavor e na mista –, se a obra ocorreu por fases, o empreiteiro poderá receber a sua remuneração na medida em que complete essas fases, informa o antes mencionado artigo 614 do Código Civil.

Segundo o já citado artigo 614, § 1º, o que se paga presume-se verificado. Trata-se de uma presunção legal. Daí a relevância, antecipadamente acertada, do momento da verificação.

De acordo com o § 2º desse artigo 614[22], o que se mediu presume-se verificado e aceite se, no prazo de trinta dias, não se reclamou.

---

20 Arnaldo Rizzardo, Contratos, 8ª ed. Rio de Janeiro, Forense, p. 632.

21 "Art. 614. Se a obra constar de partes distintas, ou for de natureza das que se determinam por medida, o empreiteiro terá direito a que também se verifique por medida, ou segundo as partes em que se dividir, podendo exigir o pagamento na proporção da obra executada".

22 "Art. 614. (...). § 2º O que se mediu presume-se verificado se, em trinta dias, a contar da medição, não forem denunciados os vícios ou defeitos pelo dono da obra ou por quem estiver incumbido da sua fiscalização."

Esse prazo possui natureza decadencial. Não admite, portanto, suspensão, nem tampouco interrupção. Passados os trinta dias da medição pelo contratante, sem que ele nada ressalve da obra, perderá o direito de impugnar o que verificou.

De acordo com o artigo 619, se o empreiteiro aceitar o plano da execução da obra, não poderá, depois, exigir algum acréscimo no preço, salvo se sobrevier alteração no escopo do trabalho que resultem de determinações por escrito do dono da obra[23]. Evidentemente, essas alterações devem justificar um aumento do preço. As mudanças ínfimas e irrelevantes não acarretarão a modificação do valor ajustado.

A regra é a de que o empreiteiro conhecia as dimensões de seu trabalho e aceitou fazê-lo pelo preço previamente ajustado. Seria, portanto, abusivo se, no curso da obra, exigisse uma majoração no preço pactuado.

Caso, entretanto, o dono da obra sabia que se promoviam alterações ao projeto inicial da obra – pois fez visitas ou foi devidamente informado e nada protestou –, deve, mesmo que não tenha pactuado nada por escrito em relação a essas modificações, remunerar o empreiteiro pelo acréscimo do trabalho, consoante registra o parágrafo único do mencionado artigo 619[24]. Assim será mesmo que não tenha havido registro por escrito, mas existir prova cabal de que o contratante se encontrava ciente do aumento do escopo da obra.

Essa regra tem grande relevância. Isso porque, depois de iniciada a obra, o contratante fica, de certa forma, refém do empreiteiro. Ele terá enorme prejuízo em substituir o empreiteiro, com a obra já em curso. Assim, não se pode admitir que, ao longo do contrato, o empreiteiro pleiteie um aumento no valor convencionado. Por outro lado, se o dono da obra aquiesceu e tinha conhecimento da majoração do escopo, não seria justo que se enriquecesse, em detrimento do empreiteiro. Nesses casos, deve o empreiteiro ser remunerado pelo dono da obra, que receberá um bem mais valioso.

De outro lado, natural que o dono da obra reclame um abatimento se o preço do material ou da mão-de-obra diminuir. Segundo o artigo 620, o dono da obra tem direito a reclamar essa redução, se o

23 "Art. 619. Salvo estipulação em contrário, o empreiteiro que se incumbir de executar uma obra, segundo plano aceito por quem a encomendou, não terá direito a exigir acréscimo no preço, ainda que sejam introduzidas modificações no projeto, a não ser que estas resultem de instruções escritas do dono da obra".

24 Parágrafo único do artigo 619: "Ainda que não tenha havido autorização escrita, o dono da obra é obrigado a pagar ao empreiteiro os aumentos e acréscimos, segundo o que for arbitrado, se, sempre presente à obra, por continuadas visitas, não podia ignorar o que se estava passando, e nunca protestou".

valor do material for reduzido em pelo menos 10%.[25] Aqui a própria lei, numa inovação em relação ao Código de 1916, prevê esse conceito, buscando garantir um equilíbrio econômico no negócio.

Evidentemente, a prova de que o preço do material ou da mão-de-obra diminuiu caberá ao dono da obra.

Ao receber a obra, o dono da obra deve remunerar o empreiteiro, sendo esta a sua principal obrigação.

retenção

Aliás, admite-se que o empreiteiro, se for do seu interesse, caso não seja remunerado, retenha a coisa, objeto da empreitada, até receber a sua contraprestação.

Assim, se não houver pagamento o empreiteiro pode valer-se do direito de retenção, isto é, reter a obra, recusando-se a entregá-la, até que receba a sua remuneração. O Código Civil não tratou especificamente do direito de retenção aplicável à empreitada, mas doutrina[26] e jurisprudência admitem essa prática, que, muitas vezes, é a única garantia do empreiteiro de que receberá a contraprestação. Aliás, o Código Civil português expressamente reconhece essa prerrogativa do empreiteiro.

entrega do material

Uma obrigação importante do dono da obra nos casos em que a obra for apenas de lavor consiste em manter o material à disposição do empreiteiro. Aqui se inclui o dever, por exemplo, de guarda de materiais, entre outros, ajustados e necessários para a boa execução dos trabalhos.

A falha desse dever do contratante pode comprometer a obra e torná-la mais onerosa. Isso porque o empreiteiro, normalmente, estabelece um cronograma para a sua atividade e a falta do material impede, por completo, o andamento dos trabalhos. O dano, nesses casos, é, em regra, maior do que o simples atraso, e comumente representa um acréscimo nas despesas do empreiteiro, comprometendo a sua organização de custos.

obrigações do empreiteiro

Depois de tratar dos deveres do dono da obra, cabe examinar as obrigações do empreiteiro.

A primeira das obrigações do empreiteiro é a de promover a obra da forma convencionada, seguindo as instruções recebidas e atento à boa técnica.

segurança da obra

Outra relevante obrigação do empreiteiro, que se propaga no tempo, consiste em garantir a segurança da obra. Como se viu, os ar-

---

25 "Art. 620. Se ocorrer diminuição no preço do material ou da mão-de-obra superior a um décimo do preço global convencionado, poderá este ser revisto, a pedido do dono da obra, para que se lhe assegure a diferença apurada".

26 Renato Ventura Ribeiro, Direito de Retenção do Contrato de Empreitada, Revista de Direito Privado 26/229, abr.jun/2006. p. 239 e seguintes.

tigos 614 a 616 cuidam dos vícios aparentes da obra. Entretanto, não raro os piores defeitos não são verificáveis à primeira vista. Assim, cuida-se que o empreiteiro responda pela solidez da obra.

Segundo o artigo 618 do Código Civil,[27] nas empreitadas de edifícios ou de "construções consideráveis", o empreiteiro, se tiver fornecido os materiais, responderá, durante o prazo irredutível dos cinco anos, pela solidez e segurança do seu trabalho. Nesse prazo, há uma responsabilidade objetiva do empreiteiro, que responde independentemente de culpa. Aqui se cuida do vício redibitório.

Esse prazo, entretanto, é de garantia mínima, na qual há, como se disse, uma responsabilidade objetiva. A lei é clara quando se vale do termo "irredutível" – conceito que não existia no artigo 1.245 do Código Civil de 1916.

Trata-se de prazo decadencial. Entende-se, ademais, que esse prazo, pela sua natureza, é irrenunciável pelas partes – e sequer se admite a sua redução, embora se permita a sua majoração, pois, afinal, tal regra existe em benefício do dono da obra.[28]

O construtor ainda poderá ser acionado no prazo de dez anos – o prazo geral de responsabilidade por inadimplemento contratual previsto no artigo 205 do Código Civil[29] – por descumprimento geral de seu dever contratual de entregar as obras de forma sólida.

Assim, em suma, até os cinco anos, nas obras de grande envergadura – como, por exemplo, um edifício, uma estrada, uma ponte –, o empreiteiro misto responde objetivamente. Ultrapassados esses cinco anos, o contratante, demonstrado o vício na construção, pode ainda reclamar do empreiteiro a reparação. Em qualquer dos casos, todavia, o empreiteiro pode escapar de sua obrigação de reparar caso demonstre que o problema da obra decorre do uso nocivo do bem. Permita-se o exemplo extremo: se o dono da casa recebeu seu imóvel e, imediatamente, passou a nele praticar tiro ao alvo com arma de alto calibre, o bem certamente sofrerá avarias que não poderiam ser imputadas ao empreiteiro.

---

27 "Art. 618. Nos contratos de empreitada de edifícios ou outras construções consideráveis, o empreiteiro de materiais e execução responderá, durante o prazo irredutível de cinco anos, pela solidez e segurança do trabalho, assim em razão dos materiais, como do solo.

Parágrafo único. Decairá do direito assegurado neste artigo o dono da obra que não propuser a ação contra o empreiteiro, nos cento e oitenta dias seguintes ao aparecimento do vício ou defeito."

28 Silvio de Salvo Venosa, Direito Civil: Contratos em espécie e responsabilidade civil, São Paulo: Editora Atlas, 2001. p. 191.

29 "Art. 205. A prescrição ocorre em dez anos, quando a lei não lhe haja fixado prazo menor."

O final do artigo 618 diz, ainda, que o empreiteiro responde nesse prazo quinquenal, não apenas pela solidez e segurança do trabalho, mas também pelo solo. Isso porque o solo pode ceder e, com isso, condenar a obra. Como o empreiteiro é, em relação ao dono da obra, o especialista, cabe a ele averiguar se existe algum risco na construção em decorrência do solo, além de tomar as providências cabíveis para estabilizar as fundações da edificação. O empreiteiro responderá por esse risco. Se a obra sentir algum vício decorrente do solo, haverá a presunção de culpa do empreiteiro.[30]

O Código de 1916, no seu artigo 1.245, admitia que o empreiteiro advertisse o dono da obra dos problemas do solo e, com isso, afastasse a sua responsabilidade, caso, no futuro, o solo cedesse. Tal regra não foi reproduzida no Código de 2002, revelando, com clareza, o espírito do legislador, que não considerou razoável que se levasse adiante uma obra, diante do risco de seu desabamento.

É dever ético-legal do empreiteiro não dar seguimento a uma obra fadada ao fracasso[31], mormente diante do eventual desfecho trágico. Nesse ponto, o legislador atentou para a função social do contrato, pois independentemente da alocação de responsabilidades entre as partes, não se pode expor terceiros ao risco pelo desmoronamento, de forma que se o defeito no solo for previamente identificado, o empreiteiro não deve dar prosseguimento à construção.

O parágrafo único do citado artigo 618 informa que o direito do dono da obra de reclamar a indenização decairá se ele não propuser a ação contra o empreiteiro em 180 dias contados do aparecimento do vício. Trata-se de prazo decadencial, que não se interrompe ou suspende.[32] Essa regra também se revela altamente salutar e, de certa forma, protege o empreiteiro.

Imagine-se a situação na qual aparece, numa casa recentemente entregue, uma rachadura. Natural que o dono da obra informe ao empreiteiro prontamente o fato. Com isso, o empreiteiro poderá, se for o caso, promover o conserto, o que, ordinariamente, revela-se mais simples se feito logo após o diagnóstico do defeito. Ademais, se o problema é informado de imediato, o empreiteiro terá melhor condição de identificar a sua causa e eventualmente repará-lo. A situação não é a mesma se o dono da obra deixa para avisar o empreiteiro

30 Alfredo de Almeida Paiva, Aspectos do Contrato de Empreitada, Edição Revista Forense, 1955. p. 95/96.

31 E. V. de Miranda Carvalho, "A responsabilidade quinquenal do empreiteiro e a exceção do art. 1.245 do Código Civil", Revista dos Tribunais, RT nº 116/3, nov. 1938.

32 Nancy Andrighi; Sidnei Beneti; Vera Andrighi, Comentários ao novo código civil, vol. IX, Rio de Janeiro: Forense, 2008. p. 318/319.

do vício na construção muito depois de ele ter-se apresentado. Esse lapso temporal impedirá, muitas vezes, que o empreiteiro conserte o defeito. Além disso, esse lapso temporal dificultará que se compreenda a causa do problema. Ademais, ficará difícil de verificar se o vício decorreu de um erro na construção ou de um uso inadequado da coisa. Por todas essas razões, a norma determina que essa responsabilidade objetiva do empreiteiro só poderá ser invocada se o dono da obra reclamar do vício num prazo inferior a 180 dias de quando o mal se apresentou.

Esse prazo de 180 dias para pleitear o conserto, contado de quando o defeito se verificou, não se confunde com o prazo de cinco anos, referido no *caput* do artigo 618. Durante cinco anos, o empreiteiro misto responde pela integridade de grandes obras, mas desde que o contratante postule a reparação num prazo de 180 dias de quando sobreveio o problema.

Segundo a jurisprudência, quem adquire o bem também pode valer-se desse prazo, mesmo não sendo o dono da obra. Portanto, o terceiro que adquiriu o bem, objeto da empreitada, do dono da obra, tem como se valer do artigo 618 do Código Civil para reclamar da integridade da construção.

Esse parágrafo único, registre-se, não se aplicará nas relações de consumo, onde incidirá o artigo 27 da Lei nº 8.078, de 11.9.90[33]. Segundo a regra, o prazo prescricional para reclamação será de cinco anos. A lei de consumo, por ser especial, derroga a regra geral do Código.

Caio Mario defende que o parágrafo único do artigo 618 não se aplicaria durante o prazo de cinco anos.[34] Os 180 dias apenas passariam a incidir após o fim desse prazo.

Embora a lei fale nessa responsabilidade pelo defeito que abale a "solidez e segurança" da obra, razoável que o empreiteiro suporte igual dever de indenizar com outros problemas na construção. Isso ocorre, para dar um exemplo, com defeitos de infiltração, que não se relacionam exatamente a "solidez e segurança", mas que importam grave falha na construção.

O parágrafo 2º do artigo 610 trata da empreitada apenas do projeto. Nesta, a execução da obra fica a cargo de outrem.

33 "Art. 27. Prescreve em cinco anos a pretensão à reparação pelos danos causados por fato do produto ou do serviço prevista na Seção II deste Capítulo, iniciando-se a contagem do prazo a partir do conhecimento do dano e de sua autoria."

34 Caio Mario da Silva Pereira, Instituições de Direito Civil, Vol. III, 20ª ed., Rio de Janeiro, Forense, 2016, p. 300.

Se a empreitada for apenas de projeto, o empreiteiro não responderá por outros vícios, diz o artigo 622[35]. Isso porque, por vezes, uma pessoa faz o projeto e outra o executa. São duas empreitadas distintas. O projetista não pode responsabilizar-se pela má execução do projeto levada adiante pelo empreiteiro.

Aliás, as alterações no projeto, salvo as de pouca monta, como acima se alertou, devem necessariamente preceder de uma autorização do seu autor, segundo o artigo 621 e o seu parágrafo único[36]. Isso, claro, não se aplica se a alteração se der por motivos de ordem técnica, caso a mudança for de pouca monta ou na hipótese de o projeto inicial revelar-se extremamente oneroso.

De toda sorte, deve-se manter a unidade estética da obra.

suspensão da obra

Depois de iniciada a obra, segundo o artigo 623[37], pode o seu dono suspendê-la, mas deverá remunerar o empreiteiro pelos serviços já feitos, além da "indenização razoável", que a lei manda calcular em função do que o empreiteiro teria ganho, caso a obra fosse levada até o seu fim.

Já na hipótese de o empreiteiro suspender a obra sem justa causa, ele responderá, consoante o artigo 624[38], pelas perdas e danos que o dono da obra vier a experimentar. Este dispositivo também indica, a contrário senso, que o empreiteiro nada responderá se a paralisação se der por motivo justificado.

O artigo 625 arrola as hipóteses nas quais o empreiteiro poderá, sem sofrer sanção e até legitimamente, suspender a obra.

Isso ocorrerá (I) se houver culpa do dono, ou uma situação de caso fortuito ou de força maior; (II) caso advenham dificuldades supervenientes e imprevisíveis, que tornem a obra excessivamente onerosa e o dono da obra recusar-se a arcar com o aumento do preço, – veja-se que, neste caso, deve haver a junção desses dois fatores: a

---

35 "Art. 622. Se a execução da obra for confiada a terceiros, a responsabilidade do autor do projeto respectivo, desde que não assuma a direção ou fiscalização daquela, ficará limitada aos danos resultantes de defeitos previstos no art. 618 e seu parágrafo único".

36 "Art. 621. Sem anuência de seu autor, não pode o proprietário da obra introduzir modificações no projeto por ele aprovado, ainda que a execução seja confiada a terceiros, a não ser que, por motivos supervenientes ou razões de ordem técnica, fique comprovada a inconveniência ou a excessiva onerosidade de execução do projeto em sua forma originária.

Parágrafo único. A proibição deste artigo não abrange alterações de pouca monta, ressalvada sempre a unidade estética da obra projetada."

37 "Art. 623. Mesmo após iniciada a construção, pode o dono da obra suspendê-la, desde que pague ao empreiteiro as despesas e lucros relativos aos serviços já feitos, mais indenização razoável, calculada em função do que ele teria ganho, se concluída a obra".

38 "Art. 624. Suspensa a execução da empreitada sem justa causa, responde o empreiteiro por perdas e danos".

obra tornar-se mais onerosa por fatores imprevisíveis e o dono da obra se recusar a arcar com o aumento do preço –; e (III) o dono da obra exigir alterações do projeto inicial que tornem a obra mais vultosa, alterando seu escopo. O empreiteiro poderá suspender essa obra mesmo que o dono da obra se comprometa a aumentar a sua remuneração.

Idealmente, a empreitada cessa com a entrega da obra, de forma satisfatória. Contudo, esse contrato também pode ter seu fim com a morte do empreiteiro, se a relação for personalíssima, como se extrai do artigo 626[39].

Admite-se, também, que a empreitada se encerre se ambas as partes assim desejarem, assim como se houver o inadimplemento de uma delas, o que ensejará, ademais, o direito de a parte lesada reclamar pelos danos que experimentou em decorrência do incumprimento. Uma das partes, isoladamente, também poderá rescindir unilateralmente o negócio, ficando sujeita a indenizar a outra pelos danos decorrentes.

O Código Civil trata, ainda, da hipótese de força maior, quando sobrevierem dificuldades imprevisíveis para a execução, que tornarem a obra excessivamente onerosa. Essa dificuldade, muitas vezes, pode, se o empreiteiro admitir, ser superada, caso o dono da obra aceite majorar a remuneração. Caso isso não ocorra, haverá motivo para que o empreiteiro desista do contrato. Sempre, entretanto, cabe analisar se o necessário aumento da obra é algo, de fato, surpreendente e, de forma justa, pode representar uma razão legítima para que o empreiteiro desista de levar adiante a obra. A majoração do escopo ordinária e previsível jamais pode ser fundamento para que o empreiteiro deixe de cumprir as obrigações assumidas.

responsabilidade perante terceiros

Um tema interessante e de enorme aplicação prática nas relações que se estabelecem a partir do contrato de empreitada é a responsabilidade perante terceiros.

Imagine que, na construção de um edifício, o imóvel vizinho sofra um dano. Quem responde por isso? O melhor entendimento parece ser o de que o vizinho pode reclamar o prejuízo ao dono da obra. Este, regressivamente, se for o caso, terá como reclamar do empreiteiro, se a causa do dano decorrer de uma deficiência da execução do serviço.

Com efeito, durante a execução da obra, se houver terceiros lesados – como os vizinhos –, a responsabilidade será do empreiteiro.

Como antes se mencionou, é comum a co-empreitada e a subempreitada em obras de grande vulto, nas quais se revelam necessárias diversas competências.

---

39 "Art. 626. Não se extingue o contrato de empreitada pela morte de qualquer das partes, salvo se ajustado em consideração às qualidades pessoais do empreiteiro."

Depósito

O termo depósito designa, ao mesmo tempo, duas coisas: um local, no qual se guarda uma coisa, e um contrato, pelo qual uma pessoa contrata outra para guardar e zelar por um bem.

O artigo 627 do Código Civil[1] define o contrato de depósito como aquele pelo qual uma pessoa (depositário) recebe um bem móvel e corpóreo de outra (depositante) para guardar, conservando-o, até que o depositante o reclame. Trata-se, portanto, da guarda temporária de móvel alheio, conhecida, pelos romanos, como *custodia rei* ou, mais comumente, *depositum*.[2]

Não há transferência da propriedade da coisa, porém mera entrega da posse do bem, objeto do depósito. Esses dois institutos são regulados pelos artigos 1.196 e 1.228 do Código Civil[3]. Em termos extremamente sintéticos, diz-se possuidor aquele que, embora não detenha documento capaz de comprovar sua propriedade sobre a coisa, age como se assim fosse, exercendo sobre ela um dos poderes inerentes à propriedade. Proprietário, por sua vez, notadamente nos bens imóveis, é aquele que detém documento capaz de comprovar ser ele o dono da coisa, podendo, portanto, dela gozar e usufruir sem quaisquer restrições. No contrato de locação, por exemplo, o

---

1 "Art. 627. Pelo contrato de depósito recebe o depositário um objeto móvel, para guardar, até que o depositante o reclame."

2 José Carlos Moreira Alves, *Direito Romano*, 14ª ed., Rio de Janeiro. Forense, 2007, p. 493.

3 "Art. 1.196. Considera-se possuidor todo aquele que tem de fato o exercício, pleno ou não, de algum dos poderes inerentes à propriedade."

"Art. 1.228. O proprietário tem a faculdade de usar, gozar e dispor da coisa, e o direito de reavê-la do poder de quem quer que injustamente a possua ou detenha."

locatário detém a posse do bem, enquanto o locador normalmente a propriedade (embora o locador possa excepcionalmente apenas ter direito de locar, mesmo sem o domínio). Assim, os dois conceitos jamais se confundem, inclusive no contrato de depósito[4].

obrigação de restituir coisa certa

Para o depositário, trata-se de uma clássica obrigação de restituir coisa certa, pois de fato cabe a ele devolver o bem a ele confiado assim que o depositante requerer. Se, indevidamente, retiver a coisa, o depositante cobrará a pronta entrega – *actio depositi contraria*[5] –, que deve ocorrer no local onde a coisa se encontra depositada.

Caso se entregue a coisa para ser administrada, haverá um contrato de mandato e não de depósito. O depositário apenas guarda o bem. Se houver a determinação distinta da mera guarda, já não se estará cuidando de depósito.

Examina-se, nos artigos 627 a 646, o depósito voluntário, isto é relação de depósito que nasce de um acordo das partes: uma delas entrega a outra um bem para que a última a conserve, até que lhe seja requerida a restituição.

Atente-se que o depósito não se confunde com a situação de mera tolerância, de alguém deixar uma coisa em área possuída por outra. Digamos que uma pessoa consinta com que outra coloque seu violão no quintal de sua casa. Isso não será um contrato de depósito, porque não se convencionou que uma pessoa ficaria obrigada a guardar e conservar a coisa. Para que se estabeleça um contrato de depósito, uma pessoa deve obrigar-se a guardar e conservar o bem.

natureza do bem

Diante da peculiaridade da situação, o bem móvel entregue para o depósito deve ser infungível – ou, quando muito, tornado infungível pelas partes no momento do depósito –, até para permitir a restituição.

Em Roma, admitia-se o depósito de bens fungíveis, mas eles deveriam estar guardados em caixas ou outro invólucro lacrado.

Extraordinariamente, o bem pode ser fungível. Nesses casos, entretanto, para que exista um efetivo contrato de depósito, deve o bem fungível ser "infungibilizado", ainda que temporariamente.

Imagine-se a pessoa que entrega um paco de dinheiro para depósito, mas solicita que o dinheiro (um bem fungível por natureza) seja restituído naquele mesmo paco, isto é, aquele mesmo bem físico. O depositário guardará aquele maço de dinheiro, a fim de devolver, no momento adequado, o mesmíssimo maço ao depositante. Nesses casos excepcionais pode dar-se o depósito de bem fungível. Caso

4 Sobre o tema, veja-se: Orlando Gomes, Direitos Reais. 21ª ed., Rio de Janeiro. Forense, 2012.

5 F. Mackeldey, Derecho Romano, Madrid, A. Ramirez, 1844, p. 266.

contrário, haverá, como registra o artigo 645[6], um depósito irregular, em uma situação apreciada pelas normas aplicáveis ao mútuo.

O Código Português admite o depósito de bem imóvel. Aliás, apesar da disposição do artigo 627, parte da doutrina também entende como possível esse depósito de bem imóvel[7].

contrato real

Trata-se de contrato real, que apenas se aperfeiçoa com a entrega da posse do bem do depositante ao depositário para guarda. Excepcionam-se, contudo, os casos de *traditio brevi manu*, nos quais a coisa já estava com o depositário, ocorrendo apenas a alteração da natureza da posse deste último.

risco

Não há transferência de propriedade. Logo, o depositante – se ele for o proprietário – suporta os riscos da perda da coisa, aplicando-se o conceito do *res perit domino*. O depositante apenas suportará esse dano da perda da coisa depositada na hipótese de a perda ter ocorrido não obstante os esforços do depositário em evitar o prejuízo. Dessa forma, se a coisa depositada se perde por desídia do depositário, este responderá pelo prejuízo.

Não é necessário que o depositante seja o proprietário. Basta que o depositante tenha poder para entregar o bem em depósito. Afinal, não há qualquer irregularidade em, por exemplo, uma pessoa que possui o bem na condição de comodatário solicitar à outra que o guarde. Permita-se citar um caso para ilustrar: uma pessoa recebe de outra um cachorro por empréstimo (trata-se, a rigor, de um comodato). Entretanto, o comodatário precisa viajar e, não tendo como levar o animal, deixa o cão na casa de um amigo. Estamos, no caso, diante do depósito de um bem. O depositante não era o proprietário do objeto do depósito – pois possuía o bem como comodatário –, mas isso em nada afeta a licitude do negócio.

forma

Não se exige, no contrato de depósito, uma formalidade específica. A forma revela-se importante, apenas, para fins de prova do negócio e de seus contornos. Assim dispõe o artigo 646, segundo o qual o contrato de depósito prova-se por escrito[8].

Se alguém reclamar a devolução de um bem entregue para depósito, deve apresentar o respectivo contrato, demonstrando que o bem se encontra na posse do depositário em função dessa relação. Se não existir contrato escrito, o depositante terá que confiar na honestidade do depositário, que reconhecerá a situação, esclarecendo a natureza de sua posse sobre a coisa.

6 "Art. 645. O depósito de coisas fungíveis, em que o depositário se obrigue a restituir objetos do mesmo gênero, qualidade e quantidade, regular-se-á pelo disposto acerca do mútuo".

7 Carlos Roberto Gonçalves, Direito Civil Brasileiro 3, 7ª ed., São Paulo, Saraiva, 2010, p. 387.

8 "Art. 646. O depósito voluntário provar-se-á por escrito."

intuitu personae

Historicamente, o contrato de depósito era considerado personalíssimo. Hoje, contudo, já não existe essa presunção, principalmente em relação ao depositante. Já ao depositário, melhor entender a natureza dessa obrigação como personalíssima (*intuitu personae*). Afinal, revela-se fundamental a confiança do depositante no depositário.

Diante disso, segundo o artigo 641, se o depositário se tornar incapaz, o bem deve ser restituído, ou faz-se necessário nomear outro depositário[9].

presunção de graciosidade

Antes já se mencionou que, segundo o artigo 628, o depósito, em regra, é um contrato gratuito, prestado idealmente por uma pessoa despida de interesse econômico[10]. No Direito Romano, sequer se admitia o depósito oneroso, que recebia o tratamento de locação da coisa.[11]

Há, portanto, uma presunção de graciosidade. Não será assim se (a) as partes convencionarem de forma distinta; (b) resultar de atividade negocial; ou (c) o depositário fizer isso por profissão.

No artigo 282 do Código Comercial havia, ao contrário, a presunção de que o negócio, quando se dava entre comerciantes, era oneroso. Evidentemente, para uma pessoa que atua no ramo de depósito, a presunção será distinta, isto é, de que se trata de um negócio oneroso, pois se convencionou o depósito mediante uma remuneração. Assim ocorre, por exemplo, nos armazéns.

Normalmente, as partes ajustam, de antemão, qual o valor do depósito. Se não houver acordo, aplicam-se os usos do lugar. Se isso faltar, haverá um arbitramento, diz o parágrafo único do artigo 628[12].

tempo

O depósito é sempre temporário. A Lei nº 2.313, de 3.9.1954, estipula, no seu artigo 1º, um prazo máximo de 25 anos para o depósito[13].

---

9 "Art. 641. Se o depositário se tornar incapaz, a pessoa que lhe assumir a administração dos bens diligenciará imediatamente restituir a coisa depositada e, não querendo ou não podendo o depositante recebê-la, recolhê-la-á ao Depósito Público ou promoverá nomeação de outro depositário".

10 "Art. 628. O contrato de depósito é gratuito, exceto se houver convenção em contrário, se resultante de atividade negocial ou se o depositário o praticar por profissão".

11 Ebert Chamoun, Instituições de Direito Romano, Rio de Janeiro, Forense, 1951, p. 340.

12 Parágrafo único do art. 628: "Se o depósito for oneroso e a retribuição do depositário não constar de lei, nem resultar de ajuste, será determinada pelos usos do lugar, e, na falta destes, por arbitramento"

13 "Art. 1º Os contratos de depósito regular e voluntário de bens de qualquer espécie extinguem-se no prazo de 25 (vinte e cinco) anos, podendo, entretanto, ser renovados por expressa aquiescência das partes.

§ 1º Extintos êsses contratos, pelo decurso do prazo, os bens depositados serão recolhidos ao Tesouro Nacional e, aí, devidamente relacionados, em nome dos seus proprietários, permanecerão, se não forem êstes reclamados no prazo de 5 (cinco) anos, findo o qual se incorporarão ao patrimônio nacional.".

Se, ao cabo desse prazo, o depositante não recolher a coisa, compete ao depositário entregá-la ao Tesouro Nacional. Ali, o bem permanece por mais cinco anos, para que o depositante o reclame. Transcorrido o período, o bem incorpora-se ao patrimônio nacional (artigo 1º, § 1º, da referida Lei nº 2.313).

dever de guarda

O artigo 629 do Código Civil indica o principal dever do depositário: cuidar da coisa – na guarda e na conservação – como se fosse dele[14]. Eis a essência do contrato de depósito.

O referido dispositivo adota, como padrão de comportamento, o modelo cristão. Segundo os Evangelhos de Marcos (12:31), de Mateus (22:39) e de Lucas (10:27), Jesus disse que devemos amar ao próximo como a nós mesmos. Assim, o amor a si mesmo serve como modelo – de sorte que se enaltece o amor próprio. Esse conceito parte do pressuposto de que as pessoas são cuidadosas com as suas coisas. A experiência, todavia, demonstra que nem sempre se tem atenção e zelo, mesmo com as suas próprias coisas. A rigor, melhor seria compreender que o depositário deve valer-se de toda atenção para zelar pela custódia e conservação do bem que lhe foi entregue com a diligência, inclusive, acima do homem médio. Bem vistas as coisas, para o fim de verificar o adimplemento do seu dever de depositário, pouco importa se ele se revela zeloso com seus bens dos seus bens. Afinal, o depositário que não vigiou e cuidou do bem não pode alegar, em sua defesa, que também não vigiou ou cuidou dos seus bens...

Como se trata do elemento essencial desse negócio, não pode o depositário estabelecer cláusula que o exima da responsabilidade no caso de o bem perecer.[15] O próprio Digesto já proibia uma regra contratual dessa natureza, num dos primeiros exemplos históricos da proibição de cláusula de isenção de responsabilidade.[16]

Atente-se: guarda e conservação são duas coisas distintas. A guarda consiste no dever de impedir que a coisa se perca, evitar que ela seja devassada (artigo 630)[17], assim como na obrigação de prote-

14 "Art. 629. O depositário é obrigado a ter na guarda e conservação da coisa depositada o cuidado e diligência que costuma com o que lhe pertence, bem como a restituí-la, com todos os frutos e acrescidos, quando o exija o depositante".

15 Charles Maynz, *Cours de Droit Romain*, Tome Deuxième, Bruxelas, Bruylant-Christophe & Cie Libraires-Éditeurs, 1877, p. 317.

16 A regra, contida no Livro XVI, título III, 1, § 7, é a seguinte: "Illud non probabis, dolum non esse praestandum si convenerit: nam haec conventio contra bonam fidem contraque bonos mores est et ideo nec sequenda est." (Digeste, Paris, Chez Behmer et Lamort, 1804, p. 436).

17 "Art. 630. Se o depósito se entregou fechado, colado, selado, ou lacrado, nesse mesmo estado se manterá".

gê-la de terceiros não autorizados. Já o dever de conservação consiste em garantir que a coisa fique no estado em que ela foi entregue.

frutos

Cabe ao depositário restituir os frutos e acrescidos. Portanto, se a coisa depositada foi, por exemplo, uma vaca, deverá o depositário entregar o bezerro que ela pariu, se isso ocorreu durante o período do depósito.

proibição do uso

Consoante o artigo 640, não pode o depositário usar a coisa, nem entregar sua posse a outrem, sem consentimento[18]. Se o fizer, responderá por perdas e danos. Será como um furto de uso.

O contrato de depósito, eventual e excepcionalmente, pode permitir ao depositário que use o bem, mas isso não pode ser o ponto primordial do negócio, senão, como antes já se alertou, deixa de ser depósito – transformando-se em um empréstimo.

Caso o depositário confie o bem a outrem e o bem sofra algum perecimento, responderá por *culpa in eligendo*, informa o parágrafo único do artigo 640[19]. Aqui, na verdade, é importante, primeiro, saber se o depositário estava autorizado a permitir que terceiro tivesse a posse da coisa. Caso negativo, o simples fato de ter entregue a posse para terceiro já importa inadimplemento. Na hipótese de haver a possibilidade de transferir o depósito para terceiro, o depositário original responderá objetivamente pelos atos, ativos e passivos, desse terceiro. Portanto, se a coisa perecer ou se deteriorar na posse desse terceiro, o depositário original responderá perante o depositante.

Há duas diferenças marcantes em relação à locação: no depósito, em regra, o negócio é gracioso (apenas sendo oneroso nas hipóteses do artigo 628) e o depositário não poderá fazer uso da coisa, pois não se encontra autorizado a servir-se dela.

risco e ônus da prova

O depositário não responde pela força maior, registra o artigo 642[20]. Na realidade, trata-se de dispositivo desnecessário, pois essa já é a regra geral, prevista no artigo 393 do Código Civil[21]. O risco é suportado pelo depositante, porque, afinal, ele é o proprietário. Aqui, também, incide a regra *res perit domino*, como antes se frisou.

18 "Art. 640. Sob pena de responder por perdas e danos, não poderá o depositário, sem licença expressa do depositante, servir-se da coisa depositada, nem a dar em depósito a outrem".

19 Parágrafo único do art. 640: "Se o depositário, devidamente autorizado, confiar a coisa em depósito a terceiro, será responsável se agiu com culpa na escolha deste."

20 "Art. 642. O depositário não responde pelos casos de força maior; mas, para que lhe valha a escusa, terá de prová-los".

21 "Art. 393. O devedor não responde pelos prejuízos resultantes de caso fortuito ou força maior, se expressamente não se houver por eles responsabilizado."

Entretanto, segundo o referido dispositivo, há a inversão do ônus da prova. Assim, o depositário, para se eximir da responsabilidade, deve demonstrar que o dano ocorreu por falta que não lhe é imputável.

obrigação de restituir

Outra importante obrigação do depositário consiste em devolver a coisa quando requerida pelo depositante. Eis uma clássica obrigação de restituir.

Nada importa que o contrato de depósito haja previsto um prazo maior, diz o artigo 633[22]. O depositante tem o poder de requerer a coisa *ad nutum*, ou seja, sem a necessidade de apresentar qualquer justificação para tanto e pode fazer uma solicitação a qualquer momento.

A devolução, como antes se mencionou, inclui os frutos e acrescidos, conforme artigo 629.

A devolução deve dar-se, em regra, no local onde a coisa se encontra depositada (artigo 631)[23]. Entretanto, as partes podem, evidentemente, estipular sobre esse tema como melhor lhes convier.

Se o bem depositado for divisível e houver mais de um depositante, a obrigação se subdivide, salvo se for estipulada a solidariedade, registra o artigo 639[24]. O dispositivo corretamente menciona que a possibilidade de restituir parte do bem depositado apenas ocorrerá se o bem for divisível. Se se tratar de bem indivisível, dever-se-á entregar o objeto do depósito a um só dos credores.

Caso o depositário perca a coisa, por motivo de força maior, e receba outra em seu lugar, fica obrigado a entregar a segunda ao depositante.

Além disso, o depositário fica obrigado a ceder as ações que tem para cobrar do terceiro responsável pela restituição da primeira, diz a regra do artigo 636[25].

Isso se aplica principalmente na cobrança do seguro, mas também se dá na desapropriação. Nas duas hipóteses mencionadas, a

---

22 "Art. 633. Ainda que o contrato fixe prazo à restituição, o depositário entregará o depósito logo que se lhe exija, salvo se tiver o direito de retenção a que se refere o art. 644 , se o objeto for judicialmente embargado, se sobre ele pender execução, notificada ao depositário, ou se houver motivo razoável de suspeitar que a coisa foi dolosamente obtida".

23 "Art. 631. Salvo disposição em contrário, a restituição da coisa deve dar-se no lugar em que tiver de ser guardada. As despesas de restituição correm por conta do depositante".

24 "Art. 639. Sendo dois ou mais depositantes, e divisível a coisa, a cada um só entregará o depositário a respectiva parte, salvo se houver entre eles solidariedade".

25 "Art. 636. O depositário, que por força maior houver perdido a coisa depositada e recebido outra em seu lugar, é obrigado a entregar a segunda ao depositante, e ceder-lhe as ações que no caso tiver contra o terceiro responsável pela restituição da primeira".

coisa não pode mais ser devolvida, mas sim o seu equivalente em dinheiro.

recusa da devolução

O depositário apenas pode, de forma legítima, recusar-se a devolver o bem, diz o artigo 633[26], se: (a) houver o justificado direito de retenção (artigo 644[27]); (b) o bem depositado estiver judicialmente embargado; (c) o depositário for notificado de que o bem é objeto de execução por terceiro; e (d) o depositário tiver motivos razoáveis para crer que o bem depositado foi obtido ilicitamente (neste caso, o depositário deverá requerer que o bem seja recolhido ao Depósito Público, segundo o artigo 634[28]).

retenção

Domina-se o conceito de retenção: trata-se do poder de quem deve restituir uma coisa mantê-la consigo, até que lhe seja quitado o crédito que possui com quem reclama a coisa. No caso de depósito, não raro o depositário possui um crédito com o depositante, que pode ter origem tanto com despesas suportadas para manter o bem objeto do depósito, como na hipótese de o contrato ser oneroso e o depositante não pagar pelo serviço.

Haverá possibilidade de retenção nas situações nas quais houver uma dívida não paga do depositante com o depositário. Este ficará legalmente autorizado a manter – a rigor, reter – a coisa, até que se salde o crédito.

sequestro

O depósito de bem litigioso denomina-se sequestro. Nele, as pessoas que eventualmente disputam a coisa, entregam, de comum acordo, o bem a terceiro, que deverá guardá-lo até que seja solucionada a lide e apontado o dono. Portanto, ao contrário do que ocorre ordinariamente no depósito, no sequestro o depositário não devolve o bem aos depositantes, mas apenas à pessoa indicada nas condições do depósito – que pode ser, por exemplo, aquela que, depois de um processo judicial ou arbitral, for a considerada como verdadeira dona do bem.

Segundo o artigo 638, não pode o depositário negar-se a devolver o bem depositado sob a alegação de que a coisa não pertencia ao depositante ou suscitar a compensação (exceto se esta se fundar

26 "Art. 633. Ainda que o contrato fixe prazo à restituição, o depositário entregará o depósito logo que se lhe exija, salvo se tiver o direito de retenção a que se refere o art. 644, se o objeto for judicialmente embargado, se sobre ele pender execução, notificada ao depositário, ou se houver motivo razoável de suspeitar que a coisa foi dolosamente obtida."

27 "Art. 644. O depositário poderá reter o depósito até que se lhe pague a retribuição devida, o líquido valor das despesas, ou dos prejuízos a que se refere o artigo anterior, provando imediatamente esses prejuízos ou essas despesas."

28 "Art. 634. No caso do artigo antecedente, última parte, o depositário, expondo o fundamento da suspeita, requererá que se recolha o objeto ao Depósito Público."

em outro depósito)[29]. Isso seria um rompimento da confiança que originou o depósito.

depositário infiel

O ordenamento jurídico vê com maus olhos o depositário infiel. Segundo o artigo 652 do Código Civil[30], aquele que falha no dever de devolver pode ser preso por até um ano, além de ter o dever de restituir os prejuízos.

Tratava-se de um caso raríssimo de prisão civil. O tempo verbal da última frase está no passado porque já não se admite essa prisão. A própria Constituição Federal, no artigo 5º, LXVII, previa a exceção da prisão civil no caso do depositário infiel. Entretanto, sobreveio a ratificação, pelo Brasil, do Pacto de San José, da Costa Rica, que limitou a prisão civil por dívida apenas para os casos de descumprimento inescusável de prestação alimentícia. Logo, a norma que admitia a prisão do depositário infiel ficou derrogada.[31]

Entendeu-se que, por força do § 3º do artigo 5º da Constituição Federal, os tratados e convenções internacionais de direitos humanos, aprovados no Congresso Nacional, com votos de três quintos de seus membros, terão força de emenda constitucional. Como o Pacto de San José foi aprovado posteriormente à Constituição, não pode mais haver a prisão do depositário infiel.

Hoje, portanto, apenas haverá prisão civil no caso de dívida alimentar.

A ação para reaver o bem depositado encontrava-se regulada de forma específica no Código de Processo Civil de 1973, nos artigos 901 a 906. No Código Processual em vigor, o tema é examinado pelo artigo 547 e 548, porém de forma mais genérica, pois não se fala mais especificamente da coisa depositada. A lei cuida agora da ação adequada para o caso de dúvida acerca de quem deva legitimamente receber o pagamento.

---

29 "Art. 638. Salvo os casos previstos nos arts. 633 e 634, não poderá o depositário furtar-se à restituição do depósito, alegando não pertencer a coisa ao depositante, ou opondo compensação, exceto se noutro depósito se fundar".

30 "Art. 652. Seja o depósito voluntário ou necessário, o depositário que não o restituir quando exigido será compelido a fazê-lo mediante prisão não excedente a um ano, e ressarcir os prejuízos".

31 "Ementa: Prisão Civil. Depósito. Depositário infiel. Alienação fiduciária. Decretação da medida coercitiva. Inadmissibilidade absoluta. Insubsistência da previsão constitucional e das normas subalternas. Interpretação do art. 5º, inc. LXVII e §§ 1º, 2º e 3º, da CF, à luz do art. 7º, § 7, da Convenção Americana de Direitos Humanos (Pacto de San José da Costa Rica). Recurso improvido. Julgamento conjunto do RE nº 349.703 e dos HCs nº 87.585 e nº 92.566. É ilícita a prisão civil de depositário infiel, qualquer que seja a modalidade do depósito." (STF RE 466343/SP – São Paulo, Recurso Extraordinário, Relator Ministro Cezar Peluso, julgado em 03.12.2008)

terceiro de boa-fé

O artigo 635 do Código Civil prevê a possibilidade de o depositário entregar a coisa ao depósito público se, por motivo justificável, não puder mais guardá-la ou se o depositante se recusar a recebê-la[32].

O artigo 637 cuida de uma situação peculiar[33]. Imagine-se o caso de o depositário morrer e o seu herdeiro não saber que o bem, antes na posse do falecido, pertencia a um terceiro e que a posse apenas se justificava em função do contrato de depósito. O herdeiro, então, vende o bem de boa-fé a terceiro. Nesse momento, aparece o verdadeiro dono e reclama a coisa.

Se o herdeiro do depositário, de boa-fé, vender a coisa, deve ajudar o depositante na reivindicação e restituir o valor recebido ao comprador. Afinal, ele, embora sem saber, vendeu bem sem o poder de disposição. Em regra – e trata-se de conceito intuitivo – não se pode transmitir mais direitos do que se tem. Se uma pessoa não é dona do bem, não pode transmitir a sua propriedade.

Quando se fala do dever de devolver, leva-se em consideração que se deve devolver à pessoa certa.

Registre-se, ainda, que a doutrina menciona o dever de o depositário guardar sigilo acerca do depósito[34].

depósito no interesse de terceiro

O artigo 632 cuida da hipótese de o depósito ser feito no interesse de terceiro[35]. Neste caso, apenas se admite a devolução da coisa ao depositante com o consentimento desse terceiro a quem o negócio beneficia.

deveres do depositante

O primeiro dos deveres do depositante consiste em receber a coisa objeto de depósito.

Como acima salientado, se o depositante se recusar a receber a coisa, o depositário, se for de seu interesse, poderá requerer a entrega da coisa ao Depositário Público, registra o artigo 635[36].

remuneração do depositário

Outro dever do depositante, no caso de o contrato de depósito ser oneroso, é o de remunerar o depositário. Normalmente, fixa-se o valor previamente. Se não houver preço ajustado, caberá o arbitramento.

---

32 "Art. 635. Ao depositário será facultado, outrossim, requerer depósito judicial da coisa, quando, por motivo plausível, não a possa guardar, e o depositante não queira recebê-la".

33 "Art. 637. O herdeiro do depositário, que de boa-fé vendeu a coisa depositada, é obrigado a assistir o depositante na reivindicação, e a restituir ao comprador o preço recebido".

34 Caio Mario da Silva Pereira, Contratos, vol. III, 12ª ed., Rio de Janeiro, Forense, 2007, p. 367.

35 "Art. 632. Se a coisa houver sido depositada no interesse de terceiro, e o depositário tiver sido cientificado deste fato pelo depositante, não poderá ele exonerar-se restituindo a coisa a este, sem consentimento daquele".

36 "Art. 635. Ao depositário será facultado, outrossim, requerer depósito judicial da coisa, quando, por motivo plausível, não a possa guardar, e o depositante não queira recebê-la."

Como antes referido, o artigo 644 permite ao depositário, inclusive, reter a coisa até receber o pagamento ou a indenização pelas despesas[37].

Também se encontra entre os deveres do depositante pagar ao depositante pelas despesas de conservação e de restituição da coisa, aponta o artigo 643[38]. Atente-se que são duas situações distintas: o pagante das despesas e o pagamento de remuneração, caso convencionado.

Além disso, cabe ao depositante arcar com os prejuízos suportados pelo depositário provenientes do depósito, o que pode ocorrer, por exemplo, se a coisa entregue tinha um vício que originou o dano.

Tome-se a situação da entrega de uma determinada quantidade de cereal para depósito. Transferida a posse dos cereais, descobre-se que aquele bem se encontrava contaminado, o que acabou comprometendo outros produtos, que também se achavam depositados. O depositário poderá reclamar uma indenização.

Não se pode perder de vista, contudo, que, sendo o contrato um processo colaborativo, o depositário também deve tomar as precauções básicas para não aceitar bens contaminados em depósito, que possam vir a causar danos a si e às outras coisas também em custódia. No caso concreto, cumprirá aferir quem – depositante ou depositário – agiu com falta de cuidado e diligência, até mesmo para verificar se há concurso de culpa ou se a falha maior predomina em um dos polos da relação contratual.

Depósito necessário

No depósito necessário, o negócio se opera por imposição legal ou diante de situações extraordinárias. O depositário não é uma pessoa livremente escolhida pelo depositante.

Na realidade, este depósito independe da vontade das partes e ocorre em situações previstas na lei. As hipóteses se encontram referidas no artigo 647 do Código Civil.

depósito obrigatório

A primeira dessas hipóteses ocorre se há obrigação legal desse depósito. Isso se dá, por exemplo, com quem acha coisa perdida (ar-

37 "Art. 644. O depositário poderá reter o depósito até que se lhe pague a retribuição devida, o líquido valor das despesas, ou dos prejuízos a que se refere o artigo anterior, provando imediatamente esses prejuízos ou essas despesas".

38 "Art. 643. O depositante é obrigado a pagar ao depositário as despesas feitas com a coisa, e os prejuízos que do depósito provierem".

tigo 1.233, parágrafo único[39]); ou se o depositário se tornar incapaz, situação na qual a pessoa designada para atuar como seu administrador terá que devolver o bem ao proprietário ou depositá-lo, como registra o artigo 641.

depósito miserável

A segunda hipótese contemplada na lei, chamada de depósito miserável (termo que vem dos romanos, *depositum miserabile*), ocorre diante de alguma calamidade. O depositante se vê premido por uma situação de emergência urgente que impõe a ele depositar seus bens em algum local, a fim de evitar o seu perecimento.

As hipóteses referidas na lei – incêndio, inundação, naufrágio e saque – são apenas exemplificativas.

Imagine-se que uma determinada cidade sofra uma inundação. Uma pessoa afetada por essa intempérie precisa, então, guardar seus bens ou, ao menos, alguns bens de sua propriedade. Ela vai, nesse momento de calamidade e urgência, encontrar refúgio para esse depósito no lugar em que isso seja possível. O dono do local atua como depositário, até mesmo por questões humanitárias.

hospedeiro

Outra hipótese de depósito necessário encontra-se mencionada no artigo 649 e cuida da situação dos hospedeiros, que responderão como depositários[40].

A responsabilidade, aqui, tem natureza contratual. Esses hospedeiros devem garantir que no seu estabelecimento os bens de seus hóspedes sejam protegidos.

A responsabilidade se relaciona aos bens normais, como roupas e outros de uso pessoal e ordinário. Caso um colar da hóspede seja furtado, o hospedeiro quedará responsável. Entretanto, se a hóspede tinha uma joia de valor extraordinário, caberia a ele avisar previamente à recepção do estabelecimento, para que fossem tomados cuidados, ou colocado o precioso artefato no cofre.

Segundo a jurisprudência, equiparam-se aos hospedeiros os donos de hospitais e colégios. São os casos de depósitos necessários por assimilação.

Evidentemente, os hospedeiros têm como se eximir da responsabilidade, caso demonstrem que a coisa seria perdida ainda que eles

39 "Art. 1.233. Quem quer que ache coisa alheia perdida há de restituí-la ao dono ou legítimo possuidor.

Parágrafo único. Não o conhecendo, o descobridor fará por encontrá-lo, e, se não o encontrar, entregará a coisa achada à autoridade competente."

40 "Art. 649. Aos depósitos previstos no artigo antecedente é equiparado o das bagagens dos viajantes ou hóspedes nas hospedarias onde estiverem.

Parágrafo único. Os hospedeiros responderão como depositários, assim como pelos furtos e roubos que perpetrarem as pessoas empregadas ou admitidas nos seus estabelecimentos."

tivessem adotado todos os cuidados e precauções. Assim, nas situações de força maior, quando o mal não poderia ser evitado, o hospedeiro se eximirá da responsabilidade (artigo 650[41]).

O depósito necessário, de acordo com o artigo 651[42], não se presume gratuito. Entretanto, o depósito da bagagem, no caso da estalagem, entende-se incluído no preço.

DEPÓSITO IRREGULAR

Excepcionalmente, admite-se o depósito de coisas fungíveis. O depositário pode consumir a coisa depositada, devendo, em seguida, entregar ao depositante coisas do mesmo gênero e qualidade. O tema encontra-se referido no artigo 645[43].

Nesse caso, bem vistas as coisas, estar-se-á diante de um mútuo e não depósito.

depósito bancário

A hipótese típica é a de depósito bancário. Afinal, aqui, o depositário entrega dinheiro, um bem fungível por natureza, à instituição financeira. No momento em que requerer a devolução do dinheiro depositado, o correntista não espera receber a mesma cédula que entregou ao banco, mas outra, que expresse o mesmo valor.

Entretanto, não há que se falar em mútuo, pois a finalidade desse negócio não se confunde com a do empréstimo de coisa fungível. Houve, de fato, um depósito, embora o depositante não pretenda receber a mesma coisa, porém outra de igual qualidade e quantidade.

CONTRATO DE GUARDA

Nos contratos de depósito, cabe ao depositante informar ao depositário as qualidades do bem entregue. Assim, se há um depósito de um bem num cofre de um banco, não haverá, propriamente, um contrato de depósito, pois o bem não foi individualizado. Haverá um contrato de guarda ou mesmo um aluguel de cofre, embora presente o dever de a instituição zelar pela segurança desse cofre.

---

41 "Art. 650. Cessa, nos casos do artigo antecedente, a responsabilidade dos hospedeiros, se provarem que os fatos prejudiciais aos viajantes ou hóspedes não podiam ter sido evitados."

42 "Art. 651. O depósito necessário não se presume gratuito. Na hipótese do art. 649 , a remuneração pelo depósito está incluída no preço da hospedagem".

43 "Art. 645. O depósito de coisas fungíveis, em que o depositário se obrigue a restituir objetos do mesmo gênero, qualidade e quantidade, regular-se-á pelo disposto acerca do mútuo."

MANDATO

Quando vamos ao teatro ou ao cinema, para ver um filme histórico, os atores fingem ser outra pessoa. Marlon Brando, no filme *Júlio César*, de 1953, baseado na peça homônima de Shakespeare, pretende ser Marco Antônio, político romano que viveu no primeiro século antes de Cristo, e profere um famoso e lindo discurso. Marlon Brando, claro, não é o Marco Antônio: ele apenas o representa, atua como se fosse ele.

Normalmente, ao realizar os atos da vida, as pessoas atuam diretamente, por si próprios. Elas, assim, encontram-se presentes no ato do qual são parte.

Há, entretanto, situações nas quais uma pessoa pode se fazer representar por outra. O representado indica outra pessoa, o representante, que, por sua vez, adota conduta em nome da primeira. Normalmente, quem escolheu outra para representá-la sequer estará presente no ato e a representante agirá em seu benefício. Eis a representação.

representação

O Direito regulamenta essa situação, na qual uma pessoa representa outra, isto é, alguém realiza certos atos em nome alheio, tal como se fosse o representado. Atente-se: o representante não é o representado e com este não se confunde; apenas age em nome do seu representado.

presentação

Vale distinguir a hipótese da presentação, situação distinta da representação. Na presentação, uma pessoa atua diretamente como outra. Portanto, na representação, uma pessoa age em nome da outra, ao passo que na presentação, a pessoa é a outra.

Tome-se a situação de uma pessoa jurídica que – perdoe-se o óbvio – não tem braços ou pernas. Ela sempre age por meio das pessoas que a compõem. Essa mesma pessoa jurídica tem um diretor-

-presidente, indicado como tal nos seus estatutos. No momento em que esse diretor-presidente toma certas medidas em nome dessa pessoa jurídica, não é o diretor-presidente quem atua, porém, a própria pessoa jurídica. O diretor, no caso, presenta a pessoa jurídica. É diferente o caso se, por exemplo, a pessoa jurídica indicar um advogado para representá-la em um processo judicial. Esse advogado, como se disse, irá representar a pessoa jurídica e falará em nome dela em juízo. O advogado não é a pessoa jurídica, apenas a representa.

Com efeito, nos contratos sociais de pessoas jurídicas pode haver a estipulação de que certas pessoas falam por elas. Na verdade, essas pessoas a presentam. São, numa ficção jurídica, a própria pessoa jurídica.

Na representação, como acima se delineou, uma pessoa age em nome da outra em um negócio. A manifestação da vontade é do mandatário, porém o ato vai gerar efeitos sobre a esfera jurídica do mandante.

Representação, a rigor, como conceito jurídico, aparece no século XIII, oriunda do teatro. Apenas depois o conceito foi empregado politicamente.[1] Não havia essa ideia no Direito Romano. Na Idade Média, contudo, representantes de reis e autoridades, com poderes bem definidos, eram comuns. Desenvolveu-se o conceito de núncios e embaixadores, por vezes com ampla margem de negociação, "plenipotenciários", para que representassem plenamente os outorgantes – isto é, quem lhes atribuiu poderes.[2]

representação legal

A representação pode ser legal, se essa situação decorre da lei, como, por exemplo, a determinação de que os sindicatos representam seus associados (artigos 513 e 791 da CLT) e a de que os pais representam seus filhos menores.

Admite-se, também a judicial, caso a representação seja determinada pela autoridade judicial. É o que ocorre, para citar uma situação comum, com o inventariante.

representação convencional

Por fim, há a representação convencional. As partes celebram um contrato pelo qual definem como se dará a representação. Esse contrato recebe o nome de mandato.

O artigo 653 do Código Civil define o contrato de mandato[3]. Por meio dele, uma pessoa assume o dever de representar outra, a fim

1 Pontes de Miranda, *Tratado de Direito Privado*, vol. 3, Rio de Janeiro, Editora Brsoi, 1954, p. 231.

2 Donald E. Queller, *The Office of Ambassador* in the Middle Ages, New Jersey, Princeton Legacy Library, 1967.

3 "Art. 653. Opera-se o mandato quando alguém recebe de outrem poderes para, em seu nome, praticar atos ou administrar interesses. A procuração é o instrumento do mandato."

de praticar certos atos, ou administrar interesses. Como nos demais negócios jurídicos, para conceder o mandato, a parte deve ser capaz e o objeto lícito.

Trata-se de uma obrigação de fazer.

A origem etimológica é curiosa: *manu datum*, em latim, dar as mãos. Antigamente, dar as mãos simbolizava, ao mesmo tempo, a demonstração de confiança de quem concedia o poder de representação e, ainda, a aceitação por quem recebia o encargo[4]. Com essa formalidade, concretizava-se o negócio.

As partes desse contrato são o mandante, que outorga os poderes de representação, e o mandatário (ou procurador), que representará o mandante.

ato preparatório

Em rigor, o mandato é sempre um contrato preparatório. O mandato, por assim dizer, não é um fim em si mesmo. O mandante constitui um mandatário para que este realize um ou diversos negócios no futuro. Pode haver ainda a outorga de mandato para uma eventualidade – como o caso de uma pessoa que vai se ausentar e deixa uma procuração com alguém, caso seja preciso. Nomeia-se o procurador para que represente o mandante em alguma situação, concreta ou hipotética. Isoladamente, o mandato não se justifica.

Nem todo o ato pode ser entregue ao procurador. Pode-se casar por procuração, mas não se admite outorgar procuração para que alguém desempenhe os deveres do casamento. O mesmo se pode dizer do político: uma vez eleito, ele não pode indicar que outra pessoa o represente.

De uma forma genérica, pode-se dizer que o devedor de uma obrigação personalíssima não pode transferir seu dever por meio de um contrato de mandato. Afinal, as atividades *intuitu personae* apenas podem ser desempenhadas pelo próprio titular, não se admitindo a representação.

O mandatário ou procurador atua em benefício e em nome do mandante. O mandatário representa o mandante. Nessa linha, os artigos 663 e 679[5] oferecem um conceito fundamental desse negócio:

---

4 Vale registrar que a representação não foi um conceito plenamente construído e aceito pelo Direito romano clássico. Havia uma confusão entre a administração e a representação propriamente dita. Ver Pietro Bonfante, Histoire du Droit Romaine, tome premier, Paris, Sirey, 1928, p. 491.

5 "Art. 663. Sempre que o mandatário estipular negócios expressamente em nome do mandante, será este o único responsável; ficará, porém, o mandatário pessoalmente obrigado, se agir no seu próprio nome, ainda que o negócio seja de conta do mandante."

"Art. 679. Ainda que o mandatário contrarie as instruções do mandante, se não exceder os limites do mandato, ficará o mandante obrigado para com aqueles com quem o seu procurador contratou; mas terá contra este ação pelas perdas e danos resultantes da inobservância das instruções."

o mandatário realiza os atos em nome do mandante. Apenas este fica vinculado ao ato. O mandante, e só ele, fica responsável pelas obrigações assumidas, não o procurador.

De fato, o procurador não é parte da relação jurídica que se estabelecerá entre o representado e a pessoa com quem se contratou. Se uma determinada pessoa, por força de um contrato de mandato, atua em nome da outra para, por exemplo, adquirir um imóvel, o procurador não é parte da relação. Partes são o comprador, que foi representado, e o vendedor, que, por sua vez, também pode ter sido representado no ato.

Como se disse, quem se vincula é o mandante, aquele que outorgou a procuração. Essa vinculação existirá, pelos atos do mandatário, se não houver extrapolação dos poderes conferidos, isto é, se o mandatário agiu dentro dos limites do contrato de mandato. Visto de outro ângulo, o dever de o mandante responder pelos atos assumidos pelo mandatário subsistirá desde que esse mandatário esteja investido dos poderes suficientes para realizar o ato. Assim, o mandante deve cumprir o ajustado pelo mandatário, bastando que a procuração concedida permita a atividade.

Imagine-se a situação de uma pessoa que outorga à outra procuração, autorizando que o mandatário venda um determinado imóvel. Contudo, oralmente, dê instruções para o mandatário não alienar o bem. O mandatário, entretanto, vende o imóvel, valendo-se da procuração. Evidentemente, o terceiro, que adquiriu o imóvel, concluiu um negócio jurídico perfeito, na medida em que adquiriu o bem de quem encontrava-se autorizado pela procuração a vender, pois o proprietário estava regularmente representado. Pressupõe-se, ao menos a princípio, a boa-fé desse terceiro, que desconhecia a orientação dada pelo mandante ao mandatário. No caso, houve o inadimplemento do contrato de mandato, na medida em que o mandatário violou a orientação que recebeu do mandante. O mandante, claro, poderá reclamar a indenização do mandatário, do tamanho do prejuízo que sofreu.

procuração

A procuração é o instrumento do mandato, consoante registra a segunda parte do artigo 653. Entretanto, com este não se confunde. Afinal, pode haver procuração sem contrato de mandato. Imagine-se a pessoa que recebe de outra uma procuração, mas não deseja, seja por qual motivo for, vincular-se. Existe a procuração, mas não houve acordo de vontades, emanado por ambas as partes, no sentido de que se daria essa representação. Tome-se, o exemplo do advogado que recebe uma procuração de um potencial cliente, antes mesmo de estabelecer as bases de sua contratação – ou mesmo se aceita a causa. O advogado pode recusar o patrocínio. A procuração não vai expressar a existência do contrato. A procuração, portanto, não se confunde com o contrato de mandato, embora seja um indício dele.

consensual

O mandato é um negócio consensual. Basta que as partes tenham a sua vontade convergente para que o negócio se aperfeiçoe. Diante dessa natureza consensual, o mandatário deve manifestar a sua aquiescência ao negócio, que pode dar-se de forma tácita. Assim, o artigo 659 expõe que a aceitação pode ser apontada com o começo da prestação do serviço pelo mandatário[6]. Com efeito, não há, em regra, um "de acordo" nas procurações. A prova de que o mandatário aceitou o contrato pode ser o seu silêncio ou a sua conduta como procurador. O advogado que recebe a procuração e se manifesta no processo, atuando em favor de seu constituinte, demonstra que concordou com o contrato de mandato. Também há uma evidência de aceitação do mandato se o mandante remunera o mandatário, que aceita o valor sem qualquer objeção.

Diante disso, como antes se salientou, pode-se dizer que existe uma distinção entre a procuração e o contrato de mandato, pois uma pessoa pode receber a procuração, porém não aceitar agir como procurador da outra. Se não houver a aceitação do destinatário da procuração, o contrato de mandato não se aperfeiçoa – haveria a procuração, porém não há contrato.

Portanto, o fato de alguém outorgar uma procuração a outra não significa que exista um contrato de mandato. Deve haver a concordância do mandatário.

personalíssimo

Trata-se, evidentemente, de negócio personalíssimo. Afinal, ele se escora na confiança que o mandante deposita no mandatário. É fundamental ao mandatário ter bem identificada a pessoa do mandante. A outorga da procuração se justifica na confiança que o mandante deposita no mandatário. Exatamente porque existe essa relação pessoal, concede-se a procuração. Judith Martins-Costa, com razão, ressalta a "*marca da fiduciaridade*" nesse negócio, em um "*pacto enucleado na confiança*".[7] Portanto, o mandatário não pode, salvo autorização expressa, indicar que outra pessoa realize a atividade objeto do mandato.

forma

O mandato é um contrato não solene, entretanto sua forma pode variar. Segundo o artigo 656, ele pode ser expresso, tácito, verbal ou escrito[8]. A sua formalidade dependerá da formalidade do ato final, consoante registra o artigo 657[9].

---

6 "Art. 659. A aceitação do mandato pode ser tácita, e resulta do começo de execução."

7 Judith Martins-Costa, A *Boa-Fé no Direito* Privado, São Paulo, Marcial Pons, 2015, p. 328.

8 "Art. 656. O mandato pode ser expresso ou tácito, verbal ou escrito."

9 "Art. 657. A outorga do mandato está sujeita à forma exigida por lei para o ato a ser praticado. Não se admite mandato verbal quando o ato deva ser celebrado por escrito."

Já se disse que o mandato é um negócio preparatório. Pois apreciando o seu fim, o destino para o qual o mandato foi celebrado, será possível indicar a sua forma. Caso o objetivo final seja a compra ou venda de imóveis, por exemplo, exige-se que o mandato receba a forma pública, porque essa compra e venda também requer essa forma. Caso a procuração seja, por exemplo, para representar alguém em juízo, a procuração pode dar-se por instrumento particular, pois se admite essa forma.

O mandato pode ser especial, se a designação for apenas para um ato ou um grupo determinado de atos, ou geral, caso o mandante confira ao mandatário poderes gerais de administração.

Com efeito, a procuração pode indicar especificamente os poderes conferidos ou pode ser geral, consoante informa o artigo 660[10]. Na procuração específica, os poderes concedidos ao mandatário são expressos.

ad negotia e ad juditia

O mandato pode ser *ad negotia* ou *ad judicia*. No mandato *ad negotia*, a procuração é outorgada para que o mandatário realize certo negócio, ou determinados negócios em nome do mandante. Assim, uma pessoa recebe a procuração para, por exemplo, assinar uma compra e venda de um quilo de ouro em Manaus. Já na *ad judicia*, o mandatário recebe a procuração para representar o mandante em juízo. Esta é a procuração dada aos advogados.

poderes gerais

No mandato com poderes gerais, registra o artigo 661 do Código Civil, confere-se apenas poder ordinário de administração[11]. Esses poderes são os básicos para a manutenção e gestão.

Todos os poderes gerais que exorbitem a administração ordinária dependem da outorga expressa de poderes especiais, consoante o § 1º do referido artigo 661[12]. Vender e hipotecar bens do mandante – que oneram ou mesmo alienem um bem do mandante –, por exemplo, são poderes que escapam daqueles ordinários, de mera gestão, e, logo, dependerão da concessão específica e expressa para que o mandatário possa realizá-los.

Com efeito, nos casos mais comuns, nos quais alguém outorga esse poder geral de representação, o mandante deseja apenas que o mandatário se limite a administrar os seus bens, sem, contudo, onerar ou mesmo alienar esse patrimônio.

10 "Art. 660. O mandato pode ser especial a um ou mais negócios determinadamente, ou geral a todos os do mandante."

11 "Art. 661. O mandato em termos gerais só confere poderes de administração."

12 Parágrafo 1º do artigo 661: "§ 1º Para alienar, hipotecar, transigir, ou praticar outros quaisquer atos que exorbitem da administração ordinária, depende a procuração de poderes especiais e expressos."

Imagine-se a pessoa que viaja por um período longo, mas deixa um procurador, exatamente para administrar seus bens. Espera-se que esse mandatário apenas cuide desses ativos, sem adotar medidas mais radicais, que venham a onerar ou dilapidar os bens do mandante.

gratuito e oneroso

Na Roma clássica, o mandato era sempre gratuito. Se fosse oneroso, haveria prestação de serviço.

Ainda hoje, o mandato presume-se gratuito, diz o artigo 658, mas pode ser estipulada remuneração[13]. Nos casos nos quais o ato é realizado por pessoa que pratica a atividade profissionalmente, como um advogado ou um despachante, o negócio presume-se oneroso.

Assim, excepcionalmente, o contrato será oneroso, em primeiro lugar, se as partes tiverem estabelecido nesse sentido, ou seja, caso tenham convencionado que a atuação do mandatário dar-se-ia mediante remuneração. Pode-se também corretamente pressupor que o mandato seja oneroso nos casos em que o mandatário realiza a atividade profissionalmente, com fins lucrativos, consoante prevê a segunda parte do artigo 658 do Código Civil.

Nas hipóteses de mandato oneroso, nos quais não houver estipulação com relação ao montante da remuneração, deve-se recorrer ao valor usualmente praticado pelo profissional em casos semelhantes, atentando-se, também, ao uso do local. Residualmente, sem outra forma de fixação, caberá às partes arbitrar a remuneração, consoante a segunda parte do parágrafo único do artigo 658[14]. Leva-se em conta, se for necessário esse arbitramento, que se apreciem as peculiaridades do caso concreto, como a dificuldade e a qualidade do procurador.

Se o mandante deixar de remunerá-lo, o mandatário poderá reter o objeto da operação para garantir a sua remuneração, ressalva o artigo 664[15]. Trata-se, a rigor, de uma forma de proteção do mandatário em relação ao recebimento de seus honorários. Esse expediente apenas é possível se o objeto fim do mandato se converter em uma coisa. Imagine-se a hipótese de o mandante ter constituído um procurador para adquirir, em seu nome, um determinado livro raro. Se alguma remuneração for prevista, o artigo 644 permite ao procurador reter a entrega do livro, até que o mandante arque com a sua obrigação de pagar o mandatário.

13 "Art. 658. O mandato presume-se gratuito quando não houver sido estipulada retribuição, exceto se o seu objeto corresponder ao daqueles que o mandatário trata por ofício ou profissão lucrativa."

14 Parágrafo único do artigo 658: "Parágrafo único. Se o mandato for oneroso, caberá ao mandatário a retribuição prevista em lei ou no contrato. Sendo estes omissos, será ela determinada pelos usos do lugar, ou, na falta destes, por arbitramento."

15 "Art. 664. O mandatário tem o direito de reter, do objeto da operação que lhe foi cometida, quanto baste para pagamento de tudo que lhe for devido em conseqüência do mandato."

Aliás, como dispõe o artigo 681[16], o mandatário encontra-se igualmente autorizado a reter o objeto da operação até receber o reembolso pelas despesas que, para o bom cumprimento da obrigação, incorreu.

Tome-se novamente o exemplo acima referido da pessoa que recebeu a procuração para celebrar uma compra e venda, em nome do mandante, de um quilo de ouro em Manaus. Para cumprir o mandato, o mandante suportou uma série de despesas, como hospedagem e transporte. Cumpre ao mandante arcar com essas despesas, ficando o mandatário autorizado a reter o quilo de ouro até receber seu pagamento.

mandante

Quem pode outorgar procuração? Segundo o artigo 654, todas as pessoas capazes podem dar procuração[17]. Na maior parte dos casos, a procuração ganhará eficácia com a simples assinatura do mandante.

Essa capacidade é aferida tanto no momento da concessão dos poderes como naquele em que o ato é realizado pelo procurador.

Será, em primeiro lugar, importante verificar se o mandante detinha poderes para outorgar a procuração no momento de sua outorga. Se ele era incapaz na época, evidentemente a procuração não terá valor.

Pode ocorrer, também, de o outorgante, depois de concedida a procuração, tornar-se incapaz – digamos, por exemplo, que foi interditado por insanidade mental –, situação na qual a procuração por ele concedida perde sua eficácia. Caso, contudo, o ato realizado pelo mandatário tenha ocorrido nesse interregno – enquanto o mandante era capaz –, o ato será absolutamente válido.

A jurisprudência ressalva expressamente dos efeitos da declaração de incapacidade a procuração judicial outorgada pelo interditando aos seus advogados, para sua representação no processo de interdição. Nesses casos, privilegia-se o direito do interditando à ampla defesa[18].

16 "Art. 681. O mandatário tem sobre a coisa de que tenha a posse em virtude do mandato, direito de retenção, até se reembolsar do que no desempenho do encargo despendeu."

17 "Art. 654. Todas as pessoas capazes são aptas para dar procuração mediante instrumento particular, que valerá desde que tenha a assinatura do outorgante."

18 "Recurso Especial. civil e processual civil. ação de interdição. efeitos da sentença de interdição sobre as procurações outorgadas pelo interditando a seus advogados no próprio processo. negativa de seguimento à apelação apresentada pelos advogados constituídos pelo interditando. não ocorrência da extinção do mandato. a sentença de interdição possui natureza constitutiva. efeitos ex nunc. inaplicabilidade do disposto no art. 682, ii, do cc ao mandato concedido para defesa judicial na própria ação de interdição. necessidade de se garantir o direito de defesa do interditando. renúncia ao direito de recorrer apresentada pelo interditando. ato processual que exige capacidade

Há, entretanto, quem defenda que a perda posterior da capacidade não invalida o ato realizado pelo procurador[19], sendo relevante, para aqueles que defendem esse entendimento, apenas aferir a capacidade no momento da celebração do contrato de mandato. Essa não parece ser a melhor orientação, pois o mandatário é apenas uma extensão do mandante. Se este já não tem capacidade, o mandatário não pode ter força superior à sua origem.

A morte do mandante também torna sem efeito a procuração, pois, por óbvio, cessada a personalidade do mandante, cessam todos os direitos e obrigações que dela decorriam.

analfabeto

A lei ressalva que o analfabeto encontra-se apto a outorgar procuração. Esta deve, contudo, observar uma formalidade: o instrumento público. Com isso, protege-se o analfabeto, pois, na confecção da procuração por meio público, o tabelião do cartório deverá ler ao analfabeto os poderes por este último concedidos. Com isso, o analfabeto tomará ciência da extensão do ato.

informações da procuração

O § 1º do artigo 654 informa que a procuração deve indicar: (a) o lugar onde foi outorgada; (b) a qualificação do outorgante e do outorgado, a fim de se identificar perfeitamente as personagens desse negócio; (c) a data, o que permitirá apontar a sua vigência; e (d) o objetivo da outorga, com a extensão dos poderes concedidos[20]. Estes são os elementos mínimos da procuração, sem os quais ela não poderá gerar efeitos.

Esses elementos são evidentes. A necessidade de sua inclusão no documento que instrumentaliza o mandato chega a ser intuitiva. A clara exposição do nome do mandante e do mandatário e da extensão dos poderes concedidos – com seus limites objetivos e temporais – protege todas as pessoas envolvidas, tanto as partes do mandato como o terceiro, que irá contratar com o mandante representado.

Sem a precisa delimitação dos poderes, como poderá o terceiro ter alguma segurança de que o mandatário poderia vincular o mandante? E se o prazo de vigência do mandato não estiver exposto, como se saberá se a procuração segue em vigor? O terceiro, que firma um negócio com o procurador, sem que o instrumento do mandato

postulatória. negócio jurídico realizado após a sentença de interdição. nulidade. atos processuais realizados antes da negativa de seguimento ao recurso de apelação. Preclusão". (Resp 1251728/PE, Rel. Ministro Paulo de Tarso Sanseverino, Terceira Turma, julgado em 14.05.2013).

19 Carlos Roberto Gonçalves, *Direito Civil* Brasileiro 3, 9ª ed., São Paulo, Saraiva, 2012, p. 417.

20 Parágrafo 1º do artigo 654: "§ 1º O instrumento particular deve conter a indicação do lugar onde foi passado, a qualificação do outorgante e do outorgado, a data e o objetivo da outorga com a designação e a extensão dos poderes conferidos."

esteja preciso, passa a correr o risco de o mandante questionar o ato realizado pelo preposto.

o procurador

Quem pode receber procuração? A rigor, qualquer pessoa capaz.

Segundo o artigo 666 do Código Civil, até o maior de 16 anos e menor de 18, mesmo não emancipado, encontra-se capacitado a atuar como mandatário[21]. Todavia, contra este, o mandante terá apenas uma ação limitada, pois se trata de pessoa relativamente incapaz – e o mandante tinha ciência disso ao estabelecer o mandato.

Nem o pródigo ou o falido estão impedidos de receber procuração. Embora essas pessoas sejam relativamente incapazes, não há vedação a que elas sejam destinatárias da confiança de alguém, que queira lhes dar procuração para certo fim. De fato, a limitação dessas pessoas tem outro propósito. Imagine-se que se outorgue procuração a uma pessoa reconhecidamente pródiga para que esta represente o outorgante, digamos, em uma reunião de condomínio. Que mal há nisso?

substabelecimento

Um fenômeno importante no estudo do mandato é o do substabelecimento, ou seja, a transferência dos poderes recebidos pelo mandatário a um terceiro. O substabelecido age como se fosse o procurador.

A situação, embora comum, deve ser vista como algo extraordinário. Afinal, o mandato é um negócio personalíssimo, no qual avulta a confiança existente entre as partes. No substabelecimento, o mandatário transfere seus poderes para terceiro, para que este também represente o mandante. O terceiro, ao menos em tese, pode não gozar da confiança que o mandatário possui do mandante.

Como se foge da regra básica, deve-se, em primeiro lugar, aferir se o contrato de mandato admite essa transferência. Há, em rigor, três possibilidades: a procuração permite o substabelecimento, ela proíbe o substabelecimento ou ela é omissa acerca do tema.

Se houver proibição, o procurador não poderá, por óbvio, transferir seus poderes. A transferência, pelo substabelecimento, representará um inadimplemento do mandatário. Caso, todavia, o procurador descumpra suas limitações e substabeleça o mandato, ele responderá pelos atos do substabelecido, mesmo se proveniente de caso fortuito (artigo 667, § 1º[22]). Amplia-se, como se vê, a responsabilidade do mandatário inadimplente.

---

21 "Art. 666. O maior de dezesseis e menor de dezoito anos não emancipado pode ser mandatário, mas o mandante não tem ação contra ele senão de conformidade com as regras gerais, aplicáveis às obrigações contraídas por menores."

22 Parágrafo 1º do artigo 667: "§ 1º Se, não obstante proibição do mandante, o mandatário se fizer substituir na execução do mandato, responderá ao seu constituinte pelos prejuízos ocorridos sob a gerência do substituto, embora provenientes de caso fortuito, salvo provando que o caso teria sobrevindo, ainda que não tivesse havido substabelecimento."

Os atos realizados pelo substabelecido irregularmente não obrigam o mandante, ressalva o artigo 667, § 3º, do Código Civil[23], salvo se houver ratificação expressa. O terceiro que realizou a atividade com o mandatário que ele supunha deter os poderes para atuar em nome do mandante nada poderá reclamar. Afinal, era seu dever ter verificado corretamente a procuração detida pelo mandatário com quem negociava, a fim de aferir se o mandatário detinha poderes para celebrar o negócio. Se deixou de lado esse ato de cuidado e diligência, apenas poderá culpar a si mesmo.

Caso a procuração admita o substabelecimento, o mandatário nada responderá pelos atos do substabelecido, salvo, registra o § 2º do artigo 667[24], se o mandatário agiu com culpa na escolha do substabelecido ou não atentou às instruções dadas pelo mandante.

Se nada for dito acerca da possibilidade de substabelecimento, o procurador responde se o substabelecido age culposamente, ressalta o artigo 667, §4º[25]. Esse dispositivo, como se vê, admite o substabelecimento na hipótese de o contrato nada ter dito a respeito.

Seria essa a melhor solução? Parece que não. Afinal, não se pode perder de vista que o mandato possui natureza personalíssima. O mandante confiou no mandatário; se nada dispôs acerca do substabelecimento, a melhor leitura seria no sentido de vedar essa possibilidade, mantendo-se a natureza *intuitu personae*.

De toda sorte, segundo a regra do citado § 4º, se o mandato nada falar sobre substabelecimento e o mandatário substabelecer, este responderá pelos atos do substabelecido, notadamente se houver falhas.

No momento em que o procurador substabelece, ele pode reservar, para si, alguns dos poderes objeto do contrato de mandato, apenas admitindo que o substabelecido represente parcialmente o mandante. Portanto, ao substabelecer, é possível que os poderes sejam restringidos em relação aos que detenha o mandatário original. Imagine-se que a procuração dê poderes ao mandatário de vender e hipotecar certo bem. Ao substabelecer, o mandatário pode restringir os poderes do substabelecido apenas à hipoteca. Por outro lado, por

23 Parágrafo 3º do artigo 667: "§ 3º Se a proibição de substabelecer constar da procuração, os atos praticados pelo substabelecido não obrigam o mandante, salvo ratificação expressa, que retroagirá à data do ato."

24 Parágrafo 2º do artigo 667: "§ 2º Havendo poderes de substabelecer, só serão imputáveis ao mandatário os danos causados pelo substabelecido, se tiver agido com culpa na escolha deste ou nas instruções dadas a ele."

25 Parágrafo 4º do artigo 667: "§ 4º Sendo omissa a procuração quanto ao substabelecimento, o procurador será responsável se o substabelecido proceder culposamente."

óbvio, o substabelecimento não pode outorgar poderes acima daqueles constantes na procuração original. Afinal, não se pode dar mais do que se tem.

Se o substabelecimento é feito sem reserva de poderes, a transferência é total e o procurador inicial perde seus poderes de representação. Com isso, ele transfere todos os poderes que lhe foram conferidos, sem reservar nada para si. Na maioria das vezes, é o próprio mandante quem determina ao mandatário substabelecer sem reserva de poderes para terceiro, ficando este último como o único procurador. Caso, de outra forma, o substabelecimento se dê com a reserva de poderes, o procurador inicial segue como mandatário, com capacidade para representar o mandante: haverá apenas o aumento do número de procuradores.

Assim, o substabelecimento pode ser total ou parcial, com relação ao objeto do mandato, e com ou sem reservas, para o fim de verificar se o procurador original segue com os poderes de representação.

exorbitância de poder

O Código prevê uma série de dispositivos para regular os atos realizados em exorbitância dos poderes do mandatário. A primeira dessas regras se encontra no artigo 662[26]. Segundo ela, os atos praticados por quem não tenha mandato, ou não tenha os poderes suficientes, são ineficazes em relação ao mandante, salvo se este ratificar posteriormente.

A norma, apesar de evidente, tem enorme relevância. Afinal, ela estabelece um conceito basilar: o mandato apenas obriga o mandante no limite contratado, ou seja, naquilo que foi expressamente convencionado. Eis porque revela-se fundamental atentar ao instrumento do mandato – a procuração –, para nela observar quais os poderes conferidos ao mandatário. Se o negócio realizado pelo mandatário exorbitar esses poderes, o mandante não ficará obrigado a respeitar e a ele não se vincula.

Aliás, o mandante pode até vincular-se, se assim desejar, e, para tanto, terá que ratificar expressamente o ato, ou agir de modo que deixe inequivocamente clara a sua concordância, registra o parágrafo único do referido artigo 662 do Código Civil.

Portanto, realizado o ato com exorbitância de poderes pelo mandatário, o mandante terá a possibilidade de vincular-se, desde que ratifique o ato, ou adote comportamento que reflita claramente a sua aquiescência.

---

26 "Art. 662. Os atos praticados por quem não tenha mandato, ou o tenha sem poderes suficientes, são ineficazes em relação àquele em cujo nome foram praticados, salvo se este os ratificar.

Parágrafo único. A ratificação há de ser expressa, ou resultar de ato inequívoco, e retroagirá à data do ato."

Em complemento ao artigo 662, o artigo 665[27] informa que o mandatário, ao exceder os seus poderes, ou atuar contra os poderes concedidos, será considerado apenas gestor de negócios. Seus atos, para que vinculem o mandante, terão que aguardar a concordância.

terceiro

O artigo 673 oferece outra importante regra que examina esse desvio de conduta do mandatário[28]. Trata do terceiro que celebrou o negócio com o procurador, embora este não tivesse poderes de representação. Esse terceiro, que negociou com o mandatário depois de conhecer os seus poderes – *rectius*, a carência de seus poderes –, não terá ação contra o mandatário. Afinal, ele assumiu o risco. Neste caso, o terceiro tampouco terá ação contra o mandante, pois sabia que o mandatário não detinha poderes, mas, mesmo assim, realizou o ato.

O mandatário, contudo, ficará obrigado a responder pelos danos desse terceiro se se comprometeu a obter a ratificação do mandante ou se esse procurador se responsabilizou pessoalmente pela segurança do negócio. As hipóteses mais comuns são aquelas nas quais o procurador promete ao terceiro que conseguirá a posterior ratificação do mandante, ou que o mandante cumprirá a obrigação convencionada, embora não tenha poderes para vincular o mandante.

O terceiro, como se vê, deve estar atento aos termos da procuração. Se o instrumento do mandato permite ao mandatário assumir essa ou aquela obrigação, o terceiro terá segurança para contratar.

Conforme aludimos acima, o artigo 679 registra que, mesmo que o mandatário fuja das instruções do mandante, este fica obrigado a respeitar o ato celebrado com terceiro, se a obrigação contratada estiver no escopo da procuração dada. Dessa forma, caso o mandante tenha outorgado uma procuração, na qual permitiu ao mandatário, por exemplo, alugar ou vender certo bem, se este mandatário aliena o bem, o mandante fica obrigado a respeitar o ato, mesmo se a sua orientação ao mandatário tenha sido apenas a de alugar a coisa. Caso o terceiro tenha agido de boa-fé, pois ele desconhecia a ordem do mandante, o negócio é perfeito. O mandante poderá apenas reclamar o desvio de conduta do mandatário, demandando pelo prejuízo que eventualmente tenha sofrido diretamente ao seu procurador.

Imagine-se que o mandante tenha dado uma procuração para que o mandatário o represente na venda de uma coisa. Sem que constasse da procuração, instruiu o seu procurador a alienar o bem

27 "Art. 665. O mandatário que exceder os poderes do mandato, ou proceder contra eles, será considerado mero gestor de negócios, enquanto o mandante lhe não ratificar os atos."

28 "Art. 673. O terceiro que, depois de conhecer os poderes do mandatário, com ele celebrar negócio jurídico exorbitante do mandato, não tem ação contra o mandatário, salvo se este lhe prometeu ratificação do mandante ou se responsabilizou pessoalmente."

por um preço mínimo. Ocorre que o procurador acabou vendendo o bem por um valor inferior àquele determinado pelo mandante. O terceiro, com quem ele contratou, apenas teve acesso à procuração, na qual constava o poder de venda da coisa. Para o terceiro, salvo se comprovada a má-fé, o negócio é perfeito. Entretanto, o mandante terá como reclamar uma indenização do seu procurador porque este falhou, na medida em que descumpriu as suas instruções. Essa discussão, todavia, fica restrita entre o mandante e mandatário, no âmbito do contrato de mandato. O negócio da venda – e seu preço – passam incólumes.

pluralidade de mandatários

Nada impede a pluralidade de mandatários. O artigo 672 examina o tema[29]. Se dois ou mais mandatários são designados para o mesmo fim, qualquer um deles pode isoladamente exercer os poderes, se não houver designação de que devam atuar em conjunto. A cláusula "*in solidum*" significa que os mandatários devem atuar conjuntamente, de sorte que não podem agir sem o outro. Nesse caso, se forem nomeados em conjunto, seus atos apenas valerão se agirem unidos, todos firmando os atos, salvo, claro, se houver uma posterior ratificação.

A nomeação também pode ser sucessiva, de sorte que o primeiro indicado atua como procurador, ficando o segundo munido dos poderes apenas se o primeiro faltar ou renunciar os poderes recebidos.

Também se admite que a procuração aponte mais de uma pessoa, sendo cada procurador investido de poderes diversos. Assim, designa-se um procurador para certa atividade, cada um com poderes específicos e inconfundíveis.

obrigação do mandatário

A primeira das obrigações do mandatário consiste em aplicar toda a sua diligência habitual na execução do mandato. *Diligentia quam in rebus suis*, isto é, a diligência que teria ao cuidar do que é seu.

O Código Civil português, numa redação mais feliz, fala, no artigo 1336, "toda diligência de que é capaz".

A verdade é que não se requer do mandatário apenas que cuide do negócio como se fosse seu. Afinal, o mandatário pode ser, por natureza, um desidioso. A lei usa o tratamento que as pessoas dão a si próprias partindo da ideia de que o ser humano se protege, destacando especial zelo aos seus interesses particulares. No entanto, exige-se mais do que isso. Espera-se que o mandatário tenha especial cuidado, agindo de forma proba e responsável, porque, afinal, cuida de um interesse de terceiro, que nele confiou.

29 "Art. 672. Sendo dois ou mais os mandatários nomeados no mesmo instrumento, qualquer deles poderá exercer os poderes outorgados, se não forem expressamente declarados conjuntos, nem especificamente designados para atos diferentes, ou subordinados a atos sucessivos. Se os mandatários forem declarados conjuntos, não terá eficácia o ato praticado sem interferência de todos, salvo havendo ratificação, que retroagirá à data do ato."

obrigação de meio

Trata-se, evidentemente, de uma obrigação de meio. O mandatário não quedará inadimplente se o negócio fim, o objetivo pelo qual se firmou o mandato, não se concretizar. O mandatário descumprirá seus deveres contratuais caso deixe de empregar seus melhores esforços para esse fim.

Imagine-se o advogado, contratado para atuar em determinada causa. Se ele tiver agido da forma diligente em favor de seu cliente, abordado todos os fundamentos de defesa, mas, ainda assim, perdido a causa, ele não estará inadimplente em sua obrigação de mandatário. O mesmo se pode dizer da pessoa encarregada de concluir um negócio, que, apesar de todos os seus esforços, não se concretiza. Também este mandatário não se encontra inadimplente, pois agiu da melhor forma e o mandato, como já se disse, é uma obrigação de meio, não de resultado.

Comumente, contudo, a remuneração de um contrato de mandato é atrelada a algum sucesso do negócio para o qual foi concedida a representação. Nesses casos, devem-se separar as duas situações: o cumprimento do contrato e o dever de remunerar. Pode ocorrer de o mandatário ter cumprido o contrato, mas não ter direito a qualquer remuneração, caso esta tenha ficado subordinada a determinado sucesso da atividade que ele desempenhou.

A subordinação da contraprestação devida a um determinado resultado (*rectius*, condição suspensiva) não transfigura a natureza da obrigação, que continua sendo de meio, e não de resultado. A diferença é que, embora a contraprestação possa não vir a se tornar exigível, o não atingimento do resultado não configura inadimplemento do devedor (mandatário).

Na advocacia contenciosa, comumente ajusta-se que a maior parte da remuneração do mandatário dependerá do êxito da ação, para a qual o causídico foi contratado. Assim, se o advogado perde a ação, não obstante seus excelentes serviços, ele nada receberá. Além do pró-labore inicial. Ao contrário, se for vitorioso na sua representação, terá direito a receber os honorários do êxito.

Na hipótese de o advogado deixar de prestar um serviço correto e isso acarretar em prejuízo ao mandante, deverá responder pelos danos. Afinal, estará inadimplente na sua obrigação principal.

sobrevida

Insere-se, ainda, na obrigação de agir com diligência, o dever de cumprir a ordem contida no mandato, concluindo o negócio já iniciado, apesar da morte, interdição ou mudança de estado do mandante, se houver perigo na demora e prejuízo com a interrupção.

Essa regra, contida no artigo 674[30], dá uma sobrevida ao mandato, porém por um motivo inteligente, da presumível vontade do mandante. Veja-se um exemplo: o mandatário recebe uma procuração para celebrar um complexo negócio, com diversos detalhes envolvidos. Negocia esse negócio por meses a fio, sempre no interesse do mandante. Na véspera da sua conclusão, o mandante vem a falecer. Caso o mandatário deixe de ultimar a negociação, haverá enorme prejuízo para todos os envolvidos, dentre eles os sucessores do falecido mandante. Nesse momento, aplica-se a regra do artigo 674, permitindo-se que o mandatário feche a negociação. Preservam-se, assim, os interesses.

Comumente – e até revelando uma boa prática –, é dever do mandatário provar sua condição e a extensão de seus poderes. Com efeito, não raro deve o procurador apresentar aos terceiros a sua procuração, para demonstrar a sua legitimidade como representante. Havia uma referência expressa a esse dever no artigo 1.030 do Código Civil de 1916, o que não foi repetido no Código atual. Existe, contudo, a regra do § 2º do artigo 654, segundo a qual o terceiro pode exigir a firma reconhecida na procuração, para ter segurança de que negocia com a pessoa certa[31].

A rigor, essa obrigação se dá no âmbito da relação entre o procurador e o terceiro. Entretanto, para cumprir da melhor forma o mandato, o mandatário deve estar disposto a apresentar o instrumento que explicita os seus poderes.

dever de indenizar

Outro importante dever do mandatário consiste em indenizar o mandante se causar algum prejuízo por culpa sua ou de quem ele substabeleceu.

De acordo com o §1º do artigo 667, se for proibido o substabelecimento – e, não obstante, o mandatário o outorgar –, ele estará em mora e, logo, responderá mesmo nas hipóteses de caso fortuito, salvo se comprovar que o caso teria ocorrido mesmo sem o substabelecimento (artigo 399 do Código Civil).

Segundo a regra do artigo 669, o mandatário não pode compensar os prejuízos que causou com o proveito que trouxe[32]. Logo, de nada adianta ao mandatário demonstrar que trouxe enorme vantagem ao mandante com a diligência de sua conduta – quando nada

30 "Art. 674. Embora ciente da morte, interdição ou mudança de estado do mandante, deve o mandatário concluir o negócio já começado, se houver perigo na demora."

31 Parágrafo 2º do artigo 654: "§ 2º O terceiro com quem o mandatário tratar poderá exigir que a procuração traga a firma reconhecida."

32 "Art. 669. O mandatário não pode compensar os prejuízos a que deu causa com os proveitos que, por outro lado, tenha granjeado ao seu constituinte."

mais fez do que cumprir o mandato –, para tentar abater um prejuízo que causou quando extrapolou seus poderes ou agiu culposamente.

dever de restituição

Como ensina o artigo 670, se o mandatário embolsou algum dinheiro indevidamente, deve restitui-lo ao mandante[33]. O procurador, inclusive, fica responsável pelos juros, desde o momento em que abusou. O mesmo se diz das somas que recebeu para cobrir alguma despesa, mas empregou em seu próprio proveito. Embora o dispositivo legal nada mencione, o mandatário, nesse caso, responde perante o mandante pelas perdas e danos a que o seu inadimplemento der causa.

Imagine-se, ainda, o seguinte desvio do mandatário: ele recebeu procuração do mandante para adquirir certo bem, porém, fugindo de seu dever, o procurador adquire o bem em seu próprio nome. Diz o artigo 671 que, se o mandatário for designado para comprar certo bem em nome do mandante – tendo recebido fundos para esse fim – e adquirir o bem para si, poderá o mandante reclamar a entrega da coisa, impondo ao mandatário traidor que lhe transfira o bem[34]. Aqui também, ficará o mandatário sujeito a arcar com os danos a que o seu comportamento deu causa.

prestar contas

François de Callières, secretário e principal diplomata da corte do rei francês Luiz XIV, escreveu, no começo do século XVIII, um pequeno tratado de negociação e de como deveriam atuar os representantes do rei. Nessa obra, registrou:

> "Administrar com habilidade os interesses de um rei ou de um Estado em uma corte estrangeira não é o suficiente. É preciso ainda saber relatar de maneira exata e fiel tudo o que acontece, tanto em relação à negociação da qual é encarregado quanto a todos os outros assuntos que ocorram durante a estadia no país".[35]

Não basta que o mandatário zele pelos interesses do mandante. Segundo o artigo 668 do Código Civil, o mandatário deve também prestar contas ao mandante de suas atividades no cumprimento do mandato[36]. Cumpre ao mandatário expor seus gastos e êxitos. Afinal,

33 "Art. 670. Pelas somas que devia entregar ao mandante ou recebeu para despesa, mas empregou em proveito seu, pagará o mandatário juros, desde o momento em que abusou."

34 "Art. 671. Se o mandatário, tendo fundos ou crédito do mandante, comprar, em nome próprio, algo que devera comprar para o mandante, por ter sido expressamente designado no mandato, terá este ação para obrigá-lo à entrega da coisa comprada."

35 François de Callières, *Negociar: a mais útil das artes*, Rio de Janeiro, Edições de Janeiro, 2018, p. 141.

36 "Art. 668. O mandatário é obrigado a dar contas de sua gerência ao mandante, transferindo-lhe as vantagens provenientes do mandato, por qualquer título que seja."

segundo o artigo, o mandatário deve transferir ao mandante as vantagens recebidas no cumprimento do ato.

Essa obrigação, evidentemente, passa aos sucessores do mandatário.

obrigação do mandante

O mandante, por sua vez, também possui obrigações.

A primeira delas, referida no artigo 675 do Código Civil[37], consiste em satisfazer as obrigações contraídas pelo mandatário. A rigor, não se trata de uma obrigação do mandante com o mandatário, porém do mandante com terceiro, de sorte que a inclusão dessa regra, da forma como referida na lei, não tem pertinência no âmbito da relação que se estabelece entre mandante e mandatário.

De toda sorte, a obrigação do mandante com o terceiro, firmadas pelo mandatário por representação, apenas deverá ser atendida se estiver dentro do escopo do mandato, ou se houver ratificação. Na hipótese de o mandatário assumir, em nome do mandante, obrigações não previstas no objeto do mandato, o mandante, por óbvio, não quedará vinculado.

arcar com despesas

Uma importante obrigação do mandante consiste em adiantar a importância das despesas, necessárias à execução do mandato. Admite-se que o mandatário possa, até mesmo, deixar de realizar uma atividade, se o mandante não adiantou as despesas necessárias à sua conclusão. Afinal, o mandatário não se encontra obrigado a financiar o mandante.

O artigo 677 registra que o mandatário responde pelos juros dos valores adiantados para cobrir as despesas, incidentes desde a data do desembolso[38]. Eis uma das razões pelas quais o mandatário deve prestar contas: a fim de aferir se ele deve algo ao mandante, ou mesmo compensar algum valor.

remuneração

Também o mandante tem o dever de, quando for o caso, pagar a remuneração ao mandatário. Diz-se isso porque, como antes se mencionou, nem sempre o mandato é um negócio oneroso. Quando for, evidentemente, o mandatário fará jus a remuneração.

Se as partes ajustaram o valor da contraprestação devida ao mandatário, caberá ao mandante, no momento do vencimento, pagar o montante. Caso, contudo, não tenha havido estipulação acerca do valor dessa remuneração, aplica-se, como antes já se viu, a segun-

---

37 "Art. 675. O mandante é obrigado a satisfazer todas as obrigações contraídas pelo mandatário, na conformidade do mandato conferido, e adiantar a importância das despesas necessárias à execução dele, quando o mandatário lho pedir."

38 "Art. 677. As somas adiantadas pelo mandatário, para a execução do mandato, vencem juros desde a data do desembolso."

da parte do parágrafo único do artigo 658, de sorte que a remuneração é arbitrada, se as partes não chegarem a um consenso, pelo juiz ou por quem elas elegerem para esse fim.

retenção

O mandatário, já se disse, encontra-se autorizado a suscitar o direito de retenção, consoante o artigo 681 do Código Civil[39]. Dessa forma, enquanto o mandatário não receber a sua remuneração, ele poderá legitimamente reter o resultado prático de sua atuação.

Segundo o artigo 678, cabe ao mandante ressarcir o mandatário dos danos que este incorrer, desde que esses danos, claro, não decorram de culpa do procurador[40].

solidariedade

Ao apreciar as obrigações do mandante, vale ter presente que, de acordo com o artigo 680, se houver mais de um mandante, eles respondem solidariamente em relação ao mandatário por eventuais danos na representação[41]. Essa solidariedade decorre da lei. Não necessita, portanto, de uma estipulação especial. Ao contrário, se os mandantes desejarem afastar a solidariedade, caberá a eles estabelecer isso expressamente no instrumento que formalizar o mandato.

extinção do mandato

O artigo 682 trata da extinção do mandato, arrolando as hipóteses nas quais cessa o negócio.

A primeira situação mencionada é a da revogação. Ela vai ocorrer se o mandante assim determinar.

revogação e renúncia

O reverso dessa moeda consiste na renúncia do mandatário. Assim, em suma, a revogação é ato do mandante, enquanto a renúncia é do mandatário.

Ambos são atos unilaterais que visam a extinguir a relação. Têm natureza de declaração receptícia. Trata-se, evidentemente, de ato potestativo. Ao realizá-lo, a contraparte nada pode fazer senão sujeitar-se. Portanto, em regra, ninguém pode representar outra pessoa se assim não desejar, assim como não se pode obrigar a que alguém seja, contra a sua vontade, representado por outra.

É da sua essência que o mandato seja revogável. Isso pode darse antes mesmo de o mandato iniciar seu exercício.

Uma vez revogada a procuração, o fato deve ser prontamente comunicado ao mandatário e ao público em geral, a fim de evitar que o procurador destituído realize um ato com terceiro de boa-fé.

---

39 "Art. 681. O mandatário tem sobre a coisa de que tenha a posse em virtude do mandato, direito de retenção, até se reembolsar do que no desempenho do encargo despendeu."

40 "Art. 678. É igualmente obrigado o mandante a ressarcir ao mandatário as perdas que este sofrer com a execução do mandato, sempre que não resultem de culpa sua ou de excesso de poderes."

41 "Art. 680. Se o mandato for outorgado por duas ou mais pessoas, e para negócio comum, cada uma ficará solidariamente responsável ao mandatário por todos os compromissos e efeitos do mandato, salvo direito regressivo, pelas quantias que pagar, contra os outros mandantes."

Segundo o artigo 686, a revogação feita apenas ao mandatário sem ciência de terceiro não pode ser oposta a este último, se esse terceiro se encontrava munido de boa-fé[42]. Afinal, o terceiro bem-intencionado agiu com quem, aos seus olhos, tinha poderes.

De toda sorte, nesses casos, o mandante terá ação contra o antigo procurador, que atuou mesmo depois de revogados os seus poderes.

O artigo 687 cuida de uma forma particular de revogação[43]: a instituição de um novo mandatário para o mesmo fim, sem ressalvas ao anterior. A informação ao mandatário acerca da constituição de novo mandatário, com os mesmos poderes, sem qualquer ressalva à manutenção dos poderes outorgados pelo mandante, importa revogação do primeiro mandato. Trata-se de uma revogação tácita.

Nada impede que a revogação seja parcial. Dessa forma, o mandante restringe os poderes concedidos ao mandatário, mas não os retira totalmente.

cláusula de irrevogabilidade

Excepcionalmente, há situações nas quais os mandatos não podem ser revogados. Isso ocorrerá se o mandato foi concedido em benefício do mandatário, como se dá se a procuração foi conferida como contraprestação de contrato bilateral e se ela é gravada com a cláusula de irrevogabilidade.

Pode ocorrer de a cláusula de irrevogabilidade funcionar como uma condição do negócio. Em outras palavras, o negócio apenas foi feito porque existia essa cláusula, estipulada no exclusivo interesse do mandatário. Nesses casos, segundo o artigo 684, será ineficaz a revogação do mandato[44]. Com isso, fica protegida a razão de ser do ato.

O artigo 683 trata da cláusula de irrevogabilidade[45], informando que a revogação – com o consequente inadimplemento dessa obrigação de não fazer – gera o dever de arcar com perdas e danos. Seria essa a melhor solução ao caso? Parece que não.

Ocorre que, como dito, o acordo de não revogar uma procuração foi estabelecido em proveito do mandatário e resolver o inadimplemento em perdas e danos lhe é altamente prejudicial, quando, pior ainda, não desvirtuar completamente o propósito do negócio.

---

42 "Art. 686. A revogação do mandato, notificada somente ao mandatário, não se pode opor aos terceiros que, ignorando-a, de boa-fé com ele trataram; mas ficam salvas ao constituinte as ações que no caso lhe possam caber contra o procurador."

43 "Art. 687. Tanto que for comunicada ao mandatário a nomeação de outro, para o mesmo negócio, considerar-se-á revogado o mandato anterior."

44 "Art. 684. Quando a cláusula de irrevogabilidade for condição de um negócio bilateral, ou tiver sido estipulada no exclusivo interesse do mandatário, a revogação do mandato será ineficaz."

45 "Art. 683. Quando o mandato contiver a cláusula de irrevogabilidade e o mandante o revogar, pagará perdas e danos."

Imagine-se a situação de uma pessoa que contrata a compra de um imóvel, mas, por algum motivo, não transfere para o seu nome a propriedade: fica, apenas, com uma procuração irrevogável do proprietário, a fim de promover essa transmissão do domínio em algum momento futuro. Se o antigo proprietário, que já recebeu a sua contraprestação pela alienação do imóvel, decide, a fim de obter alguma vantagem ilícita, revogar a procuração e vender o imóvel para outrem, o mandatário – que tem a representação em seu próprio benefício – fica em enorme desvantagem. Talvez sequer consiga cobrar uma indenização. Melhor entender que nesses casos, onde o mandato existe em proveito do mandatário, a revogação não surte efeitos, na esteira do artigo 684.

Nessa linha, segundo o artigo 685, constando do contrato a cláusula "em causa própria", a sua revogação será ineficaz[46].

Nesses casos, não haverá necessidade de o mandatário prestar contas e não haverá conflito de interesses entre mandante e mandatário, simplesmente porque, extraordinariamente, o negócio é celebrado em proveito do mandatário.

Salvo nessas situações excepcionais, nas quais restar clara que a representação tem o propósito de beneficiar o mandatário, a atuação do procurador em seu benefício pode ser anulada. Nesse sentido, o artigo 117 do Código Civil permite a anulação de negócio que representante faça consigo mesmo, sem a autorização do mandante[47].

Já a renúncia da procuração deve, consoante o artigo 688, ser prontamente comunicada ao mandante, a fim de que este constitua, se quiser, um substituto[48].

Caso a renúncia prejudique o mandante, este pode reclamar uma indenização. Evidentemente, essa indenização apenas tem lugar se a renúncia não for fundamentada e decorrer de alguma forma de abuso. Se o procurador renunciar por justa causa, afasta-se o dever de indenizar.

A segunda forma de extinção do mandato, como elencado no artigo 682, II, é a morte ou interdição de qualquer uma das partes.

---

46 "Art. 685. Conferido o mandato com a cláusula "em causa própria", a sua revogação não terá eficácia, nem se extinguirá pela morte de qualquer das partes, ficando o mandatário dispensado de prestar contas, e podendo transferir para si os bens móveis ou imóveis objeto do mandato, obedecidas as formalidades legais."

47 "Art. 117. Salvo se o permitir a lei ou o representado, é anulável o negócio jurídico que o representante, no seu interesse ou por conta de outrem, celebrar consigo mesmo."

48 "Art. 688. A renúncia do mandato será comunicada ao mandante, que, se for prejudicado pela sua inoportunidade, ou pela falta de tempo, a fim de prover à substituição do procurador, será indenizado pelo mandatário, salvo se este provar que não podia continuar no mandato sem prejuízo considerável, e que não lhe era dado substabelecer."

Como ato personalíssimo, ele não sobrevive ao fim de uma das partes ou à decretação de sua incapacidade.

Contudo, o terceiro que realiza o ato com o procurador, ignorando a morte do mandante, encontra-se protegido, ressalva o artigo 689[49].

Também, nesse particular, vale a ressalva prevista no artigo 674: se a procuração foi concedida com um propósito específico e este se encontra perto de seu desfecho, o mandatário pode seguir cumprindo o mandato, mesmo com a morte do mandante, se houver risco na demora. Esse caso de mandato com força após a morte é excepcional, mas possui enorme valia prática.

Suponha que uma pessoa tenha outorgado a outra um mandato para celebrar um negócio em uma localidade bem distante. O procurador se desincumbe de levar adiante sua missão e, com muito esforço, está prestes a finalizar o negócio, para o qual foi mandatado. Às vésperas dessa conclusão, morre o mandante. Seria razoável paralisar toda a operação, o que se daria, inclusive, em detrimento dos herdeiros do falecido mandante? O artigo 674 busca amparar essas situações, oferecendo uma solução de extremo bom senso, dando uma sobrevida ao negócio, como antes se expôs.

A terceira hipótese referida pelo artigo 682 é a de mudança de estado das partes que inabilite o mandante a conferir poderes ou ao mandatário de os assumir. O caso mais comum, incluso neste dispositivo, é o da pessoa que outorgou procuração para que outra venda seu imóvel, mas, depois desse ato, se casou. A partir de então, a venda de seu imóvel dependerá do consentimento do cônjuge (salvo se o casal adotar o regime da separação total de bens). Assim, é necessário a outorga de nova procuração, desta feita com a participação do cônjuge. A procuração anterior quedou prejudicada.

Por derradeiro, o artigo 682 cuida da extinção do mandato se houve o término do seu prazo ou ocorreu a conclusão do negócio.

fim do prazo

Afinal, não raro as procurações são concedidas com a referência ao seu prazo de vigência, findo o qual elas deixam de ter eficácia. O mesmo se pode dizer daquelas representações que nascem para cumprir certo fim. Com a conclusão do seu objetivo, cessa o mandato.

Imagine-se o advogado que recebe uma procuração para defender seu cliente, o mandante, em certa causa. Com o fim do processo, a representação se encerra.

49 "Art. 689. São válidos, a respeito dos contratantes de boa-fé, os atos com estes ajustados em nome do mandante pelo mandatário, enquanto este ignorar a morte daquele ou a extinção do mandato, por qualquer outra causa."

Comissão

Walt Disney fundou a Disneylandia, na Califórnia, em 1955. Diante do enorme sucesso do parque de diversões, decidiu que abriria outro, desta vez na costa leste dos Estados Unidos. Walt Disney, como bom empresário, receava a especulação. Sabia que, ao anunciar que ele era o comprador de um enorme pedaço de terra em certo lugar, haveria o aumento do preço dos imóveis. Em função disso, sem indicar que pretendia estabelecer seu futuro centro de entretenimento em um pântano da Flórida, Walt Disney contratou diversas pessoas a fim de que, sem jamais revelar quem as constituiu, adquirissem terrenos no local. Muitas vezes, um desses contratados não sabia do outro. Após terem adquirido uma enorme extensão de terra, cada uma em seu nome, todas essas pessoas transferiram a propriedade à sociedade do Walt Disney, que consolidou o latifúndio. Desde 1971, o local é sede da Disneyworld.

O empresário e desenhista valeu-se de comissários para concretizar seu plano.

Como vimos, no mandato uma pessoa assume a obrigação de representar outra. O mandatário age em nome do mandante, ficando este vinculado ao negócio. Na comissão – um primo do mandato –, uma pessoa, o comissário, compra ou vende bens, em seu próprio nome, mas por conta de outra, o comitente. Pode-se dizer que se trata de um mandato sem representação.

A origem desse tipo de contrato pode ser alocada na Idade Média, em um negócio conhecido como *commenda*, com uso notadamente nas relações entre Estados distintos. Neste, uma pessoa se obrigava a realizar um negócio em seu nome, porém em benefício de outra. Naquela época, havia uma série de limitações de negociar com estrangeiros, de forma que, pela *commenda*, solucionava-se o problema: os estrangeiros negociavam por interposta pessoa. Isso sem falar no problema de confiança. As pessoas viam com insegurança negociar com alguém de outro lugar, que desconheciam. O comissário, então, era uma pessoa que gozava da confiança da parte, mas agia em benefício, conta e ordem desse "estrangeiro". O termo comissão, contudo, deriva do latim *commitere*, cujo significado é o de "entregar a alguém em confiança".

Hoje, a mesma palavra – comissão – designa tanto o contrato, como a remuneração do comissário, ou seja, a quem é confiada a missão de negociar em nome do comitente.

Imagine-se a seguinte situação: uma pessoa quer adquirir uma quantidade de café, mas não tem muito conhecimento nesse ramo de negócio. Em função disso, ela elege um profissional, com larga experiência no segmento de café, e contrata que este irá adquirir o produto em seu benefício. Quem compra é o profissional, porém o bem será adquirido, num ato subsequente, para quem o contratou.

comitente e comissário

Quem adquire ou vende bens é o comissário e ele faz isso em nome do comitente, atendendo a ordens deste.

Esse contrato tem muitas semelhanças com o mandato – tanto assim que alguns entendem que a comissão consiste numa espécie de mandato[1] –, porém o comissário age em seu próprio nome, tanto que este fica vinculado. Tamanha a intimidade desses dois contratos que o artigo 709 do Código Civil indica que, subsidiariamente, são aplicadas à comissão as regras de mandato[2].

Há, todavia, uma diferença fundamental: o terceiro, que realiza o negócio com o comissário, não tem nenhuma ação contra o comitente. Tanto assim que quem figura no contrato é apenas o comissário. Isso porque o comissário age em seu próprio nome, não representa, de nenhuma forma, o comitente, que o contratou.

Como se mencionou, a comissão se assemelha ao mandato, porém sem representação. Não é raro, contudo, que a comissão seja, em um momento, ratificada por meio da constituição de mandato. Se isso ocorre, a relação contratual passa a ser direta entre o terceiro, que negociou com o comissário (e, depois, mandatário), e o comitente (que passou a ser mandante).

Nota-se que existe, ao fim, uma intermediação, na qual o comissário age em seu próprio nome, embora em proveito e atendendo a ordem do comitente. Daí muitos enxergarem semelhanças da profissão do comissário com a de corretor. O comissário, entretanto, não aproxima as pessoas, como faz o corretor.

1 Em alguns ordenamentos, como o italiano, a comissão é uma subespécie de mandato.

2 "Art. 709. São aplicáveis à comissão, no que couber, as regras sobre mandato."

Esse negócio originou-se do direito comercial. O contrato de comissão encontrava-se previsto no Código Comercial, nos artigos 165 a 190, em parte, expressamente revogado pelo artigo 2.045 do Código Civil. Distinguia-se, antes, a comissão mercantil da civil, verificando-se a primeira nas situações nas quais o comissário fosse empresário. Hoje, essa distinção deixou de ter sentido, pois sempre se regerá o contrato pelas regras agora constantes do Código Civil.

definição

A comissão encontra-se definida no artigo 693 do Código Civil[3]. O comissário, seguindo instruções do comitente, compra ou vende bens em seu nome, mas o proveito (ou o prejuízo) da operação será revertido ao comitente.

Embora o artigo 693 tenha mencionado que a comissão apenas se dirija à compra e venda de bens, não parece haver sentido lógico para restringir esse tipo de negócio apenas à aquisição de bens – embora essa seja a destinação mais comum desse acordo. Nada impede que se celebre um contrato de comissão para outro fim lícito.

Na famosa peça teatral de Edmond Rostand, Cyrano de Bergerac, de 1897, o personagem que dá nome ao título da obra é muito feio, marcado por um nariz descomunal. Ele se apaixona por Roxana, mas supõe que ela jamais retribuirá esse sentimento, diante de sua feiura. Cristiano, um jovem bem apessoado, também ama Roxana.

Nele, Cyrano encontra o meio de expressar seu amor. Escreve cartas destinadas a Roxane, porém assinando Cristiano. Roxane se enamora das palavras de Cyrano, crendo que eram de Cristiano. Cyrano e Cristiano são enviados à guerra, de onde Cyrano segue escrevendo declarações de amor, sempre em nome de Cristiano. Roxane vai ao encontro de Cristiano na guerra e o encontra agonizante. Com a morte deste, Roxane, amargurada, se recolhe a um convento. Adiante, Cyrano também é ferido, mas consegue ir ao encontro de Roxane e revela que era ele o autor das cartas e pensamentos. O poeta morre em seguida. Roxane, aos prantos, percebe que Cyrano era o verdadeiro destinatário de seu amor.

A conhecida história pode, como uma metáfora, ser vista como um contrato de comissão: Cyrano era o comitente, enquanto Cristiano, o comissário. Cyrano não queria aparecer diretamente ao terceiro, Roxane, pois temia a pronta rejeição por sua aparência. Infelizmente, a revelação de que se tratava de uma comissão veio tarde demais.

3 "Art. 693. O contrato de comissão tem por objeto a aquisição ou a venda de bens pelo comissário, em seu próprio nome, à conta do comitente."

obrigação de comissário

A principal obrigação assumida pelo comissário é a de agir de acordo com as instruções do comitente, informa o artigo 695[4]. Se o comitente não o instruiu sobre a forma de condução em determinada situação, cabe ao comissário solicitar as indicações. Se não for possível, pelas circunstâncias, que o comissário requeira a instrução, este pode atuar, em benefício do negócio para o qual foi contratado, mas desde que sua conduta siga a prática normal, isto é, que se adote comportamento semelhante àquele empregado em casos análogos.

Idealmente, a forma como o comissário deve proceder encontra-se regrada com os detalhes necessários. Se uma pessoa, por exemplo, instrui a outra a fazer, na condição de comissário, uma oferta num leilão, deve-se indicar o limite da proposta a que se está autorizado a externar.

Não raro, entretanto, a orientação dada pelo comitente ao comissário é vaga: "venda ao melhor preço". Isso gera uma incerteza, pois, como se sabe, o mercado pode flutuar – e, conceitualmente, parece óbvio que o comissário sempre buscará engajar-se nos melhores negócios em proveito do comitente. A segunda parte do artigo 695 vai permitir ao comissário, havendo lacunas na orientação do comitente, solicitar esclarecimentos de como deve proceder. Não se perca de vistas que a obrigação do comissário é de meio, ou seja, ele se compromete a usar a sua diligência e os melhores esforços, não ficando responsável se o resultado ideal não vier, apesar de sua dedicação. Se era ou não o caso de o comissário requerer mais instruções do comitente, apenas a análise do caso concreto poderá dizer.

O artigo 695 registra essa característica do negócio: o comissário encontra-se obrigado a atuar em conformidade com as ordens que receber do comitente. Se o comissário se desvia das ordens que recebeu, o comitente não ficará vinculado a honrar o negócio feito pelo comissário e poderá, inclusive, reclamar uma indenização, se sofrer algum dano.

Veja-se a hipótese de o comissário ter recebido a determinação de adquirir, para o comitente, uma tonelada de açúcar no mercado, por determinado preço. Entretanto, fugindo da ordem, compra uma tonelada de café, por outro valor. O comitente não será obrigado a ressarcir o comissário desse negócio e poderá reclamar uma indenização, caso comprove que experimentou um prejuízo pela conduta.

O parágrafo único do artigo 695 exime o comissário da responsabilidade por se afastar das ordens do comitente se a sua conduta trouxer vantagens ao comitente ou, ainda, se o comissário agiu de

4 "Art. 695. O comissário é obrigado a agir de conformidade com as ordens e instruções do comitente, devendo, na falta destas, não podendo pedi-las a tempo, proceder segundo os usos em casos semelhantes."

acordo com os usos e costumes, e havia um risco na demora do desfecho do negócio[5]. A explicação dessa regra legal é intuitiva: o comissário, na maior parte das vezes, é um comerciante, que deve estar atento às boas oportunidades. Não raro, essas oportunidades surgem, em proveito do comitente, embora a ordem dele tenha sido diversa. A lei, de forma inteligente, deu ao comissário a proteção de não sofrer alguma responsabilidade, caso a sua conduta seja proveitosa ao comitente, mesmo se, para tanto, ele desrespeitou a orientação.

Ademais, como reconhece a doutrina, faltaria, nesse caso, o elemento do dano para que se pudesse falar em reparação.[6]

instruções de comitente

Registra o artigo 704 que o comitente pode, a qualquer tempo, alterar as instruções dadas ao comissário[7]. Essas novas instruções por vezes afetam negócios já em curso.

A rigor, até as circunstâncias do negócio devem ser discutidas com o comitente. O artigo 699 trata, por exemplo, da possibilidade de dilação do prazo de pagamento pelo comissário[8]. Segundo a norma, o comissário pode admitir dilação do pagamento do terceiro com quem o negócio foi realizado, desde que isso seja comum no lugar onde se realizou o negócio e que não exista ordem em contrário do comitente. Se houver ordens do comitente para não conceder extensão de prazo para pagamento e o comissário desconsiderá-la, este responderá pelas consequências.

intuitu personae

Embora a lei não mencione, a relação que se estabelece entre comitente e comissário é personalíssima, *intuitu personae*. Evidentemente, ao indicar o comissário, o comitente leva em conta as suas qualidades e, claro, a sua confiabilidade.

forma

Assim como no mandato, a comissão é um negócio consensual, que não se subordina à necessidade de um documento escrito para a sua validade. Se a sua constituição for oral, poderá, entretanto, haver alguma dificuldade para provar a sua existência e extensão. O interessado na prova deve valer-se de outros documentos, troca de correspondência e a depoimentos a fim de demonstrar os fatos.

---

5 Parágrafo único do artigo 695: "Parágrafo único. Ter-se-ão por justificados os atos do comissário, se deles houver resultado vantagem para o comitente, e ainda no caso em que, não admitindo demora a realização do negócio, o comissário agiu de acordo com os usos."

6 Araken de Assis, *Contratos Nominados*, Vol. 2, 2ª ed., São Paulo, Ed. Revista dos Tribunais, 2009, p. 182.

7 "Art. 704. Salvo disposição em contrário, pode o comitente, a qualquer tempo, alterar as instruções dadas ao comissário, entendendo-se por elas regidos também os negócios pendentes."

8 "Art. 699. Presume-se o comissário autorizado a conceder dilação do prazo para pagamento, na conformidade dos usos do lugar onde se realizar o negócio, se não houver instruções diversas do comitente."

obrigação de meio

A comissão estabelece uma obrigação de meio, ou seja, o comissário não fica inadimplente se o resultado do negócio, para o qual foi contratado, deixar de ocorrer. Tome-se o caso do comissário que foi contratado para realizar a compra de um certo bem, porém o vendedor, por um motivo alheio ao controle, desistiu da operação. O comissário agiu com toda diligência para o sucesso da compra, que deixou de se verificar por um fato externo (ou, talvez, por motivo de força maior). O comissário não descumpriu seus deveres. Situação diferente se dará se o comissário for o responsável pelo insucesso do negócio, porque, de forma ativa ou por omissão, não empregou seus melhores esforços. Nesta última hipótese, estará inadimplente.

O comissário deve prestar contas de seus atos ao comitente, indicando as despesas que incorreu para cumprir a ordem.

insolvência do terceiro

Consoante o artigo 697, em regra o comissário não responde pela insolvência das pessoas com quem contratar, salvo se agir com culpa[9]. Essa culpa pode ocorrer se o comissário deixar, por exemplo, de avaliar adequadamente que o terceiro, com quem celebrou o negócio, encontrava-se em complexa situação econômica.

Imagine-se o comissário contratado para comprar pedras preciosas num determinado mercado. Sem um cuidadoso exame, esse comissário faz negócio com uma pessoa insolvente. Após entregar o dinheiro do pagamento pela aquisição dos bens – dinheiro do comitente –, o vendedor fica inadimplente. Caso fique comprovada a culpa do comissário, que deixou de apreciar com zelo esse risco, ele deve responder. Não responderá, entretanto, pelo risco normal do negócio, isto é, se, depois de celebrado o ato, sobreveio uma circunstância nova, que prejudicou o normal cumprimento da prestação pelo terceiro.

cláusula *del credere*

Admite-se, também, a estipulação da cláusula "*del credere*" – prevista no artigo 698 do Código Civil[10] –, segundo a qual o comissário se responsabiliza solidariamente com o terceiro perante o comitente. Com essa cláusula, o comitente obtém uma garantia extra, pois o comissário passa, ele também, a responder pelo negócio juntamente com o terceiro. Eis porque esse ajuste recebe o nome de comissão de garantia.

---

9 "Art. 697. O comissário não responde pela insolvência das pessoas com quem tratar, exceto em caso de culpa e no do artigo seguinte."

10 "Art. 698. Se do contrato de comissão constar a cláusula del credere, responderá o comissário solidariamente com as pessoas com que houver tratado em nome do comitente, caso em que, salvo estipulação em contrário, o comissário tem direito a remuneração mais elevada, para compensar o ônus assumido."

Consoante reconhece a doutrina, com a cláusula "Del Credere", o comissário passa a ter um interesse maior no sucesso de sua atividade – e deixará de fazer negócios prejudiciais ao comitente, atraído apenas por receber a comissão.[11]

O próprio artigo reconhece que, ajustada essa cláusula, a remuneração do comissário será maior, pois, afinal, ele assume um risco que escapa do ordinário.

obrigação com terceiro

Quem se obriga com terceiros é o comissário, como registra a regra do artigo 694[12]. Terceiros sequer têm ação contra o comitente. O comissário é o titular da relação que se estabeleceu com o terceiro. Isso é assim apesar de o comissário agir consoante as instruções do comitente. Afinal, o comissário age em nome próprio e, na maior parte das vezes, sequer pode indicar quem seja o comitente. Ao fim, o comissário deve reverter o bem, objeto do negócio, ao comitente.

O mencionado artigo 694 contém, como se disse, esse importante postulado particular ao contrato de comissão: a absoluta separação das relações entre comitente, comissário e terceiro, de sorte que não se estabelece qualquer vínculo entre o comitente e o terceiro.

A ressalva a essa completa separação se encontra na segunda parte do artigo 694, que permite, salvo previsão em contrário, ao comissário ceder a sua posição contratual tanto ao comitente ou ao terceiro. A melhor orientação parece ser a de que, na hipótese da cessão do comissário ao terceiro, deve haver prévio consentimento do comitente. Afinal, o contrato de comissão teve sua origem precisamente no interesse do comitente em criar um anteparo na relação com o terceiro, não se mostrando razoável que isso possa encerrar sem o seu assentimento. O outro lado, entretanto – a cessão da posição contratual do comissário ao comitente –, é a essência do negócio, não havendo que se colher qualquer concordância do terceiro. Este apenas poderia reclamar dessa cessão se o negócio tiver uma natureza personalíssima, que vinculasse o comissário.

Logo se vê que na comissão haverá, em regra, duas relações. A primeira diretamente decorrente do contrato de comissão, que se estabelece entre o comitente e o comissário, por meio da qual o primeiro indica ao segundo um determinado negócio de compra e ven-

11 Ver Luiz Edson Fachin, Contrato de Comissão: caracterização no estatuto mercantil e a guarda da matéria na codificação introduzida pela Lei nº 10.406, de 10 de janeiro de 2002, Questões *do Direito Civil Contemporâneo Brasileiro*, Rio de Janeiro, Renovar, 2008, p. 33.

12 "Art. 694. O comissário fica diretamente obrigado para com as pessoas com quem contratar, sem que estas tenham ação contra o comitente, nem este contra elas, salvo se o comissário ceder seus direitos a qualquer das partes."

da ser feito. A segunda relação, distinta, dar-se-á entre o comissário e um terceiro, com quem o comissário ajustou essa compra ou venda.

Evidentemente, o comissário deve agir de forma diligente. Assim, expressamente, a regra, um tanto óbvia, do artigo 696[13]. Se falhar, por ação ou omissão, responde pelos danos que trouxer ao comitente.

remuneração

O comissário, pela sua atuação, tem direito a receber uma remuneração. Trata-se, pois, de um contrato oneroso. O nome dessa remuneração devida ao comissário é a mesma do próprio tipo contratual: comissão. Não raro, a remuneração do comissário se relaciona ao sucesso da missão que assumiu. Atente-se que isso não se atrela ao adimplemento da sua obrigação. Como já tratado, o contrato de comissão gera, ao comissário, uma obrigação de meio. Contudo, comumente, estipula-se um alvo para que a remuneração seja devida. Eis um exemplo: o comissário se compromete a adquirir um quadro para o comitente. Ajusta-se que o comissário receberá certa remuneração se o quadro for comprado. De outro lado, as partes convencionam que nada será devido – ou apenas um valor simbólico – se o comissário não conseguir concretizar o negócio. Nessa hipótese, bem comum, a remuneração, ou parte dela, encontra-se descolada do adimplemento pelo comissário.

Parece razoável entender que se aplica, também à comissão, o artigo 725 do Código Civil, relativo à corretagem[14]. Segundo a mencionada norma, o corretor tem direito à remuneração se tiver cumprido a sua prestação em proveito de quem o contratou, mas o negócio apenas não se concretizou por desistência imotivada das partes. A mesma racionalidade tem lugar na comissão. Caso o comitente, depois de tudo estabelecido pelo comissário – com o ato perfeitamente entabulado com o terceiro –, desista sem motivos do negócio, justo, com aplicação analógica do artigo 725, que o comissário contratado reclame sua remuneração.

Se, todavia, o comissário morrer ou não for mais possível a ele cumprir o contrato, o artigo 702 prevê que serão devidos honorários proporcionais ao serviço que prestou[15]. Cumpre apreciar, também,

13 "Art. 696. No desempenho das suas incumbências o comissário é obrigado a agir com cuidado e diligência, não só para evitar qualquer prejuízo ao comitente, mas ainda para lhe proporcionar o lucro que razoavelmente se podia esperar do negócio."

14 "Art. 725. A remuneração é devida ao corretor uma vez que tenha conseguido o resultado previsto no contrato de mediação, ou ainda que este não se efetive em virtude de arrependimento das partes."

15 "Art. 702. No caso de morte do comissário, ou, quando, por motivo de força maior, não puder concluir o negócio, será devida pelo comitente uma remuneração proporcional aos trabalhos realizados."

como ingrediente dessa análise, a vantagem colhida pelo comitente com a atuação do comissário. A morte do comissário pode ocorrer quando muito pouco, ou mesmo nada, havia ocorrido em benefício do comitente, ou, ao contrário, o trabalho todo já ter sido desenvolvido, faltando apenas detalhes formais. Tudo deve ser levado em consideração para apurar a justa remuneração.

Se a remuneração não for ajustada, ela deve ser arbitrada, tomando-se por base os usos e costumes locais, aponta o artigo 701 do Código Civil[16], bem como as qualificações do comissário e a especificidade do negócio. Por todas as razões, deve-se também levar em conta, no momento de arbitrar essa remuneração, as qualidades do comissário e a complexidade de sua missão.

Aliás, mesmo que o comissário seja o causador de sua dispensa, ele terá, segundo o artigo 703, direito a receber alguma retribuição[17]. Isso não impede que o comitente lesado por ato do comissário reclame a indenização. Se essas obrigações forem simultaneamente líquidas, certas e exigíveis, operar-se-á a compensação, na extensão em que ela for possível.

Com maior razão ainda, o artigo 705 prevê que, caso o comissário seja dispensado sem justa causa, terá direito à remuneração, além de uma indenização[18]. A indenização se relacionará ao prejuízo que o comissário experimentou ao ser exonerado. Para se precisar essa indenização, pode-se valer-se do conceito da perda de uma chance.

Como se sabe, o Direito Civil procura garantir que, diante de um ilícito – e a dispensa sem justo motivo é um deles –, a parte prejudicada possa obter reparação. Essa reparação é medida pela diferença entre o que a parte lesada ficou e o que teria, caso não tivesse existido o ilícito. No caso de uma comissão, o comissário legitimamente espera que, cumprida a missão para a qual foi encarregado, ele receba uma remuneração. Caso ele seja dispensado, sem justa causa, antes de se possibilitar a verificação se a missão seria completada, não se saberá se ele teria direito à remuneração, ou mesmo se essa remuneração seria integral.

Para casos como esse, adota-se, a fim de averiguar a correta indenização – ou mesmo para saber se haverá indenização –, o con-

---

16 "Art. 701. Não estipulada a remuneração devida ao comissário, será ela arbitrada segundo os usos correntes no lugar."

17 "Art. 703. Ainda que tenha dado motivo à dispensa, terá o comissário direito a ser remunerado pelos serviços úteis prestados ao comitente, ressalvado a este o direito de exigir daquele os prejuízos sofridos."

18 "Art. 705. Se o comissário for despedido sem justa causa, terá direito a ser remunerado pelos trabalhos prestados, bem como a ser ressarcido pelas perdas e danos resultantes de sua dispensa."

ceito da perda de uma chance. Por meio dele, aprecia-se, por probabilidade e seguindo um exercício racional, qual a chance que o comissário teria de completar a missão. Afere-se, por exemplo, se o comissário fatalmente conseguiria atingir o objetivo e qual o grau de dificuldade para tanto, ou, até mesmo, a análise da extrema complexidade em cumprir o objetivo estabelecido no contrato de comissão. Levando-se todos esses fatores em conta, chega-se, por arbitramento, a um percentual da remuneração pactuada, que pode variar da sua integralidade ou, até mesmo, a nada, caso se reconheça que jamais o fim da comissão seria atingido, por melhor e mais eficiente fosse a atuação do comissário.

retenção

O artigo 708 permite ao comissário não remunerado o direito de reter o objeto do negócio que realizou por conta do comitente[19].

A comissão, segundo a definição de lei, opera-se para a aquisição ou venda de um bem. O bem, portanto, pode ser retido até que o comissário receba a sua remuneração e o ressarcimento de suas despesas.

prestação de contas

Ao fim da relação, cabe ao comissário prestar contas ao comitente, elencando os custos incorridos e o que gastou em proveito do negócio. Segundo o artigo 706[20], salvo estipulação em contrário, são devidos juros: do comitente, pelas despesas adiantadas pelo comissário e deste se demorar a entregar os fundos que recebeu em prol do comitente – o que apenas ocorrerá se o resultado da missão for em dinheiro.

contrato consigo mesmo

Com razão, discute-se a situação de o comissário realizar o contrato consigo mesmo. Isso ocorrerá se o comissário, instruído pelo comitente a adquirir ou vender bens em proveito do comitente, contratar com ele mesmo: isto é, adquirir ou vender os bens em proveito do comitente. Nesse caso, o comissário seria o terceiro e, na prática, assinaria o negócio pelos dois lados interessados.

Como ressalva Orlando Gomes, não há vedação jurídica para essa conduta.[21] O artigo 117 do Código Civil diz ser anulável o contrato que o representante celebrar consigo próprio. Contudo, no caso da comissão, não há, como já se registrou, representação – e, logo, não incide o mencionado dispositivo legal.

19 "Art. 708. Para reembolso das despesas feitas, bem como para recebimento das comissões devidas, tem o comissário direito de retenção sobre os bens e valores em seu poder em virtude da comissão."

20 "Art. 706. O comitente e o comissário são obrigados a pagar juros um ao outro; o primeiro pelo que o comissário houver adiantado para cumprimento de suas ordens; e o segundo pela mora na entrega dos fundos que pertencerem ao comitente."

21 Orlando Gomes, *Contratos*, 26ª ed., Rio de Janeiro, Forense, 2008, p. 445.

Todavia, pode haver um conflito de interesse do comissário, que, então, abusa de sua posição. Assim, para que não haja dúvida da lisura da conduta do comissário, melhor, nessas situações, que exista uma autorização expressa do comitente, concordando com a celebração do negócio final com o próprio comissário.

Sem a autorização expressa, o comissário se sujeita a ter seus atos questionados, podendo-se dizer que sua omissão em informar ao comitente que realizaria negócios consigo mesmo é, por si só, uma falha nas obrigações decorrentes do contrato de comissão.

Agência e Distribuição

Imagine-se o dono de uma fábrica que produz biquínis de excelente qualidade. Ele deseja vender seus produtos numa determinada localidade, distante de sua fábrica, a fim de atingir a um número maior de consumidores. Contudo, esse desbravamento de mercado tem enorme risco – agravados para ele, que desconhece o local. Pois esse dono da fábrica encontra um comerciante que se dispõe a explorar o produto na área. O comerciante se compromete a desenvolver o produto e a vendê-lo no local, desde que colha algum proveito econômico dessa operação. Cada parte nesse acordo suporta determinados riscos – e recebe certas vantagens. O dono da fábrica não precisará arcar com os gastos de apresentar o produto à clientela (não terá que abrir uma loja, contratar empregados, entre outros encargos, por exemplo). O comerciante local não terá os custos da confecção do produto. Cada um atua dentro de sua expertise.

O nome desse contrato é agência e, numa versão mais especializada, distribuição.

Logo se vê as vantagens que esse negócio proporciona.[1]

Esses dois negócios são típicos do ramo comercial. Eis porque a inclusão deles na legislação civil, feita no Código de 2002, sofreu alguma crítica.

Inicialmente, esses contratos eram regidos pela Lei nº 4.886, de 9.12.1965, referente aos representantes comerciais. Essa lei segue em vigor, salvo quando conflitar com o Código Civil, como registra o artigo 721[2].

1 "Os contratos de distribuição são um dos principais instrumentos de que dispõe o empresário para viabilizar o escoamento de sua produção. De nada adiantam o bom preço e a excelente qualidade se o produto não chega às mãos do adquirente". (Paula Andréa Forgioni, *Contrato de Distribuição*, São Paulo, Ed. Revista dos Tribunais, 2005, p. 29).

2 "Art. 721. Aplicam-se ao contrato de agência e distribuição, no que couber, as regras concernentes ao mandato e à comissão e as constantes de lei especial."

Desde logo, contudo, pode-se fazer uma merecida crítica à lei de 1965, pois qualifica de "representante comercial" o agente e o distribuidor quando esses, do ponto de vista jurídico, não representam ninguém. Assim, fez bem o Código Civil em usar o conceito de agência.

O Código Civil trata, no mesmo capítulo, que engloba os artigos 710 a 721, os contratos de agência e distribuição. Mais do que semelhantes, na verdade, a distribuição consiste numa especialização da agência. Pode-se dizer, ainda, que, o contrato de distribuição ocorre se o contratado recebe mais poderes.

Na agência, uma pessoa (o agente) obriga-se por promover com habitualidade, em nome de seu contratante, a realização de "certos negócios" numa zona territorial determinada.

O mesmo ocorre na distribuição, com uma diferença, porém: na distribuição, o agente tem a posse da coisa, objeto de negociação. Associa-se a distribuição à atividade das concessionárias de automóveis.[3] De fato, trata-se de um bom exemplo. Nelas, o consumidor tem acesso direto ao produto que se pretende negociar. A obrigação do distribuidor consiste em apresentar da melhor forma o bem aos interessados na compra, consumidores em potencial, a fim de que a alienação se concretize.

A definição se encontra no artigo 710[4].

Em nenhum dos casos, há vínculo de dependência, de sorte que o agente ou o distribuidor não são empregados ou funcionários do contratante.

Não há, nesse contrato, uma relação de trabalho, mas apenas um interesse comercial. Agente e distribuidor, na acepção do Código Civil, não são empregados do contratante. Agente e distribuidor assumem riscos nessas operações, de forma distinta de um empregado – situação na qual todos os riscos e ganhos são do empregador. Nesses contratos há um objetivo comercial comum, sendo que cada uma das partes enfrenta riscos próprios, assim como colherá proveitos próprios. Se isso não ocorrer, estar-se-á diante de uma relação de emprego e outras normas irão reger a relação.

Embora não haja subordinação, por razões de ordem prática e para proteger a identidade do produto ou serviço oferecido, co-

---

3 Para essas, aliás, tamanha a importância e peculiaridade do ramo, há uma norma específica: a Lei nº 6.729, de 28.11.1979, conhecida como "Lei Ferrari", em homenagem a Renato Ferrari, advogado idealizador do texto legal.

4 "Art. 710. Pelo contrato de agência, uma pessoa assume, em caráter não eventual e sem vínculos de dependência, a obrigação de promover, à conta de outra, mediante retribuição, a realização de certos negócios, em zona determinada, caracterizando-se a distribuição quando o agente tiver à sua disposição a coisa a ser negociada."

mumente o agente e o distribuidor devem seguir a orientação do contratante.

Imagine-se a pessoa que é distribuidor de uma determinada marca de motocicletas numa região. O contratante, dono da marca, possui um padrão de exposição de suas motos. Natural que se acorde que o distribuidor observe esse padrão.

O agente ou o distribuidor não realizam uma revenda necessariamente. Eles em regra não adquirem a propriedade da coisa e a transferem. O agente apresenta o bem aos interessados e organiza a sua entrega quando há o interesse. O distribuidor, por sua vez, fica como depositário do bem e o entrega a terceiro. "*Em vez de atuar como vendedor, atua como mandatário do vendedor.*"[5] O agente e o distribuidor apenas preparam um negócio.

habitualidade

Fundamental para caracterizar esse negócio que exista a habitualidade. Não se cuida, pois, de um negócio esporádico. O próprio artigo 710, ao definir o conceito, menciona que a atividade não é eventual. Caso não haja essa habitualidade, estar-se-á apenas diante de um negócio esporádico, não se enquadrando na agência, que pressupõe uma relação continuada.

personalíssimo

Trata-se de um contrato personalíssimo, pois o contratante precisa ter a segurança de que o agente ou o distribuidor saberão promover seu produto. Não é difícil imaginar que um mal agente ou representante possam destruir a reputação de uma mercadoria. Assim, esse negócio se faz em função da pessoa. Se o agente ou o distribuidor forem pessoas físicas, a morte deles acarretará o fim da relação.

O agente e o distribuidor desbravam e desenvolvem um certo mercado. Eles fomentam a venda de um produto ou a prestação de um serviço. Criam um fundo de comércio. Eis porque é fundamental deixar bem delimitada a zona de incidência desse contrato, a fim de que o agente e distribuidor possam, com tranquilidade, promover todos os investimentos e gozar da certeza de que apenas eles negociarão com o produto naquela região.

delimitação da área

Com efeito, como haverá um esforço em desenvolver o produto na área especificada no contrato, o artigo 711 garante que, salvo estipulação em contrário, admite-se apenas um agente ou distribuidor por área[6].

Essa limitação acarreta consequências para os dois lados do contrato: o contratante não está autorizado a apontar mais de um

5 Carlos Roberto Gonçalves, *Direito Civil Brasileiro 3*, 7ª ed., São Paulo, Saraiva, 2010, p. 464.

6 "Art. 711. Salvo ajuste, o proponente não pode constituir, ao mesmo tempo, mais de um agente, na mesma zona, com idêntica incumbência; nem pode o agente assumir o encargo de nela tratar de negócios do mesmo gênero, à conta de outros proponentes."

agente ou distribuidor na mesma área, assim como não se permite que o agente e o distribuidor negociem produtos ou serviços concorrentes ao de quem lhes concedeu o negócio.

Idealmente, deve haver uma sinergia entre as partes, ambas interessadas em explorar, da melhor forma, a mercadoria no local delimitado. Portanto, não deve haver concorrência entre as partes. Esse conceito de exclusividade revela-se, portanto, essencial ao sucesso do fim comercial a que visa esse contrato. Logo se vê a importância da identificação de sua área de incidência.

Do ponto de vista comercial, isso faz todo o sentido. Tome-se o exemplo do comerciante que apresentou para o mercado de uma determinada localidade certa mercadoria. Com seu esforço e investimento, a mercadoria tornou-se um sucesso. Natural, então, que esse comerciante, contratado como agente, goze desse êxito e receba os dividendos de seu esforço e tino. De outra ponta, não seria correto que, diante desse êxito do produto, o contratante desejasse usufruir apenas para si as vantagens, esquecendo-se de quem correu os riscos do lançamento do bem ao consumo e foi responsável pelos bons resultados.

Portanto, como se vê, os contratos de agência e distribuição reclamam uma fidelidade entre as partes. O contratante não deve contar com outro agente ou distribuidor na área em que este atue, e, ao mesmo tempo, agente e distribuidor não devem oferecer à sua clientela produto ou serviço de concorrentes do contratante.

não formal

Não há, para a constituição desse contrato, a necessidade de maiores formalidades. A prova escrita, contudo, é utilíssima para compreender o escopo do negócio, inclusive a sua extensão. Muitas vezes, esse negócio se estabelece verbalmente e admite-se sua prova por diversas formas.

Evidentemente, o agente e o distribuidor devem atuar com toda diligência, registra o artigo 712[7]. Isso não retira a relativa autonomia de seus atos, que, para explorar o produto, podem valer-se de diversas estratégias comerciais.

Comumente, quem outorga esses poderes – para agente ou distribuidor – confere, ainda, o poder de representá-lo na conclusão dos negócios, como registra o parágrafo único do artigo 710[8]. Se isso não ocorrer, o distribuidor ou agente apenas prepara o negócio para que o agenciado o conclua.

7 "Art. 712. O agente, no desempenho que lhe foi cometido, deve agir com toda diligência, atendo-se às instruções recebidas do proponente."

8 Parágrafo único do artigo 710: "Parágrafo único. O proponente pode conferir poderes ao agente para que este o represente na conclusão dos contratos."

comissão

O agente ou distribuidor terá direito a uma remuneração pela sua atividade. Comumente, denomina-se essa contraprestação de comissão.

Segundo o artigo 714[9], é devida remuneração de negócio ocorrido na área, mesmo sem a intervenção do agente ou do distribuidor. Essa regra visa a proteger o agente e o distribuidor de alguém que "atravesse" uma venda do produto na área que eles têm exclusividade de comercializar.

As despesas com a exposição do produto, em regra, não serão repassadas pelo agente ou pelo distribuidor. Diz o artigo 713 que, salvo estipulação em contrário, essas custas correrão a cargo do agente ou do distribuidor[10]. Trata-se de um risco do negócio.

É dever do contratante da agência ou da distribuição respeitar as propostas de negócios recebidas pelo agente ou distribuidor. Se falhar, poderá responder pelos danos que causar, registra o artigo 715[11].

Aliás, o agente e o distribuidor terão como reclamar o dano sempre que o negócio deixar de se realizar por fato imputável ao contratante, registra o artigo 716[12]. Nisso se inclui a situação de o contratante desistir do negócio.

O mesmo dever de indenizar terá o contratante da agência ou distribuição se, por atividade sua, reduzir o negócio a ponto de torná-lo antieconômico.

Mesmo dispensado por justa causa, o agente ou o distribuidor terão direito à remuneração pelo que já realizaram, embora possam responder pelos danos causados, assegura o artigo 717[13].

De outro lado, de acordo com o artigo 718, se a dispensa ocorreu sem justa causa, o agente tem direito à remuneração, inclusive sob os negócios pendentes[14].

---

9 "Art. 714. Salvo ajuste, o agente ou distribuidor terá direito à remuneração correspondente aos negócios concluídos dentro de sua zona, ainda que sem a sua interferência."

10 "Art. 713. Salvo estipulação diversa, todas as despesas com a agência ou distribuição correm a cargo do agente ou distribuidor."

11 "Art. 715. O agente ou distribuidor tem direito à indenização se o proponente, sem justa causa, cessar o atendimento das propostas ou reduzi-lo tanto que se torna antieconômica a continuação do contrato."

12 "Art. 716. A remuneração será devida ao agente também quando o negócio deixar de ser realizado por fato imputável ao proponente."

13 "Art. 717. Ainda que dispensado por justa causa, terá o agente direito a ser remunerado pelos serviços úteis prestados ao proponente, sem embargo de haver este perdas e danos pelos prejuízos sofridos."

14 "Art. 718. Se a dispensa se der sem culpa do agente, terá ele direito à remuneração até então devida, inclusive sobre os negócios pendentes, além das indenizações previstas em lei especial."

A lei vai além no artigo 719[15]: se o agente ou distribuidor, por motivo de força maior, não puder mais seguir no trabalho, ele, ainda assim, terá direito a receber pelo que já realizou, estendendo-se aos seus herdeiros. A lei aqui, a rigor, fala o óbvio.

No que se refere à resilição desses contratos, o primeiro aspecto a se observar é se ele prevê um prazo determinado de sua duração ou se isso não foi estabelecido (o que pode ocorrer, também, se o prazo determinado inicialmente já expirou e a relação foi mantida, sem prazo fixo para seu término).

Caso haja um prazo previsto de duração, o fim da relação, antes do decurso do referido prazo, apenas se justifica se houver o inadimplemento de uma das partes, o que permitirá, inclusive, que a parte lesada reclame indenização pelos danos que sofrer.

Na hipótese de o contrato não estabelecer um prazo fixo de duração, qualquer das partes poderá encerrá-lo, oferecendo à outra aviso prévio, de 90 dias, desde que se tenha transcorrido prazo compatível com a natureza do negócio e o investimento despendido, como dispõe o artigo 720[16].

A rescisão do contrato não encerra, entretanto, o dever de o contratante remunerar o agente ou o distribuidor pelos negócios que eles prospectaram, além de outros danos, se houver. Assim, essa contraprestação atinge também os negócios pendentes, de sorte que o contratante permanece obrigado a pagar a retribuição que o contratado originou. Entender de forma distinta acarretaria o enriquecimento sem causa e funciona como um convite ao abuso.

destituição imotivada

Há um cuidado no tratamento da destituição imotivada, a fim de evitar um prejuízo indevido do agente ou distribuidor, com o proveito da aquisição pelo contratante, sem contraprestação, do fundo de comércio criado.

Não raro, o agente ou o distribuidor promove enormes investimentos para enaltecer a mercadoria do contratante. Cumpre avaliar, muitas vezes, o fato de que o próprio contratante estimulou esses investimentos, de sorte que a rescisão unilateral pode romper, indevidamente, com uma justa expectativa criada ao agente. Esses aspectos devem ser sopesados no momento de apurar a existência e o tamanho dessa eventual indenização.

---

15 "Art. 719. Se o agente não puder continuar o trabalho por motivo de força maior, terá direito à remuneração correspondente aos serviços realizados, cabendo esse direito aos herdeiros no caso de morte."

16 "Art. 720. Se o contrato for por tempo indeterminado, qualquer das partes poderá resolvê-lo, mediante aviso prévio de noventa dias, desde que transcorrido prazo compatível com a natureza e o vulto do investimento exigido do agente."

Da mesma forma, o tempo que durou a agência e a importância do contratado na divulgação do produto constituem elementos fundamentais para verificar uma justa reparação.

O mesmo conceito se aplica nos casos nos quais o contratante decide restringir o âmbito do contrato de agência ou distribuição. Digamos que o contratante pretenda diminuir a área de incidência desses contratos. Essa redução do escopo, da mesma forma que a rescisão completa, pode sujeitar o contratante a remunerar o agente ou distribuidor em reparação pelos investimentos eventualmente feitos e pelos negócios pendentes, granjeados pelo contratado.

Por outro lado, caso o agente ou o distribuidor tenha decidido, espontaneamente, promover vultosos investimentos no negócio, sem necessidade direta, mas apenas para a sua comodidade ou por uma aposta particular, o contratante não ficará obrigado a indenizar essas opções comerciais.[17]

17 Ver Paulo Nader, *Curso de Direito Civil, Contratos*, Vol. 3, 3ª ed., Rio de Janeiro, Forense, 2008, p. 340.

Corretagem

A corretagem é um negócio comercial típico. Uma pessoa contrata outra – o corretor – para que esta encontre um determinado negócio em benefício do contratante. Contudo, quem irá executar o negócio é o próprio contratante. A tarefa do corretor consiste apenas em encontrar a oportunidade.

Permita-se um exemplo ordinário: alguém deseja comprar um imóvel com determinadas características. Procura, então, um profissional que conheça o mercado – o corretor – e o instrui a encontrar esse bem. O corretor apresenta a quem o contratou opções de negócio, dentro das pretensões apresentadas. Idealmente, consegue-se celebrar o negócio e, por esse serviço, o corretor recebe uma remuneração.

A definição se encontra no artigo 722 do Código Civil[1]: uma pessoa, o corretor, se compromete a encontrar negócios em benefício de outra. Evidentemente, como consta da redação do dispositivo legal, para que se dê a corretagem, não poderá haver mandato, ou seja, o corretor não representa o seu cliente, nem possui com ele outro tipo de relação, como, por exemplo, empregatícia.

Diferentemente do que ocorre na comissão, o corretor não realiza o ato em proveito de quem o contratou. Cabe a ele apenas indicar os possíveis negócios, a fim de que o contratante o realize.

O nosso Código Civil passou a tratar desse contrato apenas em 2002, seguindo o que já faziam as leis da Alemanha e da Itália.

---

1 "Art. 722. Pelo contrato de corretagem, uma pessoa, não ligada a outra em virtude de mandato, de prestação de serviços ou por qualquer relação de dependência, obriga-se a obter para a segunda um ou mais negócios, conforme as instruções recebidas."

Antes, o tema era examinado pelo Código Comercial – o que fazia sentido diante da natureza desse negócio.

Diferente da intermediação – na qual uma pessoa une duas outras com vista a concretizar um negócio –, o corretor foi contratado por uma das partes (ele não é, portanto, imparcial). Assim, embora em ambos os casos haja uma aproximação, o corretor encontra-se a cargo de uma das partes que pretende negociar.

Isso não impede que o mesmo corretor atue para ambas as partes. Contudo, nesse caso, o corretor deve redobrar seu cuidado com a ética, a fim de não beneficiar um dos negociantes em detrimento de outro.

Nada há de errado se houver mais de um corretor atuando em benefício de uma das partes. Diz o artigo 728 que, se existir mais de um corretor, a eventual remuneração deles será dividida em partes iguais, salvo estipulação em contrário[2].

O corretor pode valer-se, para encontrar o negócio em proveito de quem o contratou, de diversos meios. No passado, a forma mais comum de se anunciar um interesse comercial era a imprensa escrita. O caderno de classificados dos jornais trazia um sem-fim de ofertas e de propostas, para os mais diversos negócios. Hoje, com a força das mídias digitais, é comum atingir interessados num universo muito mais amplo.

A missão dada ao corretor pode variar quase infinitamente. Admite-se que se contrate o corretor para encontrar os mais diferentes negócios, desde que, claro, sejam lícitos. Muito comumente, contrata-se um corretor para a compra ou venda de um ativo, mas também é comum procurar um corretor para fazer um seguro, encontrar um emprego ou mesmo achar quem esteja interessado em receber um serviço.

Caso, entretanto, a relação entre o contratante e o agente tornar-se habitual, pode haver uma alteração do tipo contratual, tanto para a agência ou mesmo para uma relação de emprego, dependendo do grau dessa habitualidade e da dependência econômica que se estabeleça entre as partes.

Vale, aqui, registrar que, de acordo com o inciso III do artigo 34 da Lei nº 8.906, de 4.7.1994, que dispõe sobre o Estatuto da Advocacia e a Ordem dos Advogados do Brasil, constitui infração disciplinar "valer-se de agenciador de causa, mediante participação nos honorários a receber". Portanto, nada há de mal em que uma pessoa indique

2 "Art. 728. Se o negócio se concluir com a intermediação de mais de um corretor, a remuneração será paga a todos em partes iguais, salvo ajuste em contrário."

um advogado para atuar em benefício de outra, porém é ilegal que quem indique reclame alguma forma de comissão.

A princípio, para atuar como corretor, não é necessário dispor de uma autorização específica. Todavia, para algumas atividades determinadas, exige-se que o corretor possua um reconhecimento oficial. Isso vai ocorrer, por exemplo, com corretores de valores mobiliários (Leis nºs 6.385, 7.12.76 e 6.404, de 15.12.1976); corretor de seguro (Lei nº 4.594, de 29.12.1964) e corretor de imóveis (Lei nº 6.530, de 12.5.1978).

obrigação de meio

Cuida-se de uma obrigação de meio, porém a remuneração é devida apenas se o negócio final se realiza. Cabe ao corretor empregar seus melhores esforços, a fim de que o negócio desejado por quem o contratou se concretize.

Como obrigação de meio, compete ao corretor, segundo o artigo 723[3], prestar todas as informações acerca dos possíveis negócios ao seu cliente. Há, pois, um dever de lealdade positivado. Caberá ao consultor, dentro do razoável, oferecer a quem o contratou todas as informações necessárias acerca do negócio prospectado.

Não raro, o corretor é pessoa com experiência no ramo, procurado exatamente para dar conselhos ao seu cliente, o que aumenta seu dever de oferecer esclarecimentos, até mesmo pela confiança que nele se deposita.

Caso o corretor falhe nessa obrigação de pleno esclarecimento, deixando de fornecer elementos que seriam importantes para que quem o contratou avaliasse adequadamente o negócio, ele responderá por perdas e danos.

Outra falha que pode tornar inadimplente o corretor se relaciona à omissão e ao desinteresse. Caso, imagine-se, se entregue a um corretor a incumbência de encontrar um comprador para determinado bem e este não promova nenhuma atividade para esse fim, haverá, claro, uma falha na obrigação.

Embora seja uma obrigação de meio, a remuneração do corretor apenas se faz devida se o negócio por ele prospectado se concretizar. Há, portanto, uma certa álea para o corretor, que fica com o risco de nada receber se o negócio não se ultimar. O corretor pode dedicar-se ao negócio, gastando tempo, energia e, até mesmo, recursos, mas, se não conseguir que se acerte a operação que ele apresentou, nada receberá. Nisso consiste o risco de sua atividade.

desistência imotivada

Entretanto, será devida a remuneração se houver uma desistência imotivada do cliente. Nessa linha, o artigo 725 prevê que a

3 "Art. 723. O corretor é obrigado a executar a mediação com diligência e prudência, e a prestar ao cliente, espontaneamente, todas as informações sobre o andamento do negócio."

remuneração se faz devida com a finalização do negócio indicado ou, alternativamente, se o contratante desistiu imotivadamente[4].

Nessa segunda parte do dispositivo legal, busca-se atingir a um conceito de justiça, pois não seria correto que o corretor não recebesse seus honorários uma vez que cumpriu perfeitamente sua obrigação – e o negócio apenas não se efetivou por vontade do contratante.

Imagine-se a situação da pessoa que contrata o corretor para comprar um determinado barco, por um preço identificado. Pois nesse exemplo o corretor, cumprindo seu dever, encontrou esse bem, seguindo precisamente as orientações dadas por quem o contratou. Caso o contratante, sem motivos, desista da operação, deverá, de toda forma, arcar com os honorários de corretagem.

Há quem sustente que esse contrato tem uma natureza de acessoriedade ou preparatório. Essa, entretanto, não parece ser a mais apropriada classificação. Isso porque mesmo que o outro negócio não se aperfeiçoe – como se dá, por exemplo, pela desistência do contratante, consoante acabou de se explicar –, a corretagem segue válida e eficaz.

De toda forma, caso se verifique ulteriormente que o negócio apresentado pelo corretor se encontrava maculado por algum vício que impediu que gerasse efeitos, ou tenha sido retirada a sua validade, o corretor perderá a sua remuneração.

Não obstante essa possibilidade de o corretor ter sua remuneração atrelada ao sucesso do negócio que ele apresentou, não há dúvida de que se trata de um contrato oneroso.

ética

Cabe ao corretor guardar estreito compromisso ético com quem o contratou. Do ponto de vista econômico, o interesse do contratante e do corretor podem não estar sempre em sintonia. No trabalho de economia *Freakonomics*, de Steven D. Levitt e Stephen J. Dubner, registra-se a situação do corretor que recebe uma proposta para compra do bem a ele entregue.[5] Essa proposta não é a melhor, mas tampouco se revela desprezível. Segundo os economistas, o corretor não tem interesse econômico em buscar uma outra oferta superior, porque o tempo e a energia que gastaria não compensa o valor de sua comissão pela outra proposta eventual, ainda que melhor. Segundo os autores do livro, por meio de pesquisas feitas, a venda feita pelo dono normalmente tem resultados mais favoráveis exatamente por-

4 "Art. 725. A remuneração é devida ao corretor uma vez que tenha conseguido o resultado previsto no contrato de mediação, ou ainda que este não se efetive em virtude de arrependimento das partes."

5 Steven D. Levitt e Stephen J. Dubner, *Freakonomics*, 7ª ed., Rio de Janeiro, Elsevier, 2005, p. 10 e 11.

que ele não aliena o bem na primeira oferta, como normalmente vai ocorrer quando corretores estão à frente da negociação.

Logo se vê que esse contrato exige do corretor muita lealdade e ética, devendo colocar sempre o interesse de quem o contratou acima do seu.

remuneração

Normalmente, as partes ajustam, previamente, qual será a remuneração devida ao corretor no caso de o contratante concretizar o negócio apresentado. Ocorre, com alguma frequência, de se convencionar que a remuneração do corretor será feita pela outra parte no negócio que ele indicar.

Na hipótese, todavia, de a remuneração não ter sido fixada previamente, será arbitrada segundo os costumes do local, dispõe o artigo 724[6].

forma

A corretagem não é um negócio formal, admitindo-se a sua estipulação verbal. Essa falta de formalidade acaba por originar a discussão acerca do montante devido pela corretagem, tema que seria solucionado mais facilmente se as partes tivessem, por escrito, estabelecido o valor dos honorários.

falta de intervenção do corretor

O Código Civil cuidou da situação na qual uma pessoa, que tenha contratado o corretor, venha a realizar o negócio, sem qualquer intervenção deste. Nesse caso, de a operação ter-se realizado sem qualquer ajuda do corretor, nada lhe será devido, registra o artigo 726[7]. Imagine-se a hipótese de uma pessoa ter contratado outra para vender seu cavalo. Depois disso, contudo, um parente do contratante, que nunca teve qualquer acesso ao corretor, manifesta o interesse em adquirir o animal, o que é feito sem nenhum tipo de contribuição de terceiro. Nada, aqui, é devido ao corretor.

Entretanto, pode o corretor e quem o contratou terem firmado, por escrito, um contrato de corretagem, por meio do qual se ajustou a exclusividade do corretor. Neste caso, o corretor poderá reclamar a integralidade da taxa de corretagem, se o negócio for realizado, mesmo que sem a sua intermediação.

O contratante, contudo, mesmo na ressalva acima – referente à hipótese de exclusividade –, poderá eximir-se desse pagamento se comprovar que o corretor foi inerte ou ocioso.

---

6 "Art. 724. A remuneração do corretor, se não estiver fixada em lei, nem ajustada entre as partes, será arbitrada segundo a natureza do negócio e os usos locais."

7 "Art. 726. Iniciado e concluído o negócio diretamente entre as partes, nenhuma remuneração será devida ao corretor; mas se, por escrito, for ajustada a corretagem com exclusividade, terá o corretor direito à remuneração integral, ainda que realizado o negócio sem a sua mediação, salvo se comprovada sua inércia ou ociosidade."

A lógica da lei é singela: quando se firma a exclusividade com o corretor, este adota, em regra, uma série de meios para dar publicidade ao negócio e majorar as chances de cumprir a sua missão. Razoável que receba a comissão porque, afinal, teve um esforço. Essa *ratio* desaparece, a justificar a segunda parte do artigo 726, caso se comprove que o corretor não desenvolveu qualquer esforço.

O artigo 727 examina outra hipótese corriqueira[8]. Cuida-se do caso de o corretor ser destituído, mas, depois disso, o negócio por ele apresentado vir a se concretizar. Como foi o corretor quem apresentou aquela oportunidade, ele terá direito à remuneração.

Também fará jus à taxa de corretagem se o negócio ocorrer depois de terminado o prazo contratual da corretagem, porém se demonstre que ele apenas ocorreu em decorrência da atuação do corretor. O objetivo da regra é a de premiar o esforço.

8 "Art. 727. Se, por não haver prazo determinado, o dono do negócio dispensar o corretor, e o negócio se realizar posteriormente, como fruto da sua mediação, a corretagem lhe será devida; igual solução se adotará se o negócio se realizar após a decorrência do prazo contratual, mas por efeito dos trabalhos do corretor."

Transporte

Em um seriado de TV de enorme sucesso nos anos 60, *Jornada nas Estrelas*, os personagens, que viviam, num futuro distante, desbravando o universo numa espaçonave, valiam-se de um "teletransportador". Por meio dele, os astronautas eram desintegrados no local de partida e imediatamente integrados em seu destino. Em átimos de segundos, eram levados para onde queriam. O caminho era irrelevante e desprezível. Não havia importância ou esforço no ato de transportar. Um dia, quem sabe, a humanidade atingirá essa tecnologia. Antes disso, contudo, o transporte ainda tem uma enorme relevância econômica e social, tanto assim que merece um cuidado especial do Direito.

Não havia nada semelhante ao contrato de transporte na antiguidade clássica. Evidentemente, as pessoas iam de um lugar para outro, mas isso era uma atividade particular, muitas vezes ocasional. Não se tratava de um fenômeno comum, de massa, como se transformou nos nossos dias.

Evidentemente, na Roma antiga e na Idade Média, uma pessoa certamente carregou outra ou um bem de um lugar para outro, mediante remuneração, mas isso não chegou a ser importante socialmente, a ponto de despertar o interesse do Estado em regulamentar a atividade. O Direito Romano, apesar de sua profundidade e detalhamento, não previu o contrato de transporte. Já na Idade Média, relata o historiador Ian Mortimer, as pessoas tinham receio de deixar suas propriedades porque estas poderiam ser invadidas. "*Como consequência disso, em 1001, pessoas comuns não faziam longas viagens.*"[1]

1 Ian Mortimer, *Séculos de Transformações*, Rio de Janeiro, Difel, 2018, p. 25.

Esse tipo de negócio passa a ganhar relevo, historicamente, na época das grandes navegações, no começo da Idade Moderna, quando se verificou a importância econômica do comércio marítimo. As naus que vinham apinhadas de especiarias das Índias traziam lucros fabulosos aos transportadores. Também havia aqueles que desejavam estabelecer-se no mundo novo, mas deviam contratar alguém que se dispusesse a cruzar o oceano, com a segurança possível.

Com o tempo, as cidades cresceram. As pessoas deixaram de viver a uma distância pequena de seus trabalhos, de onde estudavam, dos seus locais de interesse. Surgiram a carruagem, o trem, o automóvel, o metrô, o avião. Transportadores que poderiam levar as pessoas rapidamente de um lugar ao outro.

Em uma sociedade de consumo, os produtos são levados para perto de quem pode adquiri-los. Em um supermercado, o consumidor encontra uma infinidade de mercadorias, todas expostas para sua comodidade. Evidentemente, essas mercadorias chegaram até ali, por vezes vindas de países distantes, por meio de alguém que as transportou. Sem o transporte, teríamos que buscar o queijo na fazenda, o vinho na vinícola e o pão na padaria. O desenvolvimento dos transportes, portanto, permitiu o desenvolvimento de grandes centros urbanos.

Logo se vê como o transporte é fundamental e comum.

Do ponto de vista de sua roupagem jurídica, originalmente o transporte era considerado um tipo de empreitada. Aos poucos, aperfeiçoou-se até ganhar contornos próprios.

Esse contrato não era, contudo, regulado no Código Civil de 1916 – que, aliás, não trazia um só dispositivo tratando desse negócio. Apenas na Lei de 2002 o transporte ganhou, merecidamente, um capítulo próprio.

Afinal, há um interesse público na regulamentação do transporte. Trata-se de um contrato com enorme impacto social. Como se sabe, grande parte da população utiliza do transporte público ou privado para chegar ao seu destino. Seja por razões privadas, mas, principalmente, para fins comerciais, para enviar uma mercadoria de um lugar ao outro, contrata-se o transporte.

O transporte pode ser aeronáutico, terrestre (rodoviário e ferroviário) e aquático (marítimo, fluvial e lacustre). Assim, não importa se pelo mar, pelo ar ou por terra.

serviço público

O transporte caracteriza, muitas vezes, um serviço público. Nesse contexto, o Estado fiscaliza, diante do interesse público, esse contrato em diversas situações. Isso ocorre, também, porque, de acordo com o artigo 175 da Constituição Federal, se a prestação de serviço público for feita por particulares, essa concessão ou permissão deve ser precedida de processo de licitação, a fim de apurar a melhor oferta (excepcionalmente, pode haver uma autorização, referida no artigo 21, XII, da Constituição, que é um ato discricionário da Administração, em regra, em caráter precário)[2].

Nos trens e nos transportes aquaviários nos quais haja transportes que "transponham os limites do Estado ou do Território", a competência para outorgar a concessão é exclusiva da União, consoante o artigo 21, XII, "*d*" e "*e*" da Constituição Federal. No transporte aéreo, ocorre o mesmo.

No transporte coletivo urbano, por sua vez, a competência para legislar pertence aos Municípios, conforme estabelece o artigo 30, V, da Constituição Federal. Os Estados ficam com a competência para regular o transporte intermunicipal.

Assim, embora seja um serviço público, a sua execução é entregue à iniciativa privada, que promove essa exploração por meio de autorização, permissão ou concessão.

Segundo o artigo 731[3], as concessões, autorizações e permissões são regidas por normas regulamentares, mas também pelo Código Civil.

tratados internacionais

Como o transporte pode ocorrer entre diversos países – isto é, haver países distintos entre o ponto de partida e o de chegada –, ou mesmo ser a transportadora estrangeira, comumente aplicam-se tratados internacionais para reger a matéria, evitando discussões acerca da lei aplicável. Aliás, o próprio artigo 732 do Código Civil ressalva que os tratados internacionais se aplicam, desde que não contrariem os dispositivos do Código[4].

Os tratados internacionais têm incidência, principalmente, nos transportes marítimos e aéreos. Há muito se entendia que os limites de indenização presentes nas convenções que tratam do tema, nota-

2 Pela autorização, o Poder Público, de forma discricionária, permite que um particular realize uma atividade – e mesmo use um bem público – para atender a uma situação emergencial. Na permissão, o Estado celebra um contrato com o particular para que este exerça um serviço de interesse coletivo. O Estado regula e controla a atividade, tudo a fim de garantir que o serviço seja oferecido a contento. O transporte é normalmente objeto de permissão. Por fim, na concessão, transfere-se ao particular um serviço que caberia ao Poder Público – diferentemente do que ocorre na autorização, essa transferência não se dá de forma precária.

3 "Art. 731. O transporte exercido em virtude de autorização, permissão ou concessão, rege-se pelas normas regulamentares e pelo que for estabelecido naqueles atos, sem prejuízo do disposto neste Código."

4 "Art. 732. Aos contratos de transporte, em geral, são aplicáveis, quando couber, desde que não contrariem as disposições deste Código, os preceitos constantes da legislação especial e de tratados e convenções internacionais."

damente as Convenções de Varsóvia e Montreal, não sobreviviam ao estipulado no Código do Consumidor, que preservou a plena reparação, aplicável se o transportado for consumidor, tal como ocorre na avassaladora maioria dos casos.

relação de consumo

De fato, muitas vezes, haverá nesses contratos uma relação de consumo, nos quais se aplicam os princípios e as regras da Lei nº 8.078, de 11.9.90, o conhecido Código do Consumidor. Se o transporte for um serviço público, tal como comumente ocorre, incide o artigo 22 da Lei do Consumidor, segundo o qual o consumidor tem direito a exigir que o serviço seja adequado, eficiente e seguro.[5]

Entretanto, a despeito do consolidado entendimento sobre a matéria, o Supremo Tribunal Federal, em maio de 2017, relativizou a aplicação do Código do Consumidor para conferir maior força normativa às normas internacionais, quando o prestador do serviço for uma companhia aérea internacional.[6]

No julgamento, os ministros do STF, por maioria, decidiram limitar as indenizações a que foram condenadas as empresas aéreas internacionais nos termos das Convenções de Varsóvia e Montreal, deixando de aplicar, assim, as regras do Código do Consumidor para estabelecer o valor das indenizações a serem pagas aos passageiros. Essa restrição, contudo, aplica-se apenas às indenizações por danos materiais, e não aos danos morais.

O prazo prescricional também foi adaptado aos parâmetros da Convenção de Montreal, que é de dois anos, e não do CDC, cuja prescrição é quinquenal.

Eis, portanto, a tese consagrada pelo STF: "*por força do artigo 178 da Constituição Federal, as normas e tratados internacionais limitadoras da responsabilidade das transportadoras aéreas de passageiros, especialmente as Convenções de Varsóvia e Montreal, têm prevalência em relação ao Código de Defesa do Consumidor*". O artigo 178 da CF, por sua vez, determina que "*a lei disporá sobre a ordenação dos transportes aéreo, aquático e terrestre, devendo, quanto à ordenação do transporte internacional, observar os acordos firmados pela União, atendido o princípio da reciprocidade*"[7].

5 Isso advém do fato de que, na maior parte das vezes, o consumidor simplesmente paga pelo bilhete para, em troca, poder utilizar o serviço de transporte coletivo. Ou seja, no cotidiano, não se negocia o contrato de transporte, de modo que a parte somente adere aos termos do fornecedor, motivo pelo qual dá-se a esse tipo de contrato de massa o nome de "contrato de adesão".

6 Ver RE 636.331, Rel. Min. Gilmar Mendes, Pleno, j. 25.5.17, DJE 26.5.17 e Agravo em RE 766.618, Rel. Min. Luís Roberto Barroso, STF, j. 25.5.17, DJE 13.11.17.

7 Ficaram vencidos os ministros Marco Aurélio Mello e Celso de Mello. Para o Ministro Marco Aurélio, o fato de haver uma relação de consumo implicaria a inafastabilidade do Código de Defesa do Consumidor.

Inobstante os conflitos entre as leis nacional e internacional, o Código Civil andou muito bem ao tratar desse contrato, o que não ocorria no Código anterior. Antes do advento do Código de 2002, a matéria se encontrava dispersa e, mais ainda, deficiente, pois muitos aspectos não recebiam qualquer tratamento. Coube à jurisprudência um papel relevantíssimo de desenvolvimento do tema.

A explicação dessa lacuna em grande parte reside no fato, antes referido, de que apenas mais recentemente, do ponto de vista histórico, deu-se o desenvolvimento do transporte, que, principalmente a partir do século XX, passou a ser um negócio constante e comum na vida de quase todos os habitantes do planeta.

tipos de contrato de transporte

Como adiante veremos em detalhe, há dois tipos de contratos de transporte: os de pessoa e os de coisa. O Código Civil primeiro apresenta regras gerais sobre esse negócio e, em seguida, cuida isoladamente do transporte de pessoas para, finalmente, apresentar as regras específicas do transporte de coisas.

sujeitos

Os sujeitos dos contratos de transporte de pessoa são o transportador e os passageiros. Nos contratos de transporte de coisa, os sujeitos são o transportador, o contratante (que pode ou não ser o dono da carga) e há uma terceira figura, o destinatário ou consignatário.

O consignatário – a pessoa a quem a mercadoria é destinada –, em regra, não é parte do negócio, mas pode ter deveres e direitos.

definiçãoA definição do contrato se encontra no artigo 730[8]: uma pessoa se compromete a transportar pessoas ou coisas, de um lugar para outro, mediante contraprestação. O objeto, portanto, é uma obrigação de fazer consistente no traslado.

Esse transporte deve ser feito de modo seguro, pontual e confortável. Assim, trata-se de uma obrigação de resultado, consistente nesse traslado seguro do ponto de partida ao destino. Fala-se em cláusula de incolumidade. Se a pessoa ou a coisa transportada não chega ao destino incólume, o transportador encontra-se inadimplente, ainda que tenha adotado todos os cuidados na prestação do serviço.

Como o próprio artigo 730 identifica, trata-se de um contrato consensual e oneroso, pois a obrigação de realizar o transporte corresponde à de pagar a retribuição – passagem ou frete –, embora haja quem defenda a natureza real desse negócio.

Esse negócio se aperfeiçoa entre o transportador e, no caso do transporte de pessoas, aquele que será transportado (também cha-

8 "Art. 730. Pelo contrato de transporte alguém se obriga, mediante retribuição, a transportar, de um lugar para outro, pessoas ou coisas."

mado de passageiro) ou, no transporte de coisas, a pessoa que contrata esse transporte – não será necessariamente o proprietário do bem.

Não se trata de um contrato solene. Ao contrário, muitas vezes sua celebração se aperfeiçoa verbalmente, ou mesmo por um ato singelo – como, por exemplo, entrar em um ônibus, pois isso já representa a adesão ao contrato de transporte oferecido pela empresa que explora o ônibus.

charter

O contrato de transporte não se confunde com o "*charter*" ou afretamento. Neste, contrata-se o meio de transporte, como um avião ou um ônibus. O destino será decidido pelo contratante. No afretamento há, melhor analisando, apenas o aluguel de um meio de transporte, com a transferência de sua posse ao afretador. A situação é inconfundível com o contrato de transporte.

transporte cumulativo

O artigo 733 examina o transporte cumulativo[9]. Essa situação vai ocorrer nos casos nos quais se empregará, para deixar o ponto de partida e chegar ao destino, mais de um transportador, por vezes até mesmo mais de um meio de transporte.

No famoso livro *Volta ao Mundo em 80 dias*, de Julio Verne, o culto e aristocrata inglês Phileas Fogg aposta que daria a volta ao mundo nesse período de 80 dias – o que seria extraordinário, pois o livro é de 1873. A partir daí, cruza o continente europeu, o Egito, Índia, Japão, os Estados Unidos, até voltar à Inglaterra – onde conseguiu cumprir o prazo com a ajuda do fuso horário. Para essa longa jornada, usou barcos, trens, balões, carruagens e, até mesmo, elefantes. O transporte foi cumulativo.

Ainda hoje, caso se deseje enviar, por exemplo, um livro pelo correio para Madri, o transportador usará mais de um meio de transporte – ao menos o avião e um carro, o que pode ser desempenhado por transportadores diferentes.

No transporte cumulativo, o contratante celebra apenas um contrato, embora haja a atuação de mais de uma transportadora. Situação diferente ocorrerá no transporte sucessivo, em que, embora também mais de uma transportadora efetuará a atividade de traslado, o contratante firmará contratos distintos com cada uma delas, restando clara a responsabilidade de cada uma.

No transporte cumulativo, existe uma unidade de relação contratual entre os vários transportadores. Perante o contratante, responde quem contratou, pois, afinal, trata-se de uma obrigação de resultado. Se contratou em grupo, todos os transportadores, perante

9 "Art. 733. Nos contratos de transporte cumulativo, cada transportador se obriga a cumprir o contrato relativamente ao respectivo percurso, respondendo pelos danos nele causados a pessoas e coisas."

o contratante, respondem solidariamente, na forma dos artigos 275 a 285 do Código Civil. Contudo, entre eles, afere-se a responsabilidade individual, de acordo com o trecho. Aquele que der causa ao atraso ou não promover adequadamente o serviço, e isso afetar os demais trechos, responderá pelo dano que gerar.

Embora o *caput* não fale em responsabilidade solidária de todos os transportadores de diferentes trechos, o parágrafo segundo do referido artigo 733 deixa clara a ideia de que existe essa responsabilidade[10].

De fato, o mencionado parágrafo diz que se algum dos transportadores for substituído, "*a responsabilidade solidária estender-se-á ao substituto*". Ora, se a solidariedade será estendida, significa que havia solidariedade. Pode-se, contudo, interpretar que essa solidariedade existe apenas entre o substituto e o substituído.

A rigor, na elaboração do Código, o termo "solidariedade" foi suprimido da redação do artigo 733, o que poderia fundamentar o argumento de que o legislador quis afastar essa situação. Portanto, justifica-se alguma perplexidade acerca do tema. Na verdade, essa discussão caberá apenas no transporte de pessoas. Isso porque no transporte de carga, a existência da solidariedade entre os diferentes transportadores resta claríssima pela redação do artigo 756[11].

Entretanto, a resposta, favorável à interpretação de que no caso haveria solidariedade passiva, poderia ser encontrada também na legislação consumerista, naqueles muitos casos nos quais o contrato de transporte acarretar uma relação de consumo. Afinal, todos os prestadores de serviço, se contratados em conjunto, respondem solidariamente ao consumidor.

Imagine-se a pessoa que adquiriu uma passagem de São Paulo para Israel, na qual faria inicialmente um voo até Roma com uma companhia e, depois, de Roma a Tel Aviv, com outra. O passageiro contratou diretamente com a primeira empresa. Todavia, se, por exemplo, o atraso no voo ou o "*overbooking*" (a desgraçada prática de se vender mais passagens do que assentos na aeronave e deixar, por consequência, alguns passageiros impossibilitados de embarcar) se deu com a segunda companhia, o passageiro poderá reclamar da primeira companhia a totalidade dos danos que experimentou, por conta da solidariedade dos prestadores de serviço.

10 Parágrafo 2º do artigo 733: "§ 2º Se houver substituição de algum dos transportadores no decorrer do percurso, a responsabilidade solidária estender-se-á ao substituto."

11 "Art. 756. No caso de transporte cumulativo, todos os transportadores respondem solidariamente pelo dano causado perante o remetente, ressalvada a apuração final da responsabilidade entre eles, de modo que o ressarcimento recaia, por inteiro, ou proporcionalmente, naquele ou naqueles em cujo percurso houver ocorrido o dano."

De toda sorte, o dano decorrente do atraso deve ser aferido levando-se em conta a totalidade do percurso, ressalva o parágrafo primeiro do artigo 733 do Código Civil[12]. Evidentemente, vale aferir, no geral, qual foi o efetivo atraso sofrido pelo passageiro ou pela carga, pois assim se mede o real dano.

Após introduzir o contrato de transporte, o Código Civil trata das duas espécies desse negócio: os transportes de pessoas e de coisas, cada qual com as suas peculiaridades.

Transporte de pessoas

O transporte de pessoa faz parte do dia-a-dia da maior parte da humanidade, que se vale desse serviço para se deslocar de um lugar ao outro.

O primeiro dispositivo que trata dele na Lei, o artigo 734[13], informa que o transportador responde pelos danos causados à pessoa transportada e às bagagens desta. Assim, estabelece-se, de pronto, a responsabilidade do transportador. Se houver um prejuízo ao passageiro, por conta do atraso ou de algum incômodo relevante, o transportador deverá indenizá-lo.

Cumpre salientar também que a responsabilidade civil do transportador em relação ao transporte de pessoas, desde o Decreto n. 2.681 de 7.12.1912, dispensa a verificação de culpa. Basta demonstrar o nexo causal entre a atividade e o dano.

A lei excepciona essa regra de responsabilidade objetiva apenas se o dano tiver ocorrido por motivo de força maior.

Caso fortuito e força maior são, como se sabe, excludentes da responsabilidade, consoante a regra do art. 393 do Código Civil. O devedor, diante dessas situações imprevistas e inevitáveis, não responde pelos prejuízos que eventualmente sofra o credor de uma obrigação.

Caso fortuito e força maior podem ser tratados, indistintamente, como fatos cujos efeitos não se poderia evitar. Há quem distinga os dois, relacionando o caso fortuito a um fato cuja origem é uma ação humana, como uma greve ou guerra, enquanto a força maior ocorreria num evento da natureza, um "*act of God*", como uma enchente ou forte tempestade. De uma forma ou de outra, esse fato, humano ou divino, impediria que a obrigação fosse cumprida, sem que se pudesse imputar culpa a ninguém.

---

12 Parágrafo 1º do artigo 733: "§ 1º O dano, resultante do atraso ou da interrupção da viagem, será determinado em razão da totalidade do percurso."

13 "Art. 734. O transportador responde pelos danos causados às pessoas transportadas e suas bagagens, salvo motivo de força maior, sendo nula qualquer cláusula excludente da responsabilidade."

Visto de uma forma mais técnica, esse fato tornaria impossível o cumprimento da prestação pactuada pelo devedor e, por conta disso, ele quedaria isento de responsabilidade.

A lei, no artigo 734, não fala em caso fortuito, apenas mencionando a força maior, talvez para indicar que não excluem os fatos que derivem da atuação humana.

De toda sorte, o certo é que, também no contrato de transporte, assim como nas demais situações nas quais se depare com esses fatos de consequências inevitáveis, a responsabilidade do transportador, pelos danos sofridos pelo passageiro, fica afastada.

fortuito interno e fortuito externo

Entretanto, evoluiu-se, em toda a doutrina e jurisprudência que cuida das relações de consumo, para promover uma distinção entre o fortuito interno e o externo, para que apenas no segundo caso – fortuito externo – exista, efetivamente, uma excludente da responsabilidade.

Em ambos os fortuitos a situação é extraordinária, cujos efeitos não se poderiam evitar, mas no fortuito interno o fato integra o risco da atividade da transportadora. No caso dos contratos de transporte, esse fortuito seria, por exemplo, o pneu que estourou ou o buraco na pista. São todos fatos inevitáveis, mas que ocorrem durante a execução da atividade do devedor e decorre de fato natural dessa atividade.

No fortuito externo, por sua vez, o fato é totalmente estranho à atividade desempenhada pelo devedor. O fortuito externo, no contrato de transporte, seria, por exemplo, um alagamento, que impediu o tráfego na via, ou uma passeata que fechou o acesso ao destino. Assim, pode-se dizer que o interno se relaciona aos riscos inerentes à atividade do devedor.

Apenas nos casos de fortuito externo, entende-se, a responsabilidade do transportador estaria eximida.

O Superior Tribunal de Justiça já julgou no sentido de que o assalto em transporte coletivo seria fortuito externo, a ponto de excluir a responsabilidade do transportador:

> "Embargos de declaração nos embargos de declaração no agravo regimental no agravo em recurso especial. Omissão. Suprimento. Caráter infringente. Possibilidade. Excepcionalidade. Intempestividade afastada. Assalto à mão armada. Coletivo. Caso fortuito. Responsabilidade da transportadora afastada. 1. Admite-se, excepcionalmente, que os embargos, ordinariamente integrativos, tenham efeitos infringentes desde que constatada a presença de um dos vícios do artigo 535 do Código de Processo Civil/1973, cuja correção importe alterar a conclusão do julgado. 2. Intempestividade do

> recurso superada com a efetiva análise do recurso especial. 3. A jurisprudência consolidada neste Tribunal Superior é no sentido de que o assalto à mão armada dentro de coletivo constitui fortuito a afastar a responsabilidade da empresa transportadora pelo evento danoso daí decorrente para o passageiro. 4. Embargos de declaração acolhidos com efeitos infringentes para superar a intempestividade e conhecer do agravo para dar provimento ao recurso especial." (STJ, EDcl nos EDcl no AgRg no AREsp 418.176/PE, Rel. Ministro Ricardo Villas Bôas Cueva, Terceira Turma, DJe 01.06.2016)

Evidentemente, se o assalto é frequente, pode-se defender que deixaria de haver um fortuito, em função da previsibilidade do evento. Entretanto, mais importante do que a falta de previsibilidade é a impossibilidade de evitar a situação. Assim, se o transportador tomou os cuidados para evitar o crime, mas, ainda assim, ele ocorreu, parece correto admitir a exclusão do dever de reparar.

A jurisprudência também não reconhece como possível reclamar do Estado eventual reparação por danos ocorrido em assalto no coletivo ante a sua omissão em zelar pela segurança pública, porquanto "os danos causados por conduta omissiva do ente público só podem ensejar o dever de indenizar se provada a omissão específica", ou seja, no caso, por exemplo, de haver um policial no coletivo e este permanecer inerte:

> "Processual civil e administrativo. Recurso de agravo. Ação de indenização. Latrocínio em ônibus coletivo de linha intermunicipal. Responsabilidade civil do estado. Ato omissivo do poder público. Falta do serviço. Culpa e nexo de causalidade não comprovados. Recurso improvido de forma unânime. (...) 3.A responsabilidade civil do Estado por ato omissivo é subjetiva e depende da verificação de uma modalidade de culpa especial da Administração, chamada de culpa administrativa, que, nos casos de danos decorrentes de omissão do Poder Público não precisa ser individualizada, isto é, não se faz mister provar a negligência, imprudência ou imperícia de um agente público determinado, sendo necessária tão somente a demonstração de que o aludido dano derivou da "falta do serviço" que o Estado deveria ter prestado.
>
> 4. No caso em concreto, não há como caracterizar a conduta omissiva do Estado, que, em se tratando de segurança pública, tem o dever de agir preventivamente e repressivamente. Para que houvesse a efetiva inibição da ação de assaltantes no transporte coletivo de passageiros deveria haver ao menos um policial por veículo, o que, na prática, seria impossível.

> Por outro lado, de acordo com o conjunto probatório que lastreia os autos, a ação repressiva do Estado ocorreu de forma imediata, inclusive com a utilização de helicóptero da polícia na perseguição e captura dos suspeitos. 5.Como dito, a responsabilidade civil do Estado por omissão, quando a causa de pedir da ação de reparação de danos assenta-se no *faute du service publique*, é subjetiva, uma vez que a ilicitude no comportamento omissivo é aferido sob a hipótese de o Estado deixar de agir na forma da lei e como ela determina, o que, de fato, não ocorreu. Ou seja, se o Estado não agiu, não pode ser ele o autor do dano. Se não foi o autor, cabe responsabilizá-lo apenas na hipótese de estar obrigado a impedir o evento lesivo, sob pena de convertê-lo em "segurador universal". 6. É certo que os demandantes, em manifesta desatenção à regra do art. 333, I, do CPC, não lograram comprovar a prática de qualquer ato omissivo da Administração Pública Estadual, não merecendo prosperar, portanto, a pretensão indenizatória narrada na exordial, restando correta a decisão que julgou improcedente a ação. 7.Precedentes: RE 382054/RJ, REsp 936342/ES, EREsp 419059/SP, REsp 843060/RJ e REsp 858511/DF. 8.Recurso de agravo a que se nega provimento de forma unânime." (TJ-PE - AGV: 2678264 PE, Rel. Des. José Ivo de Paula Guimarães, 2ª Câmara de Direito Público, DJe 14.06.2013)

exclusão de responsabilidade

No fim de sua redação, o artigo 734 expressamente veda a cláusula de exclusão de responsabilidade, isto é, a previsão contratual que exime a transportadora de arcar com alguma indenização, no caso de defeito no serviço prestado.

O tema, antes do advento do Código Civil de 2002, era tratado pela Súmula 161 do STF[14], que repelia a cláusula de não-indenizar em contrato de transporte.

Embora não se admita a exclusão da responsabilidade, poderia haver limitação do *quantum* devido? O artigo 25 do Código do Consumidor, Lei nº 8.078, de 11.09.90[15], indica que não, porém, como visto acima, tal regra foi relativizada ao menos uma vez pelo STF na ocasião do antes mencionado julgamento.

Assim, se o passageiro sofrer algum dano, o transportador responderá pela integralidade do prejuízo sofrido, salvo se provar que a ocorrência do fato gerador do dano deu-se por força maior.

---

14 "Súmula 161. Em contrato de transporte, é inoperante a cláusula de não indenizar."

15 "Art. 25. É vedada a estipulação contratual de cláusula que impossibilite, exonere ou atenue a obrigação de indenizar prevista nesta e nas seções anteriores."

cláusula penal

De toda sorte, embora seja vedada a cláusula excludente de responsabilidade, admite-se a estipulação de cláusula penal, desde que não seja limitadora da indenização, pois, caso contrário, ela frustraria o objetivo da lei.

Isso, evidentemente, caso se admita a aplicação de cláusulas penais nos contratos de consumo, o que parece ser a melhor orientação, desde que não haja abuso. Veja-se que a estipulação prévia do montante da indenização, por meio da cláusula penal, pode ser altamente vantajosa ao consumidor – ao passageiro, pois estamos tratando do contrato de transporte –, na medida em que estabelece, de forma célere e objetiva, o *quantum* objeto da reparação ou, ainda, um mínimo a servir como indenização.[16]

informação da bagagem

O parágrafo único do artigo 734 permite ao transportador exigir do passageiro a informação do valor da bagagem, a fim de quantificar o tamanho da indenização[17]. Essa informação revela-se importante para calcular o tamanho da indenização em caso de perda ou deterioração da bagagem, dado de extrema relevância na precificação do contrato. Caso o passageiro não indique qual o montante que carrega, a precificação de seu dano redundará em subjetividades, que, em regra, geram distorções.

Imagine-se a situação do passageiro que descobre o sumiço de sua mala quando chega ao destino. O que ele perdeu? Só ele mesmo sabe, se não tiver indicado anteriormente à transportadora. Se havia algo de extremo valor em suas malas, natural que o passageiro informasse o fato ao embarcar. Não parece justo impor à transportadora que indenize o passageiro por aquilo que ele diz, sem prova, que se encontrava em sua bagagem. Por outro lado, algo havia, ainda que fossem apenas roupas e objetos pessoais, pois, caso contrário, o passageiro viajaria sem malas. Nesse ponto, a jurisprudência e a legislação trazem parâmetros para essa razoável reparação, evitando-se abusos. Isso se dá, por exemplo, na limitação relativa estabelecida pela Convenção de Montreal às hipóteses de extravio de bagagem, que possui um patamar máximo.

responsabilidade por fato de terceiro

O artigo 735 oferece uma novidade em relação à legislação anterior: a responsabilidade do transportador não cessa ainda que demonstrada a culpa exclusiva de terceiro[18]. Há apenas direito à ação

16 Sobre o tema, José Roberto de Castro Neves, *O Código do Consumidor* e as Cláusulas Penais, 2ª ed., Rio de Janeiro, Forense, 2006.

17 Parágrafo único do artigo 734: "Parágrafo único. É lícito ao transportador exigir a declaração do valor da bagagem a fim de fixar o limite da indenização."

18 "Art. 735. A responsabilidade contratual do transportador por acidente com o passageiro não é elidida por culpa de terceiro, contra o qual tem ação regressiva."

regressiva do transportador contra o terceiro, mas ele segue com o dever de indenizar o passageiro.

Assim, caso, por exemplo, uma pessoa entre num ônibus e, no meio do trajeto, esse coletivo é abalroado por um automóvel, ferindo o passageiro, este pode reclamar a indenização da companhia de ônibus, sua transportadora. A transportadora, por sua vez, não poderá se defender provando que o acidente decorreu exclusivamente, por exemplo, em função do motorista de outro automóvel, que colidiu com o ônibus. A transportadora irá indenizar o seu passageiro e regressivamente reclamar do terceiro, motorista do carro que abateu, se a culpa foi deste pela colisão. Trata-se de uma positivação literal no Código Civil de 2002 da Súmula 187 do STF, cujo conteúdo antecede a promulgação da atual lei civil: "A *responsabilidade contratual do transportador, pelo acidente com o passageiro, não é elidida por culpa de terceiro, contra o qual tem ação regressiva*".

Trata-se de uma opção do legislador por alocar os riscos inerentes ao contrato de transporte em desfavor do transportador, facilitando o ressarcimento de eventual dano sofrido pelo passageiro durante a execução do contrato.

Em suma, a relação de responsabilidade apenas se extingue quando o fato for absolutamente estranho ao negócio, a ponto de extinguir, por completo, o nexo de causalidade. Isso ocorre, por exemplo, se o passageiro de um barco for atingido por um raio.

Um tema desafiador: conjugar o artigo 735 do Código Civil com o artigo 14, § 3º, do Código do Consumidor. O artigo 14, § 3º, da Lei do Consumidor estabelece que o prestador de serviço apenas se exime da responsabilidade caso verificada a culpa exclusiva da vítima ou exclusiva de terceiro. Portanto, enquanto o Código do Consumidor admite que a culpa exclusiva de terceiro afasta a responsabilidade, o dispositivo do Código Civil, ao tratar de transporte de pessoas, informa que nem nos casos de total culpa de terceiro, a responsabilidade do transportador fica elidida.

Culpa da vítima

Evidentemente, se houver culpa da vítima, pode haver uma compensação de responsabilidades. O julgador, instado a fixar o montante da indenização, ficará obrigado a reduzir equitativamente a reparação, consoante o parágrafo único do artigo 738 do Código Civil[19].

De toda forma, nesse caso de responsabilidade concorrente da vítima, o transportador terá também que arcar com parte dos danos, proporcionalmente à sua culpa.

19 Parágrafo único do artigo 738: "Parágrafo único. Se o prejuízo sofrido pela pessoa transportada for atribuível à transgressão de normas e instruções regulamentares, o juiz reduzirá eqüitativamente a indenização, na medida em que a vítima houver concorrido para a ocorrência do dano."

Se, entretanto, a culpa é exclusiva da vítima, aí o transportador poderá eximir-se da responsabilidade. Afinal, nesses casos, rompe-se o nexo de causalidade.

bilhete de passagem

Normalmente, o transportador emite um documento, provando que o passageiro adquiriu o direito de ser transportado. Esse instrumento do contrato, no transporte de pessoas, denomina-se bilhete de passagem ou, simplesmente, bilhete ou, ainda, passagem.

Esses bilhetes, em regra, trazem expressas as regras impostas pelo transportador de comportamento do transportado, como, por exemplo, a vedação que se viaje em trajes de banho, ou que se traga um animal. Assim é a norma do artigo 738.[20]

deveres do transportador

O Código Civil arrola os deveres do transportador. Segundo o artigo 737, o transportador deve respeitar os horários e itinerários previstos, sob pena de perdas e danos[21]. É bem verdade que, salvo algum aspecto extraordinário, será difícil ao passageiro demonstrar que teve alguma perda se o transporte seguiu por um ou por outro caminho, se ambos chegaram ao destino no mesmo tempo previsto inicialmente. Assim, para que se reconheça o dever de indenizar, não basta apenas que o transportador tenha desviado de seu itinerário inicial, mas também é fundamental que se comprove o prejuízo em razão dessa alteração promovida pelo transportador de maneira unilateral, que será, em seguida, a medida da indenização.[22]

De toda sorte, o artigo 737 ressalva a força maior como excludente dessa responsabilidade de respeitar os horários e o itinerário.

Segundo o artigo 741, se o transporte for interrompido, mesmo que por motivo inimputável ao transportador, ele fica obrigado a concluir o transporte contratando com outro veículo da mesma categoria[23]. Correrá por conta do transportador eventual aumento

---

20 "Art. 738. A pessoa transportada deve sujeitar-se às normas estabelecidas pelo transportador, constantes no bilhete ou afixadas à vista dos usuários, abstendo-se de quaisquer atos que causem incômodo ou prejuízo aos passageiros, danifiquem o veículo, ou dificultem ou impeçam a execução normal do serviço."

21 "Art. 737. O transportador está sujeito aos horários e itinerários previstos, sob pena de responder por perdas e danos, salvo motivo de força maior."

22 Uma hipótese possível, cada vez mais corriqueira, é a celebração de contratos de transporte para a realização de itinerários turísticos. Nesse caso, o itinerário específico escolhido pelo contratante é elevado a motivo determinante da celebração do negócio, sendo o seu descumprimento passível de indenização.

23 "Art. 741. Interrompendo-se a viagem por qualquer motivo alheio à vontade do transportador, ainda que em conseqüência de evento imprevisível, fica ele obrigado a concluir o transporte contratado em outro veículo da mesma categoria, ou, com a anuência do passageiro, por modalidade diferente, à sua custa, correndo também por sua conta as despesas de estada e alimentação do usuário, durante a espera de novo transporte."

da despesa. Trata-se do risco do negócio. Note-se que este dispositivo não cuida de eventual indenização, mas apenas do dever objetivo de levar o passageiro ao seu destino. Portanto, mesmo que o trajeto seja descontinuado, pelo advento de força maior, o transportador deve arcar com os gastos de levar seu passageiro ao local previsto no contrato.

Nesses casos, o transportador também se encontra obrigado a suportar as despesas de estadia e alimentação do usuário, durante a espera de novo transporte. Essa situação é corriqueira nos aeroportos, quando o passageiro tem seu voo de conexão atrasado ou cancelado.

Outra importante obrigação do transportador consiste em levar o transportado incólume até o destino acertado. O seu serviço, claro, deve ser seguro. Portanto, o transportador responde por qualquer dano à integridade física do passageiro.

Conta-se a história do passageiro que, ao se apresentar no guichê da empresa aérea, entrega a sua mala e diz: "Quero que esta mala vá para Roma". "Mas senhor – retruca o homem no guichê -, a sua passagem é para Nova Iorque..." "Ora – diz o passageiro –, quando eu não peço vocês mandam, qual o problema, então, se eu mandar?..." O caso se relaciona ao drama das malas desviadas ou perdidas.

Um objeto que se envia para certo destino é tratado como transporte de coisa. Contudo, as bagagens que acompanham o passageiro, são cuidadas nos contratos de transporte de pessoa. Evidentemente, as bagagens também devem chegar com segurança e no momento correto ao seu destino, em regra ao mesmo tempo do passageiro a que ela pertence. Muitas vezes, a bagagem segue em outro compartimento do meio de transporte, como ocorre nas viagens aéreas.

Caso o transportado envie sua bagagem por outro meio de transporte, diferente daquele que ele segue, o transporte da sua bagagem desacompanhada será regido pelas regras aplicáveis ao transporte de coisa.

recusa de passageiros

O transportador não pode recusar passageiros, informa o artigo 739[24]. O dispositivo ressalva os cuidados com saúde ou higiene. Portanto, o transportador, que muitas vezes presta um serviço público, estaria autorizado a recusar o passageiro se este, por exemplo, solicitasse o transporte maltrapilho.

Vale dizer que o rol referido neste artigo é apenas exemplificativo. Há outras situações que, igualmente, autorizam o transportador a recusar os passageiros. Isso ocorre, por exemplo, se o passageiro

24 "Art. 739. O transportador não pode recusar passageiros, salvo os casos previstos nos regulamentos, ou se as condições de higiene ou de saúde do interessado o justificarem."

estiver bêbado, sob efeito de algum tóxico, armado ou com algum animal perigoso.

desistência pelo passageiro

O Código Civil impõe ao transportador o dever de devolver o valor da passagem ao passageiro se este rescindir o contrato de transporte. Isso é assim se a rescisão ocorrer a tempo de o transportador renegociar o bilhete, segundo a regra do artigo 740[25]. Com isso, evita-se também que o transportador sofra algum prejuízo.

Esse artigo é fundamental para coibir práticas abusivas como a retenção de valores pagos por passagem posteriormente cancelada, uma prática reconhecidamente ilícita:

> "Recurso Inominado. Consumidor. Transporte aéreo. Aquisição de passagens via internet. Cancelamento um dia após a compra e dois meses antes da data do voo. Direito de arrependimento. Aplicabilidade do artigo 49, parág. único do CDC. Relação consumerista. Não verificado qualquer prejuízo à companhia aérea a justificar a retenção de 50% do valor pago pelas passagens. Sentença reformada. Dever de restituir, de forma simples, a integralidade do valor pago. Recurso provido." (TJ-RS - Recurso Cível: 71005209846, Rel. Desembargadora Glaucia Dipp Dreher, DJe 28.04.2015)

O passageiro pode desistir do transporte, mesmo depois de seu início, segundo a regra do §1º do artigo 740[26]. Nesse caso, o passageiro encontra-se autorizado a requerer a restituição do valor do trecho que ele não utilizou, desde que prove que outra pessoa viajou no seu lugar. Caso ele não consiga produzir essa prova, o transportador terá direito a ficar com a totalidade do valor pago.

O mesmo conceito é adotado se o passageiro não embarcar. O § 2º do artigo 740 examina o tema[27]: o transportado não terá direito a indenização se não embarcar, salvo se comprovar que outra pessoa viajou no seu lugar.

25 "Art. 740. O passageiro tem direito a rescindir o contrato de transporte antes de iniciada a viagem, sendo-lhe devida a restituição do valor da passagem, desde que feita a comunicação ao transportador em tempo de ser renegociada."

26 Parágrafo 1º do artigo 740: "§ 1º Ao passageiro é facultado desistir do transporte, mesmo depois de iniciada a viagem, sendo-lhe devida a restituição do valor correspondente ao trecho não utilizado, desde que provado que outra pessoa haja sido transportada em seu lugar."

27 Parágrafo 2º do artigo 740: "§ 2º Não terá direito ao reembolso do valor da passagem o usuário que deixar de embarcar, salvo se provado que outra pessoa foi transportada em seu lugar, caso em que lhe será restituído o valor do bilhete não utilizado."

Em todos os casos, o § 3º do citado dispositivo admite que o transportador retenha até 5% do valor do bilhete como multa compensatória[28].

deveres do transportado

O transportado, embora credor da prestação principal dessa relação, também tem deveres.

O primeiro deles consiste, segundo o artigo 738, em atender às regras normais de conduta que se espera durante o transporte[29]. Num avião, por exemplo, espera-se que o passageiro se sente na sua poltrona e aperte os cintos nos momentos de turbulência, de decolagem e de pouso. No metrô, mesmo que cheio, o passageiro não deve ficar muito próximo fisicamente (e de forma desnecessária) dos demais. São regras que, muitas vezes, decorrem da educação mínima ou do bom senso.

De acordo com o parágrafo único do citado artigo 738, caso o transportado sofra prejuízo imputável à sua própria transgressão, o juiz pode reduzir equitativamente a indenização. No limite, admite-se até a exclusão completa da responsabilidade do transportador.

Uma importante obrigação do passageiro reside no seu dever de remunerar o transportador. Afinal, trata-se de um contrato oneroso. Como antes se mencionou, se não pagar, o transportador está autorizado a reter a bagagem, registra o artigo 742[30].

A bagagem apenas poderá ser retida se estiver na posse (ou guarda) do transportador. Se a bagagem jamais foi entregue ao transportador, este, claro, não pode apossar-se das malas.

O transporte de bagagem é um acessório do transporte de pessoas. Ele resulta do contrato de transporte de pessoas. Se o passageiro não conseguir carregar consigo a sua bagagem, o transportador deverá alocá-la em outro lugar, emitindo uma nota de bagagem. Com esta nota apresentada, o passageiro, ao final da viagem, retira sua bagagem.

Evidentemente, como antes mencionado, se a bagagem não chegar, ou for violada, o transportador responderá pelos danos.

---

28 Parágrafo 3º do artigo 740: "§ 3º Nas hipóteses previstas neste artigo, o transportador terá direito de reter até cinco por cento da importância a ser restituída ao passageiro, a título de multa compensatória."

29 "Art. 738. A pessoa transportada deve sujeitar-se às normas estabelecidas pelo transportador, constantes no bilhete ou afixadas à vista dos usuários, abstendo-se de quaisquer atos que causem incômodo ou prejuízo aos passageiros, danifiquem o veículo, ou dificultem ou impeçam a execução normal do serviço."

30 "Art. 742. O transportador, uma vez executado o transporte, tem direito de retenção sobre a bagagem de passageiro e outros objetos pessoais deste, para garantir-se do pagamento do valor da passagem que não tiver sido feito no início ou durante o percurso."

transporte de cortesia

O artigo 736 garante que não se subordina às regras de contrato de transporte o ato de cortesia ou amizade[31]. Está-se falando da popular "carona". Diante disso, uma série de regras mais estritas no que se refere à responsabilidade não serão aplicadas. Afastar-se-á até mesmo o aspecto de haver uma obrigação de resultado, típica dos contratos de transporte, mas não incidente nesse ato de cortesia, isto é, na carona.

Portanto, se uma pessoa, a bordo de um taxi, sofre um acidente, o transportador deve responder. Será dele o ônus de, eventualmente, provar alguma forma de exclusão do seu dever de reparar. Caso a pessoa esteja num carro, recebendo uma carona, e houver um acidente com o veículo, caberá ao acidentado provar a responsabilidade do condutor, que, inclusive, não será regulada pelas regras contratuais, mas seguirá os comandos relativos à responsabilidade civil. Assim, no primeiro caso, não é necessário ao lesado comprovar a culpa do motorista de taxi, enquanto na segunda hipótese o acidentado, para receber a indenização, terá que demonstrar a culpa de quem lhe fez a gentileza.

Entretanto, o parágrafo único do referido artigo ressalva que não se enquadra nessa categoria o transportador que, embora forneça graciosamente o serviço, obtiver vantagens indiretas com ele[32]. É o que ocorre, por exemplo, com o hotel que garante aos seus hóspedes um passeio gratuito pela cidade no seu ônibus particular. Embora gracioso o passeio, o hotel tem um proveito indireto com isso – com essa "gentileza", ele busca obter mais clientes. Logo, o hotel responderá se houver algum vício na prestação do serviço de transporte.

Antes havia uma grande discussão acerca da responsabilidade na "carona". Como se tratava de um contrato, poder-se-ia entender pela responsabilidade por simples culpa do motorista, levando-se a injustiças, pois as situações do transporte oneroso e gratuito são claramente distintas. A jurisprudência, por meio da Súmula 145 do STJ[33], acabou firmando posição no sentido de que, nos casos de transporte gratuito, apenas o dolo e a culpa grave poderiam gerar a responsabilidade do motorista.

O artigo 736 encerrou a discussão ao retirar, do transporte gratuito, a natureza contratual de sua responsabilidade. Haverá, assim, uma responsabilidade extracontratual e, diante disso, caberá à parte

31 "Art. 736. Não se subordina às normas do contrato de transporte o feito gratuitamente, por amizade ou cortesia."

32 Parágrafo único do artigo 736: "Parágrafo único. Não se considera gratuito o transporte quando, embora feito sem remuneração, o transportador auferir vantagens indiretas."

33 "Súmula 145 - No transporte desinteressado, de simples cortesia, o transportador só será civilmente responsável por danos causados ao transportado quando incorrer em dolo ou culpa grave."

que reclama a indenização a prova da culpa. A orientação jurisprudencial, nesses casos de transportes de cortesia, é, como se esclareceu, no sentido de que só responde o transportador se agiu om dolo ou culpa gravíssima.

TRANSPORTE DE COISAS

Já se disse que o contrato de transporte de coisa terá, na maior parte das vezes, três personagens: o expedidor da carga, o transportador e o destinatário da carga – também conhecido como consignatário.

Não raro, o expedidor envia para si próprio a carga, de um lugar para outro, situação na qual o contrato contará apenas com dois sujeitos: o dono da carga e o transportador. Aliás, a rigor, as obrigações efetivamente existentes vinculam apenas o expedidor (normalmente o dono da carga) e o transportador. O consignatário é apenas um beneficiado do negócio.

Nessa espécie de contrato, o transportador se compromete a transportar uma coisa de um local ao outro, num prazo ajustado e zelando pela integridade do bem confiado.

O artigo 749 explicita as obrigações assumidas pelo transportador[34]: cabe a ele levar a coisa ao seu destino, tomando as cautelas necessárias para que o bem chegue íntegro e no prazo ajustado.

O transportador, entretanto, se exonera da responsabilidade se o dano decorrer de caso fortuito ou de força maior. Aplica-se, aqui, o que já se tratou acima acerca do caso fortuito interno e o externo. Apenas o fortuito externo serve para fins de extinguir a responsabilidade.

O artigo 743[35] determina que a coisa deva ser perfeitamente identificada ao transportador. Isso é fundamental, até porque faz parte da obrigação do transportador entregar a mesmíssima coisa no destino. Portanto, o objeto do transporte deve estar plenamente identificado, de forma mais específica possível, a fim de não ser confundido. Deve-se também indicar o destinatário, pois é dever do transportador entregar a coisa, ao fim do percurso, à pessoa correta.

O transportador deve ter plena ciência do que está carregando. Isso por várias razões, a começar porque o transportador se responsabiliza pela coisa no período em que esta permanecer sob os seus cuidados.

---

34 "Art. 749. O transportador conduzirá a coisa ao seu destino, tomando todas as cautelas necessárias para mantê-la em bom estado e entregá-la no prazo ajustado ou previsto."

35 "Art. 743. A coisa, entregue ao transportador, deve estar caracterizada pela sua natureza, valor, peso e quantidade, e o mais que for necessário para que não se confunda com outras, devendo o destinatário ser indicado ao menos pelo nome e endereço."

Segundo o artigo 751[36], enquanto a coisa encontrar-se custodiada nos armazéns do transportador, a situação será regida pelo contrato de depósito – e o transportador poderá cobrar por essa atividade.

rejeição do objeto transportado

É muito importante que a informação acerca do objeto do transporte seja precisa. Isso porque, segundo o artigo 746, o transportador pode recusar o transporte se a coisa for perigosa, ou causar danos.

Dependendo do grau de periculosidade do bem a ser levado, o transportador deve rejeitar o serviço.

Da mesma forma, o artigo 747 informa que o transportador também deve rejeitar o transporte de coisas ilícitas, ou que venha desacompanhada de documentos[37]. Cumpre ao transportador manter-se atento a fim de não cometer o crime de receptação, isto é, no caso, transportar algo fruto de furto ou roubo (artigo 180 do Código Penal[38]).

O transportador pode recusar-se a carregar bens que não estejam devidamente embalados. Isso porque, sem a adequada proteção, o bem pode deteriorar-se. Pior ainda, se a coisa transportada não estiver protegida, pode, até mesmo, danificar outros bens transportados em conjunto. Uma mercadoria apodrecida, por exemplo, tende a contaminar as demais.

Segundo o artigo 745, caso o dono da mercadoria deixe de informar corretamente a característica da coisa, o transportador ficará autorizado a reclamar pelo prejuízo que sofrer decorrente dessa falta[39]. Deve fazer isso no prazo decadencial de 120 dias a contar do recebimento da coisa transportada. Imagine-se que o bem, objeto do transporte, seja radioativo. Fundamental que o fato seja informado ao transportador, a fim de que este possa tomar as medidas necessárias e evitar que outros bens, também transportados, sofram algum dano.

---

36 "Art. 751. A coisa, depositada ou guardada nos armazéns do transportador, em virtude de contrato de transporte, rege-se, no que couber, pelas disposições relativas a depósito."

37 "Art. 747. O transportador deverá obrigatoriamente recusar a coisa cujo transporte ou comercialização não sejam permitidos, ou que venha desacompanhada dos documentos exigidos por lei ou regulamento."

38 "Art. 180 - Adquirir, receber, transportar, conduzir ou ocultar, em proveito próprio ou alheio, coisa que sabe ser produto de crime, ou influir para que terceiro, de boa-fé, a adquira, receba ou oculte: Pena - reclusão, de um a quatro anos, e multa."

39 "Art. 745. Em caso de informação inexata ou falsa descrição no documento a que se refere o artigo antecedente, será o transportador indenizado pelo prejuízo que sofrer, devendo a ação respectiva ser ajuizada no prazo de cento e vinte dias, a contar daquele ato, sob pena de decadência."

nota de conhecimento

O transportador, ao receber a coisa, emite uma nota de conhecimento, registra o artigo 744[40]. Normalmente, isso é feito por um documento denominado "conhecimento". No transporte marítimo, esse documento é denominado de "Bill of Lading".

Na prática, trata-se de um impróprio título de crédito. Ele circula no mercado mediante endosso. O portador desse documento tem condição de solicitar o bem, quando este chega ao seu destino. Segundo o artigo 754 do Código Civil, a coisa deve ser entregue ao destinatário, ou a quem apresentar o conhecimento endossado[41].

Quem possui o conhecimento pode, portanto, cobrar a entrega da coisa transportada.

O artigo 750 traz o importante conceito segundo o qual a responsabilidade do transportador encontra-se limitada ao valor do conhecimento[42]. Cuida-se de regra fundamental. Assim, o valor da mercadoria, tal como indicado no documento de "conhecimento" tem também a função de estabelecer o valor do bem transportado, que serve de guia para eventual indenização, no caso de sua perda ou deterioração.

responsabilidade do transportador

A responsabilidade começa com a entrega ao transportador da coisa a ser transportada e termina com a entrega ao destinatário.

Há termos internacionais de comércio, no mercado de importação e exportação marítimo, totalmente dominados e de aplicação universal.[43] São os populares INCOTERMS (International Commercial Terms). O mais conhecido deles é o FOB – "free on board" –, segundo o qual caberá ao exportador entregar a mercadoria dentro do navio. O exportador, que pode ser o dono da mercadoria, responderá por tudo, inclusive com os riscos, até que o bem, objeto do transporte, cruze a murada do navio. Outro termo muito utilizado é o CIF – "cost, insurance, freight" –, no qual o exportador arca com os principais custos da operação, isto é: custos, seguro e frete.

40 "Art. 744. Ao receber a coisa, o transportador emitirá conhecimento com a menção dos dados que a identifiquem, obedecido o disposto em lei especial."

41 "Art. 754. As mercadorias devem ser entregues ao destinatário, ou a quem apresentar o conhecimento endossado, devendo aquele que as receber conferi-las e apresentar as reclamações que tiver, sob pena de decadência dos direitos."

42 "Art. 750. A responsabilidade do transportador, limitada ao valor constante do conhecimento, começa no momento em que ele, ou seus prepostos, recebem a coisa; termina quando é entregue ao destinatário, ou depositada em juízo, se aquele não for encontrado."

43 John Wilson, *Carriage of Goods by Sea*, 2ª ed., Londres, Pitman Publishing, 1993.

Caso o transportador desista de carregar a coisa depois de aceitar a obrigação de prestar esse serviço, deve arcar com os acréscimos de custo, mais eventuais perdas e danos, informa o artigo 748[44].

momento da entrega do objeto do transporte...

O momento da entrega da mercadoria, objeto do transporte, no seu destino tem enorme relevância. Isso porque é então que se verifica a situação do bem objeto do transporte, ou seja: se ele sofreu alguma avaria ou se segue íntegro. Os vícios ostensivos devem ser indicados por quem recebe a coisa imediatamente. Se nada reclamar, presume-se que admitiu receber a coisa no estado em que ela se encontrava – e, logo, que não havia nada a reclamar.

Já com relação aos vícios ocultos, quem recebe a coisa deve, na forma do parágrafo único do artigo 754, denunciar o defeito em até dez dias da entrega[45]. O prazo, no caso, é decadencial. Assim, depois de recebida a mercadoria, passa a correr o prazo de 10 dias a fim de que se reclamem dos danos ocultos, sob pena de perder o direito de reivindicar alguma reparação.

interrupção do transporte

Se houver interrupção no transporte ou este já não for mais possível, o transportador requererá instruções ao remetente, mantendo-se responsável pela deterioração. Este o conceito do artigo 753 do Código Civil[46].

Diz o parágrafo 1º desse artigo 753 que, se o bem transportado for perecível e se mantiver sem transporte, pode o transportador vender o bem e depositar o valor[47]. Diante da situação imprevista, dá-se ao transportador o poder de alienar o bem, objeto do transporte. Com esse procedimento, ela atenua o prejuízo e mitiga o dano.

Tome-se a situação do caminhoneiro que transporta coco verde do norte do país, para ser entregue, por exemplo, no Rio de Janeiro. Se o caminhão enguiçar no meio do caminho, haverá o risco de que o coco apodrecer. Pois o mencionado dispositivo permite ao transportador vender a fruta, a fim de mitigar o dano.

---

44 "Art. 748. Até a entrega da coisa, pode o remetente desistir do transporte e pedi-la de volta, ou ordenar seja entregue a outro destinatário, pagando, em ambos os casos, os acréscimos de despesa decorrentes da contra-ordem, mais as perdas e danos que houver."

45 Parágrafo único do artigo 754: "Parágrafo único. No caso de perda parcial ou de avaria não perceptível à primeira vista, o destinatário conserva a sua ação contra o transportador, desde que denuncie o dano em dez dias a contar da entrega."

46 "Art. 753. Se o transporte não puder ser feito ou sofrer longa interrupção, o transportador solicitará, incontinenti, instruções ao remetente, e zelará pela coisa, por cujo perecimento ou deterioração responderá, salvo força maior."

47 Parágrafo 1º do artigo 753: "§ 1º Perdurando o impedimento, sem motivo imputável ao transportador e sem manifestação do remetente, poderá aquele depositar a coisa em juízo, ou vendê-la, obedecidos os preceitos legais e regulamentares, ou os usos locais, depositando o valor."

dúvida de quem seja o dono da mercadoria

Caso o transportador tenha justificadas dúvidas acerca de quem seja o destinatário, deve, de acordo com o artigo 755, depositar a coisa transportada em juízo[48]. Nesse caso, se o bem transportado for perecível, deve-se vendê-lo e depositar o resultado em juízo, até que se verifique quem é o verdadeiro dono da mercadoria.

deveres do destinatário

O destinatário, embora não seja parte do contrato de transporte, pode ter alguns deveres. Se o bem, objeto do transporte, ficar armazenado, o destinatário pode ser obrigado a arcar com o custo do depósito para retirar o bem.

De outro lado, o destinatário é credor na obrigação do transportador de restituir a coisa. Logo, pode cobrar a sua entrega do transportador: por direito próprio pode exigir a entrega do bem transportado.

dever de informar a chegada

Diz o artigo 752 que, desembarcadas as mercadorias, o transportador não fica obrigado a informar o fato ao destinatário, salvo se houver obrigação ajustada nesse sentido[49]. O transportador pode, portanto, aguardar uma manifestação do destinatário no sentido de receber a mercadoria.

Essa regra não parece estar de acordo com o espírito das relações entre prestador de serviço e consumidor, nas quais compete ao prestador de serviço prestar ao seu cliente todas as informações relevantes, inclusive a que se refere à data da chegada da carga. Sendo o contrato de transporte, na grande maioria das vezes, uma relação de consumo, o dispositivo do artigo 752 não parece estar em sintonia com as regras consumeristas. Assim, razoável que o transportador informe o destinatário da chegada da mercadoria. Somente dessa data passaria a correr a mora, ou seja, o atraso do destinatário em receber o bem.

Eventualmente, pode ser dever do transportador entregar a mercadoria no domicílio do destinatário, hipótese na qual, pela própria natureza da situação, o destinatário tomará ciência da chegada da mercadoria.

transporte cumulativo

Reiterando a regra geral constante do artigo 733, incidente para todos os tipos de contrato de transporte, especialmente no transporte de coisas, a lei cuida, no artigo 756, do transporte cumulativo[50].

---

48 "Art. 755. Havendo dúvida acerca de quem seja o destinatário, o transportador deve depositar a mercadoria em juízo, se não lhe for possível obter instruções do remetente; se a demora puder ocasionar a deterioração da coisa, o transportador deverá vendê-la, depositando o saldo em juízo."

49 "Art. 752. Desembarcadas as mercadorias, o transportador não é obrigado a dar aviso ao destinatário, se assim não foi convencionado, dependendo também de ajuste a entrega a domicílio, e devem constar do conhecimento de embarque as cláusulas de aviso ou de entrega a domicílio."

50 "Art. 756. No caso de transporte cumulativo, todos os transportadores respondem solidariamente pelo dano causado perante o remetente, ressalvada a apuração final da responsabilidade entre eles, de modo que o ressarcimento recaia, por inteiro, ou proporcionalmente, naquele ou naqueles em cujo percurso houver ocorrido o dano."

Neste caso, todos os transportadores respondem solidariamente pelo dano causado ao dono da carga, mas haverá apuração entre eles acerca do culpado. Qualquer um dos transportadores que atuaram cumulativamente pode ser instado a pagar o dano sofrido pelo dono da carga, ainda que não seja ele o responsável pelo trajeto no qual houve o problema com a carga. Aquele transportador do grupo que arcou com a indenização com o dono da mercadoria transportada pode reclamar do transportador culpado regressivamente, ou, de acordo com a regra geral, cada um dos transportadores deverá arcar com o dano segundo a proporção de sua responsabilidade.

Seguro

Que é o risco? As coisas, as pessoas, os fatos, tudo pode ter fim e sua essência afetada de alguma forma. O homem pode ter uma decisiva atuação sobre esse destino, porém, muitas vezes, quem decide se algo vai ocorrer e quando irá ocorrer é o imponderável, o incerto.

Como se sabe, quando uma coisa se perde, sem que ninguém possa ser responsabilizado, sua titular arca com o prejuízo – *res perit domino*. Se, por exemplo, um pai de família morre prematuramente, seus herdeiros sofrem o dano de não ter mais o arrimo. Caso um raio fulmine um automóvel, num evento inesperado, o dono do carro suporta a perda.

O risco consiste nessa chance, na possibilidade de ocorrer um fato futuro e incerto que acarrete alguma consequência negativa.

O risco também se relaciona a, por eventualidade, ter que se indenizar alguém. Nenhum de nós está livre de causar um dano a terceiro, mesmo que por um ato involuntário. O risco existe – e está em toda parte.

Naturalmente, o homem quer proteger-se desse risco. Se possível, deseja transferi-lo para outrem. Bem vistas as coisas, os riscos não se transferem, mas o prejuízo dele decorrente pode ser suportado por terceiro.

Há, então, quem assume os prejuízos que eventualmente possam advir de risco alheio, em troca de uma remuneração. Esta pessoa é o segurador. O nome, muito adequado, deriva dessa qualidade de "segurar", proteger outra pessoa dos riscos. O segurador responde, em decorrência de um contrato, pelos riscos do segurado.

conceito

O conceito do contrato de seguro é relativamente recente. Esse negócio não foi conhecido dos romanos. Historicamente, havia o mutualismo, cuja essência reside na ajuda mútua: um grupo de pessoas se une, criando um fundo comum, para dividir o dano que eventualmente um dos integrantes daquela comunidade venha a experimentar. Esse era o conceito das guildas e das hansas na Idade Média, o grupo assumia os riscos comuns. Caso, por exemplo, uma loja de guilda dos guerreiros pegasse fogo, todos os demais membros do grupo ajudariam a arcar com os prejuízos do acidente. Esse seguro associativo era previsto no artigo 1.466 do Código Civil de 1916, mas não foi reproduzido no Código de 2002. No mutualismo, não há o interesse de lucro por nenhuma das partes, nem a figura da seguradora. O propósito é outro: o de proteção comum, tanto que, como bem observa a doutrina, "os mutualistas têm uma dúplice condição: são segurados e associados entre si."[1]

O seguro propriamente dito nasceu no final da Idade Média, como acessório ao contrato de transporte, na época das grandes navegações. Visava-se a proteger os empresários dos eventuais danos sofridos naquelas longas viagens, nas quais não faltavam riscos, como canta Camões nos *Lusíadas*. No começo dessa era das viagens ultramarinas, de cada três embarcações que se lançavam ao mar a partir dos portos portugueses, apenas duas chegavam ao seu destino. O risco da atividade era gigantesco, como a coragem daqueles que se aventuraram nos navios, ainda rudimentares, em busca de um misterioso destino. De outro lado, os lucros, se a viagem fosse exitosa, revelaram-se extraordinários: as especiarias, a seda, dentre outros produtos do oriente, podiam valer mais do que o ouro.

Datam da década de 1350 os primeiros contratos conhecidos com a feição de seguro. Naquela época, os prêmios – contraprestação dada pelo segurado – variavam de 15 a 20% da soma assegurada. Pouco adiante, no século XV, a soma baixou para 10%. O historiador Niall Ferguson menciona um contrato encontrado nos arquivos, firmado por um certo comerciante chamado Francesco Datini, que viveu entre 1355 e 1410. Nesse documento, o comerciante se compromete a segurar a mercadoria: "de Deus, do mar, dos homens da guerra, do fogo, do alijamento das cargas ao mar, da prisão por príncipes, por cidades ou por qualquer outra pessoa, das retaliações, das prisões, de qualquer perda, perigo, infortúnio, impedimento ou sinistro que possam ocorrer, com exceção do empacotamento e da alfândega."[2]

Jacques Le Goff, o famoso medievalista, trata do nascimento dos contratos denominados *securitas*, transcrevendo o registro do comerciante Francesco di Prato, residente em Pisa, datado de 1384:

1 Adalberto Pasqualotto, Contratos Nominados III, São Paulo: Ed. RT, 2008, p. 31.

2 Niall Ferguson, A Ascensão do Dinheiro, São Paulo: Editora Planeta, 2009, p. 175.

> "Garantimos a Baldo Ridolfi e Cia. o seguro de 100 florins de ouro e lã, carregado no barco de Bartolomeu Vitale em trânsito de Penisola e Porto Pisano. Desses 100 florins que seguramos contra todos os riscos, recebemos 4 florins de ouro tendo como testemunha um documento escrito pela mão de Gherardo d'Ormaumo que contra-assinamos."[3]

O mesmo documento contém a afirmação de que "o dito barco chegou bem a Porto Pisano no dia 4 de agosto de 1384 e estamos desobrigados em relação aos citados riscos."

Em Londres, o grande incêndio de 1666 teve destacado papel na formação de seguradoras. Poucos anos depois do terrível sinistro, que destruiu mais de 13 mil casas na capital inglesa, abriu-se a primeira seguradora, especializada em proteger os segurados contra danos decorrentes de incêndios.

Já o seguro referente às enfermidades, velhice e morte surgiu mais tarde, no final do século XIX, notadamente na Alemanha, para, depois, se espalhar mundo afora.

Hoje, trata-se do maior negócio do mundo. E assim como o risco está em toda parte, o seguro serve como sua sombra.

importância social

É conhecida e indisputada a importância social e econômica dos contratos de seguro. Não é exagero reconhecer esse contrato como essencial à sociedade.

Em suma, pelo contrato de seguro, protege-se o segurado das consequências de um eventual fato danoso. Notadamente no seguro de dano, o segurado, como se disse, contrata a transferência de determinado risco para uma seguradora, a qual arcará com as consequências econômicas advindas caso esse risco se materialize em prejuízo. Ao transpor o risco para a seguradora, o segurado, mediante o pagamento de um prêmio, adquire maior segurança para organizar sua vida financeira, evitando o prejuízo, por vezes insuportável, que adviria em caso de acidente.

Imagine-se o dono de um estabelecimento comercial. Ele celebra um contrato de seguro contra incêndio e roubo porque, caso qualquer um desses infortúnios ocorra, seu dano será tal que ele não conseguirá sobreviver financeiramente ao sinistro. O comerciante tem, entretanto, como arcar com o valor do prêmio, um montante que se adequa ao seu orçamento e que ele pode prever. Feito o seguro, o comerciante se protege de alguma fatalidade.

3 Jacques Le Goff, A *Idade Média e o dinheiro*, Rio de Janeiro, Editora Civilização Brasileira, 2013, p. 167.

O conceito de seguro de dano levado a uma operação comercial permite ao empresário reduzir o preço de seu produto ou do serviço que presta, na medida em que não terá que suportar os prejuízos decorrentes de eventual sinistro, mas pode calcular, de antemão, os custos do seguro.

O seguro, portanto, gera uma teia de proteção à economia. Se o comerciante acima referido não tivesse celebrado um contrato de seguro, um infortúnio grave poderia facilmente acarretar a sua insolvência. Com isso, ele deixaria de pagar seus fornecedores, os quais, por sua vez, também poderiam ficar insolventes diante do inadimplemento. Os fornecedores destes também sofreriam o calote, e assim por diante em um grande "efeito cascata". Toda a economia sentiria os efeitos desse hipotético acidente. Esse risco sistêmico é, pois, protegido pelo seguro, que impede a ruína financeira do primeiro comerciante e, com isso, evita o dano em cadeia.

Da mesma forma, a insolvência de uma seguradora acarretaria um problema social e econômico em sucessão a afetar desde as grandes corporações até o pequeno consumidor. Eis porque essa atividade de seguro é controlada de perto pelo Estado, que fiscaliza as seguradoras; como se sabe, apenas podem prestar serviços de seguradora pessoas autorizadas pela administração pública e parte do patrimônio dessas pessoas deve ficar imobilizada.

De outro ângulo, no Brasil, com a conhecida deficiência de serviços fundamentais (notadamente na área da saúde), as pessoas com melhores condições financeiras são, na prática, compelidas a se socorrer de seguros para se proteger do risco de arcar com eventuais despesas com hospitais e médicos privados, no chamado "seguro-saúde". Diante dessa realidade, as seguradoras dedicadas ao ramo da saúde desempenham um fundamental papel na nossa sociedade.

Reconhecida a importância desse negócio, o artigo 22, VIII, da Constituição Federal, estabelece a competência privativa da União para legislar sobre política de seguros.

sujeitos

Os sujeitos desse contrato são o segurador, o instituidor e o beneficiário.

O instituidor do seguro é aquele que celebra o seguro. Beneficiário, por sua vez, é a pessoa que vai receber o seguro. Embora isso ocorra na maioria das vezes, o beneficiário não se confunde necessariamente com o instituidor do seguro. Pode haver outro beneficiado indicado pelo contratante do seguro.

Segundo o artigo 757, parágrafo único, o segurador deve ser uma entidade legalmente autorizada[4] (Decreto-Lei nº 73, de 21.11.66, artigos 74 a 77). Isso é assim desde o advento do Decreto nº 5.072, de 12.12.1903. Logo, uma pessoa física não pode atuar como segurador.

Como se demonstrou, justifica-se o interesse social na organização dessa atividade, até mesmo para não lesar pessoas de boa-fé que celebrem seguros com sociedades que venham, depois, a deixar de honrar os deveres assumidos. Portanto, o Estado fiscaliza de perto essa atividade econômica.

Registre-se o conceito do artigo 775: presume-se que o segurador responderá por todos os atos dos seus agentes autorizados[5]. Isso revela-se muito importante porque os seguros, muitas vezes, são negociados por agentes – os corretores de seguros –, que atuam pelas seguradoras. Haverá responsabilidade das seguradoras pelas pessoas que trabalham com ela em relação aos eventuais clientes e consumidores.

cosseguro

Nada impede que o mesmo risco seja suportado por mais de uma seguradora. Isso ocorrerá no cosseguro, situação referida pelo artigo 761 do Código[6]. Nesses casos, cada seguradora pode assumir um percentual do dano que eventualmente suportará.

Diferentemente, a própria seguradora pode tomar a providência de promover um resseguro, para diminuir o seu risco – o que se justifica nos casos de um risco muito grande.

Em situações de expressivo risco segurado, portanto, é comum que exista a figura do cossegurador ou mesmo de um ressegurador. Dessa forma, a seguradora divide a responsabilidade.

Até 15.1.2007, com a edição da Lei Complementar 126, que revogou e alterou o Decreto-Lei 73, de 21.11.1966, havia, no Brasil, o monopólio do Instituto de Resseguros do Brasil – IRB, para essa atividade. A partir de então, seguradoras brasileiras e estrangeiras disputam esse mercado.

Na prática, o contrato de seguro se estabelece da seguinte forma: a pessoa interessada em se livrar de um risco (ou livrar terceiro do risco) procura a seguradora, que, avaliando a situação, assume o eventual dano. Para isso, o segurado arca com uma retribuição, denominada prêmio. Se nada acontecer, ou seja, se o dano não ocorrer,

---

4 Parágrafo único do artigo 757: "Parágrafo único. Somente pode ser parte, no contrato de seguro, como segurador, entidade para tal fim legalmente autorizada."

5 "Art. 775. Os agentes autorizados do segurador presumem-se seus representantes para todos os atos relativos aos contratos que agenciarem."

6 "Art. 761. Quando o risco for assumido em co-seguro, a apólice indicará o segurador que administrará o contrato e representará os demais, para todos os seus efeitos."

o segurado nada recebe. Caso haja o sinistro, com danos ao segurado, a seguradora suporta o prejuízo.

Os últimos e legítimos interesses dessas duas personagens – segurado e segurador – são claros e definidos: o instituidor deseja proteger o segurado (que pode ser ele próprio) de riscos financeiros (ou garantir um interesse legítimo contra riscos) e a seguradora, por sua vez, almeja o lucro. Este proveito econômico decorre do serviço prestado pela sociedade seguradora.

O segurador se protege com a análise da probabilidade que o risco se materialize, por meio de estatísticas que o permitem calcular qual o real risco de que o dano ocorra. Idealmente, a seguradora celebra o mesmo negócio com um grupo grande de pessoas, contando, a partir de pesquisas de probabilidade, com que o dano apenas ocorra num grupo pequeno delas. Com isso, o grupo maior arcou com o valor necessário para indenizar o grupo menor que sofreu o dano. A remuneração da seguradora está exatamente na diferença, isto é, no que ela conseguiu arrecadar que não foi utilizado para suportar com o dano dos contratantes.

Evidentemente, se o cálculo for mal feito, a seguradora sofrerá prejuízo, pois arrecadou um valor inferior aos prejuízos que ela se viu forçada a indenizar.

A seguradora, depois de complexos cálculos atuariais e exames de probabilidade, fixa o valor do prêmio, a fim de que sua atividade lhe seja rentável. Evidentemente, essa análise apenas se torna possível ao avaliar toda a carteira de uma seguradora. Apreciando o caso individualmente, verificam-se muitas hipóteses nas quais a seguradora experimentou prejuízo, pois o sinistro se verificou e ela arcou com os danos do segurado, maiores do que o prêmio recebido. Contudo, no âmbito geral de seus contratos, a seguradora busca um resultado financeiro positivo, pois seu interesse, como pessoa jurídica privada, é, como se disse, o de obter o lucro com sua atividade.

Assim, no seguro de roubo de um automóvel, a seguradora pode ter prejuízo em um caso específico, pois arcará com um dano superior ao prêmio, se, por exemplo, o carro for furtado no mês seguinte ao que se contratou o seguro. Porém, na medida em que oferece seguros a um grupo enorme de pessoas, visto o negócio de uma forma ampla, terá lucro. Isso porque, em função dos cálculos que já efetuou, a seguradora sabe que a maior parte dos segurados não terá seu carro roubado. Assim, a seguradora, na maioria dos casos, receberá o prêmio sem suportar quaisquer danos, diante da ausência do sinistro.

Identificados esses legítimos interesses, vale precisar quais as normas constitucionais que avultam nas relações de seguro.

relação de consumo

No nosso ordenamento jurídico, a dignidade da pessoa humana foi eleita como o mais alto valor a ser protegido. Ela se encontra referida no artigo 1º, III, da Constituição, como um dos fundamentos da república. Trata-se do reflexo de uma construção filosófica e jurídica, verdadeira conquista da civilização, que segue o conceito kantiano de compreender o homem como fim, nunca como meio.

O artigo 3º, I, da Constituição, por sua vez, informa ser objetivo da república construir uma sociedade justa, livre e solidária. Disso se extrai o conceito de função social a ser desempenhada pelo direito. Trata-se de uma "cláusula geral, permitindo ao jurista uma reflexão e construção de acordo com os valores éticos, econômicos e sociais."[7]

O artigo 3º, II, da Constituição, por sua vez, arrola a garantia do desenvolvimento nacional como um dos objetivos fundamentais da nação.

Entre as garantias fundamentais do cidadão, referidas no artigo 5º da Constituição Federal, encontra-se a proteção ao consumidor. A rigor, trata-se de uma regra imposta ao próprio Estado, pois o inciso XXXII diz que caberá a ele promover essa defesa. O contrato de seguro sempre se dará pela prestação de um serviço, enquadrando-se, salvo excepcionalmente, entre as relações de consumo.[8]

O artigo 170 da Constituição Federal, por seu turno, informa que a ordem econômica tem por fundamento a livre iniciativa. O parágrafo único desse dispositivo esclarece que as atividades econômicas independem de registro ou autorização, salvo se a lei dispuser de forma diversa. A atividade de seguro é, como já se disse, precisamente um desses casos nos quais se faz necessária a autorização de órgãos públicos.[9]

Acima se mencionou que, diante da relevância do tema, a Constituição Federal, no artigo 22, VIII, entendeu que apenas a União poderia legislar sobre a matéria de seguro, em um caso de competência privativa.

O seguro atualmente, na maior parte das vezes, é massificado. Na maioria dos casos, o instituidor do seguro adere a um contrato modelo, previamente redigido e apresentado pela seguradora como

---

7 Guilherme Calmon Nogueira da Gama, Função Social no *Direito Civil*, São Paulo, Atlas, 2007, p. 16.

8 Como pode haver uma gama enorme de relações derivadas de contrato de seguro, nas quais o segurado e a seguradora tenham maior ou menor distância econômica e técnica, além do próprio contrato de seguro nem sempre seguir a linha de cláusulas previamente estipuladas, caberá ao intérprete identificar, no caso concreto, o grau de proteção concedido ao consumidor.

9 Segundo o artigo 757, parágrafo único, a seguradora deve ser uma entidade legalmente autorizada (Decreto-Lei nº 73, de 21.11.66, artigos 74 a 77). Isso é assim desde o advento do Decreto nº 5.072, de 12.12.1903.

um produto pré-concebido. Assim, essa relação de consumo será cristalizada, muito comumente, por meio de um contrato de adesão. Por conta disso, de acordo com o artigo 47 do Código do Consumidor, a interpretação das cláusulas será feita de forma favorável ao aderente[10]. Da mesma forma, o artigo 423 do Código Civil registra, em relação à interpretação dos contratos redigidos por uma das partes, que, havendo dúvida, se deve lê-lo de modo contrário ao estipulante[11].

Vale anotar, todavia, que, embora extraordinariamente, existem contratos de seguro altamente complexos, nos quais as cláusulas são minuciosamente discutidas pelas partes. Evidentemente, nestes casos, cabe ao intérprete considerar essa peculiaridade no momento de interpretá-lo.

seguro como acessório

Pela sua relevância, o contrato de seguro não raro se incorpora a outros negócios, como nos contratos de locação, transporte, empreitada, dentre outros.

Hoje, o contrato de seguro consta, quase naturalmente, como acessório de diversos negócios.

Comumente, no contrato de locação e de comodato, quem cede a posse do bem requer que o locatário ou o comodatário instituam um seguro sobre a coisa, para proteger o ativo objeto do negócio.

objeto

O Código Civil de 1916 definia, no artigo 1.432, o contrato de seguro como aquele pelo qual a seguradora se obrigava a pagar uma indenização na hipótese de verificação do sinistro. Havia, evidentemente, um vício nessa definição, na medida em que, no seguro de pessoa, não há propriamente uma indenização. De fato, não se "indeniza" a morte de uma pessoa. O Código de 2002 corrigiu esse deslize e ampliou o conteúdo desse contrato. Segundo o artigo 757, a seguradora se compromete a arcar com interesses legítimos do segurado, contra riscos pré-determinados.

Como se mencionou, diz-se que há, no contato de seguro, a transferência dos riscos. Bem vistas as coisas, o risco sempre é do segurado. Transfere-se o dever de arcar com o prejuízo a que o evento não desejado der causa. Trata-se, em rigor, da garantia da cobertura. Vale-se, portanto, de uma boa metáfora, ao dizer que se opera a transferência dos riscos.

10 "Art. 47. As cláusulas contratuais serão interpretadas de maneira mais favorável ao consumidor."

11 "Art. 423. Quando houver no contrato de adesão cláusulas que gerem dúvida quanto à sua interpretação, será adotada a mais favorável ao aderente."

definição

A definição do contrato de seguro, como acabou de se registrar, é fornecida pelo artigo 757 do Código Civil[12], que oferece importantes informações para a adequada compreensão do negócio. Como se noticiou, a essência desse contrato consiste na transferência dos riscos. Contudo, não se trata da transferência de quaisquer riscos, porém apenas daqueles previamente identificados. Com efeito, o artigo 757 apresenta esse fundamental conceito: os riscos assumidos pela seguradora são apenas aqueles predeterminados, isto é, a seguradora deve saber a quais riscos se encontra sujeita, porque apenas assim consegue organizar-se.

riscos predeterminados

Como se acabou de registrar, o segurador não responde por quaisquer riscos, até porque, como se disse, há uma infinidade de riscos. O segurador responde apenas pelos riscos previamente fixados.

As partes dessa relação típica ajustam, de antemão, quais os riscos pelos quais o segurador ficará responsável. Apenas naqueles expressamente referidos, haverá a transferência para o segurador do ônus de suportá-los. Daí ser fundamental deixar claro qual o risco objeto do contrato. Em regra, o risco deve vir exposto na apólice, como se vê no artigo 760[13]. Eis um motivo que explica a necessidade de formalidade desse contrato, tal como exigido pelo artigo 758[14]. Se não houver uma apólice, na qual se estabelece o negócio, não será possível delimitar o âmbito do seguro e fica mais difícil provar a sua existência.

Por vezes, os atos apenas culposos podem ser segurados e, muitas vezes, são. Quem sofreu um acidente de carro não raro agiu com culpa leve, mas deve ter seu dano reparado. O que se pretende evitar é a situação de o segurado intencionalmente causar o dano. Da mesma forma, como se verá adiante, o segurado, registra o artigo 768[15], perderá a proteção se agravar intencionalmente o risco.

agravamento intencional

Como acabou de se mencionar, não pode o segurado agravar intencionalmente o risco. De acordo com o artigo 768, se o fizer, o segurado perde a garantia. Isso pode ocorrer, por exemplo, se o segurado, protegido por seguro de vida, pratica esporte radical e nada informa à seguradora.

12 "Art. 757. Pelo contrato de seguro, o segurador se obriga, mediante o pagamento do prêmio, a garantir interesse legítimo do segurado, relativo a pessoa ou a coisa, contra riscos predeterminados."

13 "Art. 760. A apólice ou o bilhete de seguro serão nominativos, à ordem ou ao portador, e mencionarão os riscos assumidos, o início e o fim de sua validade, o limite da garantia e o prêmio devido, e, quando for o caso, o nome do segurado e o do beneficiário."

14 "Art. 758. O contrato de seguro prova-se com a exibição da apólice ou do bilhete do seguro, e, na falta deles, por documento comprobatório do pagamento do respectivo prêmio."

15 "Art. 768. O segurado perderá o direito à garantia se agravar intencionalmente o risco objeto do contrato."

Informa o artigo 769 que cumpre ao segurado informar prontamente ao segurador todo fato capaz de agravar consideravelmente o risco, sob pena de perder o direito a ser indenizado do eventual dano[16].

Anote-se o advérbio "consideravelmente" referido na norma do artigo 769. Não é qualquer fato que deve ser informado, porém apenas aquele que majore de forma considerável o risco. Evidentemente, há espaço, aí, para uma certa dose de subjetividade, que pode dar margem a discussão, mas resta clara a orientação do legislador a que a alteração do risco deve ser intensa – e não pequena.

Avisar à seguradora do considerável aumento do risco não é uma opção do segurado, porém um dever. Assim, a interpretação deve ser a mais abrangente possível, para que o maior número de situações seja admitido como suscetível de aumentar os riscos.

Caso comprovado que o segurado se silenciou intencionalmente quanto ao "considerável" aumento do risco, ele pode perder o direito à garantia.

Recebida a indicação com a nova realidade, a seguradora tem 15 dias para, se quiser, resolver o contrato de seguro, informa o § 1º do artigo 769[17].

Seguindo a mesma lógica, o artigo 762 taxa de nulo o contrato caso o sinistro decorra de ato doloso do instituidor ou alguém a ele relacionado[18]. A origem do conceito é a mesma que veda as condições potestativas.

diminuição substancial do risco

De outra ponta, caso sobrevenha uma diminuição substancial do risco, o segurado pode, diz o artigo 770, solicitar que se promova a redução do valor do prêmio[19].

Assim, se houver a considerável diminuição do risco, registra o artigo 770 – como o caso do bombeiro que largou a profissão, por exemplo –, o segurado poderá requerer a revisão do prêmio. Se a redução do risco não for extraordinária, não caberá, evidentemente,

16 "Art. 769. O segurado é obrigado a comunicar ao segurador, logo que saiba, todo incidente suscetível de agravar consideravelmente o risco coberto, sob pena de perder o direito à garantia, se provar que silenciou de má-fé."

17 Parágrafo 1º do artigo 769: "§ 1º O segurador, desde que o faça nos quinze dias seguintes ao recebimento do aviso da agravação do risco sem culpa do segurado, poderá dar-lhe ciência, por escrito, de sua decisão de resolver o contrato."

18 "Art. 762. Nulo será o contrato para garantia de risco proveniente de ato doloso do segurado, do beneficiário, ou de representante de um ou de outro."

19 "Art. 770. Salvo disposição em contrário, a diminuição do risco no curso do contrato não acarreta a redução do prêmio estipulado; mas, se a redução do risco for considerável, o segurado poderá exigir a revisão do prêmio, ou a resolução do contrato."

essa diminuição do prêmio. As leves reduções não acarretarão qualquer alteração no prêmio.

Quer-se garantir a razoabilidade econômica do negócio – o que pode soar curioso em um contrato essencialmente aleatório para o segurado.

O sinistro, caso se verifique, deve ser informado imediatamente, reza o artigo 771[20]. Assim, ao tomar ciência do sinistro, cabe ao segurado informar prontamente o fato ao segurador, sob pena de perder o direito à indenização.

O segurado deve tomar as medidas a fim de atenuar o dano, embora não seja razoável que tenha que expor sua vida ou saúde.

dever de mitigar o dano

Aqui, há uma previsão expressa do dever de mitigar o prejuízo. Esse dever, a rigor, já existe como regra geral, que pode ser extraída da cláusula geral de boa-fé objetiva, aplicável a todos os contratos por força do artigo 422 do Código Civil. O conceito do "duty to mitigate the loss" consiste em uma obrigação geral, no sentido de minorar os danos advindos do sinistro.

As despesas decorrentes da tentativa de salvar a coisa serão também suportadas pela seguradora.

superveniente perda do risco

A norma pune, no artigo 773 do Código Civil[21], a seguradora que, mesmo ciente que risco já não existia, celebra o negócio com o segurado. Segundo a regra, essa seguradora de má-fé pagará ao instituidor em dobro o prêmio estipulado.

Os limites da responsabilidade abrangida na relação de seguro têm, portanto, enorme relevância. Tanto no que se refere à estipulação do prêmio, a ser pago pelo segurado, como à extensão do que se encontra protegido pela seguradora.

prêmio

Outro conceito importante, também encontrado no artigo 757, é o do prêmio. O segurado, para ter o seguro, paga um "prêmio" ao segurador, que, em contraprestação, cobre riscos pré-determinados do segurado.

O prêmio é a contraprestação que o instituidor do seguro paga ao segurador. Ele pode ser quitado de uma só vez, embora normalmente o pagamento seja feito em parcelas.

O nome – "prêmio" – pode gerar alguma confusão e, de fato, soa estranho (para não dizer paradoxal). Afinal, trata-se da contraprestação do segurado, um montante que ele deve pagar, uma obriga-

20 "Art. 771. Sob pena de perder o direito à indenização, o segurado participará o sinistro ao segurador, logo que o saiba, e tomará as providências imediatas para minorar-lhe as conseqüências."

21 "Art. 773. O segurador que, ao tempo do contrato, sabe estar passado o risco de que o segurado se pretende cobrir, e, não obstante, expede a apólice, pagará em dobro o prêmio estipulado."

ção e jamais um "prêmio", palavra normalmente associada a alguma vantagem ou proveito.

O prêmio, valor pago pelo segurado à seguradora, é, segundo o artigo 764, devido mesmo se não ocorrer o fato previsto como risco[22].

O valor do prêmio, como se explicou, é estabelecido com base em cálculos atuariais, nos quais se fixa, por probabilidades e estudos, a chance de o acidente ocorrer. A questão passa pelo estudo de estatísticas.

De fato, ao se falar em riscos pré-determinados, leva-se em conta que as partes os conhecem. Aqui, não se cuida apenas da existência do risco, porém de seus contornos e, logo, de sua chance de verificação. Se uma pessoa indica, por exemplo, que quer segurar uma atividade de transporte de mercadorias, mas deixa de mencionar que o produto transportado é altamente inflamável, retira, da seguradora, a oportunidade de aferir o real risco de acidente com a mercadoria.

De outro lado, como antes se mencionou, a seguradora tem o dever de informar ao segurado se um determinado risco foi minorado, o que acarretaria a diminuição da probabilidade de verificação do dano e, em certas situações, a redução do valor do prêmio.

álea

Trata-se de uma relação aleatória, isto é, não se sabe essencialmente qual das partes terá vantagem econômica. A seguradora avalia o risco a que o segurado encontra-se sujeito e indica um valor (o prêmio), pelo qual está disposta a assumir o dever eventual de suportar os danos de sua ocorrência.

Imagine que uma pessoa tenha um barco e deseje cruzar o oceano, mas tema que a nau sofra algum revés. Ele, então, procura uma seguradora, para que se responsabilize pelos prejuízos eventuais de um acidente com a embarcação. A seguradora aprecia a situação e indica o valor a ela devido – o "prêmio" – para que o risco seja transferido. A pessoa, dona do barco, aceita o negócio e, então, se o objeto segurado sofrer um acidente nessa viagem, quem responde pelos danos é a seguradora. Caso, entretanto, o percurso ocorra sem nenhum contratempo, a relação se extingue, e a seguradora embolsa o valor do seguro.

Assim, as partes podem ganhar ou perder nos contratos de seguro. Daí, dizer-se que se trata de um contrato aleatório.[23] Há,

22 "Art. 764. Salvo disposição especial, o fato de se não ter verificado o risco, em previsão do qual se faz o seguro, não exime o segurado de pagar o prêmio."

23 Nesse sentido, Carlos Roberto Gonçalves, Direito *Civil Brasileiro,* 2ª Ed., São Paulo: Saraiva, 2006, p. 475; Arnaldo Rizzardo, *Contratos,* 6ª Ed., Rio de Janeiro: Forense, 2006, p. 843; e José Maria Trepat Cases, Código Civil Comentado, Vol. VIII, São Paulo: Editora Atlas, 2003, p. 208.

entretanto, quem defenda tratar-se de contrato comutativo[24], porque a obrigação da seguradora – de garantir o seguro – é efetivada ainda que o sinistro não ocorra.

Do ponto de vista prático, a aleatoriedade apenas ocorre na relação particular entre o segurado e a seguradora. Em função dos cálculos de probabilidade e estatística feitos pela seguradora, em um aspecto geral, não existiria essa aleatoriedade para ela, pois esta teria como se proteger, com uma razoável noção de seus riscos.

Conceitualmente, existe uma certa correspondência – nunca equivalência – entre o risco e o prêmio. Nos negócios nos quais o risco for maior, será maior o valor do prêmio, enquanto nas situações nas quais o risco seja pequeno, diminuto, também será o prêmio.

De toda forma, jamais o prêmio poderá ser igual ao valor do dano cujo risco se pretende evitar.

Além disso, nos seguros de dano, a seguradora pode, depois de arcar com o prejuízo do segurado, buscar a recomposição do causador do dano para reaver o que pagou, como adiante se examinará. Isso, por si só, não retira a natureza aleatória, porque, afinal, não se sabe se a seguradora conseguirá reaver o que despendeu.

apólice

O instrumento do seguro é a apólice, assim como a procuração é o instrumento do mandato e o bilhete do transporte de pessoas. Trata-se de um documento relevantíssimo, porque ele vai delimitar o risco assumido pelo segurador. O artigo 757 já menciona que os riscos segurados devem estar predeterminados.

O artigo 760 do Código Civil[25] indica o que deve constar da apólice. Principalmente, cabe a ela mencionar os riscos assumidos, a validade, o valor do prêmio, além de claro, o beneficiário.

A apólice pode ser nominativa, à ordem ou ao portador. No seguro de vida, entretanto, a apólice não pode ser ao portador, resguarda o parágrafo único do artigo 760.

Em regra, diz o artigo 758, o contrato de seguro prova-se com a apólice (ou bilhete). Não há, como se vê, solenidade maior. A apólice serve apenas de prova.

lealdade nas informações

Como a análise das partes acerca das bases do contrato de seguro depende fundamentalmente das circunstâncias concretas do caso, elas devem ter o conhecimento mais exato possível da situação. Com efeito, para que a seguradora possa aferir a dimensão do risco e, em

24 Fabio Ulhôa Coelho, Curso de Direito Civil, Vol. 3, São Paulo: Saraiva, 2005, p. 344.

25 "Art. 760. A apólice ou o bilhete de seguro serão nominativos, à ordem ou ao portador, e mencionarão os riscos assumidos, o início e o fim de sua validade, o limite da garantia e o prêmio devido, e, quando for o caso, o nome do segurado e o do beneficiário."

consequência, o valor do prêmio, deve precisar os fatos, a fim de prever os possíveis sinistros. O mesmo se pode dizer do segurado. Para que ele saiba se o valor do prêmio está compatível, fundamental ter adequada ciência do risco suportado.

Nem sempre, seguradora e segurado têm pleno conhecimento da situação.

Eis porque nesse contrato a boa-fé objetiva tem um papel fundamental: para que se tenha a exata noção dos riscos a que se encontram sujeitos, cada contratante do seguro deve ser extremamente leal ao prestar as informações acerca dos fatos à contraparte. Especialmente em relação à seguradora, cabe ao segurado esclarecer sua situação, realçando os fatos que podem servir de agravantes ou atenuantes do evento, cujo eventual dano se pretende proteger.

Não sem razão, como se vê do dispositivo do artigo 765[26], a boa-fé objetiva possui uma feição concreta e prática nos contratos de seguro.

Caso o segurado faça declarações inexatas ao segurador, diz o artigo 766[27] que ele perde o direito à garantia. Além disso, seguirá obrigado ao pagamento do prêmio. Trata-se de sanção legal ao descumprimento desse dever de lealdade. Idêntica regra se encontrava no artigo 1.443 do Código Civil de 1916.

Se a declaração inexata não decorrer de má-fé, diz o parágrafo único do artigo 766[28], o segurador pode resolver o contrato ou, alternativamente, cobrar, mesmo após o sinistro, uma diferença pelo prêmio, isto é, reclamar o que cobraria se soubesse do real risco envolvido.

Evidentemente, há uma inteligência econômica na estipulação do contrato de seguro. A seguradora avalia o risco para, a partir daí, estabelecer o valor do prêmio. Se o risco é maior do que se indicou, natural e justo que o negócio seja refeito.

Embora a lei aponte essa alternatividade, parece óbvio que, na maior parte dos casos, o segurador irá preferir resolver o negócio, pois essa será a alternativa menos onerosa. Essa solução

26 "Art. 765. O segurado e o segurador são obrigados a guardar na conclusão e na execução do contrato, a mais estrita boa-fé e veracidade, tanto a respeito do objeto como das circunstâncias e declarações a ele concernentes".

27 "Art. 766. Se o segurado, por si ou por seu representante, fizer declarações inexatas ou omitir circunstâncias que possam influir na aceitação da proposta ou na taxa do prêmio, perderá o direito à garantia, além de ficar obrigado ao prêmio vencido."

28 Parágrafo único do artigo 766: "Parágrafo único. Se a inexatidão ou omissão nas declarações não resultar de má-fé do segurado, o segurador terá direito a resolver o contrato, ou a cobrar, mesmo após o sinistro, a diferença do prêmio."

é criticada pela doutrina, pois cria uma situação que beneficia a seguradora[29].

boa-fé

Atente-se à redação da lei: "a mais estrita boa-fé e veracidade". Não se refere, aqui, apenas à boa-fé, mas à boa-fé qualificada, como a mais estrita delas. Isso porque, como se registrou, o contrato de seguro, para que seu equilíbrio funcione, necessita dessa transparência da declaração, pois apenas assim a seguradora terá condição precisa de compreender o risco assumido.

A referência expressa aos "riscos assumidos" justifica-se diante do sensível equilíbrio do contrato de seguro, o qual, como antes se realçou, funda-se na perfeita compreensão dos riscos que a seguradora assume.

Também a seguradora deve ser leal com o segurado, indicando se determinado fato tende ou não a ocorrer, na medida em que ela, por sua atividade, possui, em regra, informações mais apuradas acerca do aumento ou da diminuição do risco.

proteção nos seguros de saúde

Apesar da regra clara dos artigos 765 e 766, a jurisprudência tem protegido, notadamente na seara dos seguros de saúde, os segurados, mesmo quando eles faltam com a verdade. Sustenta-se que o segurador teria o dever de se certificar da informação fornecida. Ou seja, nesse tipo de seguro, passa a ser dever da seguradora verificar a veracidade das informações que recebe.

Ademais, os tribunais têm compreendido que, nesses casos dos contratos de seguro por adesão – como se dá nos seguros de saúde –, não pode haver uma delimitação completa da regra dos riscos previamente estabelecidos.

A jurisprudência tem entendido que, nos seguros de saúde, era dever da seguradora ter feito os exames para aferir a real situação, independentemente da manifestação do segurado, por vezes falsa.

mora do segurado

No que se refere à mora do segurado, a regra do artigo 763 do Código Civil é linear e categórica:

> "Art. 763. Não terá direito a indenização o segurado que estiver em mora no pagamento do prêmio, se ocorrer o sinistro antes de sua purgação."

O Decreto nº 61.589, de 23.10.1967, relativo aos seguros privados, dispõe no mesmo sentido:

> "Art. 4º Nenhuma indenização decorrente do contrato de seguro poderá ser exigida sem a produção de provas de pagamento tempestivo do prêmio.

29 Paulo Nader, *Curso de Direito Civil, Contratos*, vol. 3, 3ª ed., Rio de Janeiro, Forense, 2008, p 376.

> § 1º Se o sinistro ocorrer dentro do prazo de pagamento do prêmio sem que êle se ache efetuado, o direito à indenização não ficará prejudicado se o segurado cobrir o débito respectivo ainda naquele prazo."

Evidentemente, para que o dispositivo ganhe eficácia concreta, deve haver mora. Se o pagamento do prêmio só se daria, por contrato, em um momento futuro, a seguradora não pode deixar de arcar com o seguro.

adimplemento substancial

Com relação ao artigo 763, referente à consequência da mora do segurado, que passa a não ter direito ao seguro, a jurisprudência, ao analisar a incidência do dispositivo, suscita a ideia do adimplemento substancial.[30] Faz-se isso para aferir o grau de inadimplemento do segurado. Não se pode tratar do mesmo modo o segurado que solicita a cobertura por furto de seu imóvel, mas está há um ano sem pagar o prêmio mensal, daquele segurado que se encontra em mora por apenas dois meses, e cumpre o contrato fielmente há anos.

Cumpre averiguar a intensidade da mora, sendo, contudo, vedado ao segurado transformar o contrato de seguro em uma opção, na qual o segurado não teria qualquer álea. Seria absurdo permitir que, depois de verificado o sinistro, o segurado tivesse a opção de pagar o prêmio para receber o valor do seguro, este em montante muito maior. Com isso, o segurado tiraria a álea do negócio, desfigurando por completo a natureza do contrato.

Permite-se ao segurado purgar a mora.[31] Comumente, o cancelamento automático do contrato de seguro pelo inadimplemento do pagamento do prêmio é considerado abusivo. Há, inclusive, precedentes do STJ no sentido de que o segurado em mora deva ser notificado pessoalmente para que a mora se constitua, não bastando o mero decurso do tempo.[32] Encontra-se, até mesmo, orientação de

30 "Recurso especial – Civil – Contrato de seguro de vida – Atraso no pagamento de uma única parcela – Cancelamento automático do seguro – Impossibilidade.

1 – Consoante entendimento desta Corte, "O simples atraso no pagamento de uma das parcelas do prêmio não se equipara ao inadimplemento total da obrigação do segurado e, assim, não confere à seguradora o direito de descumprir sua obrigação principal' (STJ - REsp 293722/SP, Rel. Min. Nancy Andrighi, j. 26.3.01). 2 – Recurso não conhecido" (STJ - REsp 814.127/PR, Rel. Min Jorge Scartezzini, 4ª Turma, j. 7.12.06).

31 STJ - AgRg no AREsp 413.276/DF, Rel. Min. Sidnei Beneti, 3ª Turma, j. 19.11.13.

32 STJ - REsp 316.552, Rel. Min. Aldir Passarinho Jr., 2ª Seção, j. 9.10.02.

que a rescisão do contrato deva dar-se apenas mediante requerimento ao juízo, o que sempre permitiria ao segurado purgá-la antes que o contrato fosse rescindido.[33]

Como justificar juridicamente essas decisões? Não pode haver dúvida de que elas se distanciam de uma interpretação literal da lei.

De fato, apenas por meio de uma interpretação civil-constitucional, considerando todo o ordenamento jurídico, consegue-se compreendê-las. Aliás, apenas por meio de uma compreensão sistêmica, pode-se criticá-las.

Antes, ao enunciar os preceitos constitucionais incidentes nas relações de seguro, esclareceram-se quais os valores e temas em jogo: a proteção ao consumidor (artigo 5º, XXXII, da Constituição Federal); a disparidade material entre segurador e segurado e o aspecto social do seguro, fundamental diante do objetivo da república de constituir uma sociedade justa, livre e solidária (artigo 3º, I, da Constituição); a dignidade da pessoa humana (artigo 1º, III, da Constituição); e a livre iniciativa (artigo 170 da Constituição).

Esses valores devem ser conjugados, evitando-se que a relação fique absurdamente adernada. Não há dúvida de que os casos acima referidos, e as interpretações que recebem, merecem uma análise sofisticada.

Tome-se a situação dos artigos 765 e 766, relativos à boa-fé e lealdade da declaração. Há, bem apreciado o tema, três situações de fato que merecem ser consideradas.

Primeiro, vale verificar se a seguradora, para apurar os riscos, deixou de realizar o exame dos fatos ou o fez de modo insuficiente. Pode ser que a própria seguradora tenha falhado no seu dever de apreciar o fato relevante. Segundo a jurisprudência, com essa negligência, notadamente nos seguros de saúde, a seguradora assumiu o risco.[34]

O segundo aspecto é apreciar se o segurado mentiu ou simplesmente foi omisso em fato relevante. Em outras palavras, cumpre entender se a seguradora foi enganada ou deixou de fazer a pergunta

33 "Seguro. Inadimplemento da segurada. Falta de pagamento da última prestação. Adimplemento substancial. Resolução. A companhia seguradora não pode dar por extinto o contrato de seguro, por falta de pagamento da útima prestação do prêmio, por três razões: a) sempre recebeu as prestações com atraso, o que estava, aliás, previsto no contrato, sendo inadmissível que apenas rejeite a prestação quando ocorra o sinistro; b) a seguradora cumpriu substancialmente com a sua obrigação, não sendo a sua falta suficiente para extinguir o contrato; c) a resolução do contrato deve ser requerida em juízo, quando será possível avaliar a importância do inadimplemento, suficiente para a extinção do negócio. Recurso conhecido e provido." (STJ - REsp 76.362/MT, Rel. Min. Ruy Rosado de Aguiar, 4ª Turma, j. 11.12.95)

34 STJ - REsp 244.842, Rel. Min. Carlos Alberto Menezes Direito, 3ª Turma, j. 15.5.01.

correta. Ainda: a omissão do segurado quanto à informação foi dolosa? Avulta, aqui, o conceito de que a boa-fé se presume, enquanto a má-fé deve ser provada. E, para tornar a análise de caso a caso ainda mais delicada, deve ser ponderado a existência de gradações na declaração falsa, podendo a falta de boa-fé ser mais ou menos intensa.

Por todas as razões, não se pode tolerar o benefício da própria torpeza, nem se admite que o ordenamento ampare a má-fé.

O terceiro aspecto a se considerar é se houve proveito econômico da seguradora, mesmo com a declaração inexata do segurado. Isso porque, não obstante as informações falsas, a seguradora pode experimentar proveito econômico, na medida em que, durante algum tempo, recebeu o prêmio, sem nada reclamar. Nesses casos, razoável mitigar a informação deficiente. Aliás, nesse ponto, vale compreender qual foi o prejuízo concreto que a falsa informação trouxe à seguradora, verificando a intensidade em que o fato desequilibrou o contrato.

Tudo isso deve ser ponderado, inclusive levando-se em conta que, caso se proteja o segurado de má-fé, arcando com o seu dano (que não seria suportado se a seguradora soubesse corretamente dos fatos), a seguradora sofrerá um prejuízo.

Em última análise, quem arca com esse prejuízo são os demais segurados. De fato, o segurado honesto paga, em parte, pelo segurado desleal. O custo do seguro, aí visto como um negócio, aumenta caso a seguradora se encontre obrigada a arcar com riscos não previamente ajustados. Se a operação sobe de custo, o prêmio de todos os seguros tem o mesmo destino.

riscos cobertos

Registre-se, ainda, o artigo 760 e o conceito dos riscos assumidos[35]. Aqui também alguns pontos merecem destaque.

Por vezes, não há referência expressa do risco, mas eles são óbvios ou deveriam ser de conhecimento da seguradora. Isso ocorre, por exemplo, no seguro de danos para uma empresa que trabalha com fogos de artifício: a seguradora não se poderia eximir de arcar com os prejuízos decorrentes de um incêndio, pois é evidente que a segurada guarda explosivos em seu estabelecimento – e o risco do fogo é evidente.

Não se pode admitir qualquer restrição no seguro que retire a sua finalidade.[36] Isso porque, muitas vezes, o propósito do seguro

35 "Art. 760. A apólice ou o bilhete de seguro serão nominativos, à ordem ou ao portador, e mencionarão os riscos assumidos, o início e o fim de sua validade, o limite da garantia e o prêmio devido, e, quando for o caso, o nome do segurado e o do beneficiário."

36 Eis, a propósito, o artigo 51 do Código do Consumidor:

consiste em evitar que o segurado suporte um dano. É o que vai ocorrer com os danos morais. Entender que apenas os danos materiais seriam objeto do seguro, excluindo-se os morais, seria o mesmo que impedir uma plena reparação dos danos.

Cita-se, a propósito, precedente do STJ, da privilegiada lavra do Ministro Ruy Rosado de Aguiar, no sentido de que se incluem, nos danos pessoais – pelos quais indubitavelmente responsabiliza-se a seguradora – tanto o dano de natureza patrimonial, como os danos morais.[37]

O objeto do seguro é a proteção de um "interesse" do segurado contra eventuais danos que ele possa sofrer. Os riscos vão recair sobre um possível dano cujas consequências se quer evitar. O artigo 757 fala na proteção desse "legitimo interesse". Como se vê, a proteção pode ser mais abrangente do que a pessoas e coisas corpóreas. Pode-se, em tese, proteger-se a reputação.

Ademais, a interpretação do negócio é sempre favorável ao aderente e ao consumidor – leia-se: o segurado. Assim, caso haja dúvida acerca da extensão dos riscos cobertos, essa dúvida deve ser favorável ao aderente, até mesmo porque as cláusulas limitativas de direito sempre devem ser as mais claras possíveis.[38]

Também cumpre aferir se foram dadas todas as relevantes informações ao consumidor (segurado) acerca do contrato e, principalmente, dos limites do seguro. Fundamental considerar as justas expectativas do segurado com o negócio. Qualificam-se como "justas" as expectativas que, pelas circunstâncias, eram razoáveis ao segurado. A seguradora é responsável por essa expectativa incutida.

Num último aspecto, para verificar a extensão das responsabilidades assumidas pela seguradora – e, logo, dos riscos que ela suportará – deve-se levar em conta os valores econômicos do prêmio e do eventual dano. Essa análise econômica permite identificar qual a

---

"Art. 51. São nulas de pleno direito, entre outras, as cláusulas contratuais relativas ao fornecimento de produtos e serviços que:

(...) IV - estabeleçam obrigações consideradas iníquas, abusivas, que coloquem o consumidor em desvantagem exagerada, ou sejam incompatíveis com a boa-fé ou a eqüidade;

(...) § 1º Presume-se exagerada, entre outros casos, a vantagem que:

(...) II - restringe direitos ou obrigações fundamentais inerentes à natureza do contrato, de tal modo a ameaçar seu objeto ou equilíbrio contratual;"

37 STJ - REsp 106.326/PR, 4ª Turma, j. 25.3.97.

38 Veja-se a redação do artigo 54, § 4º, do Código do Consumidor, tratando dos contratos de adesão: "§ 4° As cláusulas que implicarem limitação de direito do consumidor deverão ser redigidas com destaque, permitindo sua imediata e fácil compreensão."

efetiva dimensão do seguro, na medida em que há, em regra, um padrão de valores no mercado, já calibrados, levando em consideração os riscos assumidos.

negócio bilateral

O seguro é um negócio bilateral. Porém, essa bilateralidade revela-se na prática eventual. Ambas as partes têm obrigações, muito embora a obrigação principal do segurador – de arcar com o dano – apenas deverá ser cumprida se efetivamente ocorrer o sinistro.

O contrato de seguro, portanto, é aquele no qual, se não ocorrer o dano, apenas o segurado terá obrigações a cumprir, consistente em pagar o prêmio. Trata-se de corolário de outra característica, já mencionada, desse negócio: a aleatoriedade.

Enquanto cabe ao segurado arcar com o prêmio, o segurador informado do sinistro deve pagar o seguro acordado ao beneficiado. Eis a sua principal obrigação.

Veja-se que, de acordo com o artigo 776 do Código Civil, a seguradora encontra-se obrigada a repor o prejuízo em dinheiro, salvo se se ajustou que a reposição seria da coisa perdida[39].

tipos de seguro

O Código Civil trata de dois tipos de seguro: de pessoas e de danos, este aplicável ao se segurar coisas. Vamos, a seguir, tratar de cada um deles.

Seguro de dano

No seguro de dano, o segurado protege-se de um dano que possa recair sobre uma coisa. A rigor, pode-se segurar qualquer bem suscetível de apreciação econômica. Evidentemente, o bem protegido deve ser lícito.

A Seção II do capítulo do Código Civil destinado ao contrato de seguro examina o seguro de dano. Ele ocorre quando se segura um bem específico, que não a vida.

O seguro não visa a dar um lucro ao segurado. Não pode ser fonte de enriquecimento. Busca-se apenas evitar que o segurado sofra um dano decorrente da consumação de um risco. Assim, não se pode segurar um bem por quantia superior ao seu real valor econômico.

Nesse sentido, o artigo 778[40], o primeiro dispositivo que trata desse seguro, veda a estipulação de benefício maior do que o dano eventualmente sofrido, sendo este risco apreciado no momento da celebração do contrato.

39 "Art. 776. O segurador é obrigado a pagar em dinheiro o prejuízo resultante do risco assumido, salvo se convencionada a reposição da coisa."

40 "Art. 778. Nos seguros de dano, a garantia prometida não pode ultrapassar o valor do interesse segurado no momento da conclusão do contrato, sob pena do disposto no art. 766, e sem prejuízo da ação penal que no caso couber."

Se, não obstante, o contrato for firmado com esse vício, caberá ao segurador demonstrar a discrepância. Uma vez comprovada a situação, haverá a sanção prevista no artigo 766 do Código Civil, isto é, o segurado perderá a garantia e ainda ficará sujeito a pagar o prêmio.

Ao fim, a referida regra legal faz menção a eventual ação penal, como sanção à garantia prometida ser superior ao prejuízo. Evidentemente, trata-se de um excesso desnecessário do legislador, que não precisava mencionar a medida penal. Em rigor, pode haver o crime de falsidade ideológica (artigo 299 do Código Penal[41]), se houver declaração falsa em documento para "alterar a verdade sobre fato juridicamente relevante". Dessa forma, se o segurado faltar com a verdade a fim de obter um benefício indevido poderá, de fato, haver repercussões de natureza penal.

A regra do artigo 778 é reforçada pelo artigo 781[42], segundo o qual a indenização não pode ultrapassar o valor do interesse segurado, nem mesmo no momento da verificação do sinistro. A lei fala que o valor máximo deve ser o do bem "no momento do sinistro". Assim, se o montante fixado na apólice, para ser pago como indenização, for ajustado num determinado momento, quando o valor do bem protegido era superior, o segurado apenas poderá reclamar o valor do seguro (isto é, da indenização) no montante correspondente ao valor do bem na época do dano.

Portanto, como se alertou, de forma alguma o pagamento do seguro poderá ser fonte de enriquecimento para o segurado. A indenização pode, eventualmente, ser inferior – como, aliás, prevê o artigo 783[43] – ao tamanho do prejuízo, porém jamais superior.

O referido dispositivo do artigo 781, contudo, sofre uma exceção, caso o segurador estiver em mora. Se isso ocorrer, admite-se o acréscimo de juros e eventuais encargos à indenização. Contudo, segue certa a impossibilidade de se indenizar acima do dano.

---

41 "Art. 299 - Omitir, em documento público ou particular, declaração que dele devia constar, ou nele inserir ou fazer inserir declaração falsa ou diversa da que devia ser escrita, com o fim de prejudicar direito, criar obrigação ou alterar a verdade sobre fato juridicamente relevante: Pena - reclusão, de um a cinco anos, e multa, se o documento é público, e reclusão de um a três anos, e multa, se o documento é particular."

42 "Art. 781. A indenização não pode ultrapassar o valor do interesse segurado no momento do sinistro, e, em hipótese alguma, o limite máximo da garantia fixado na apólice, salvo em caso de mora do segurador."

43 "Art. 783. Salvo disposição em contrário, o seguro de um interesse por menos do que valha acarreta a redução proporcional da indenização, no caso de sinistro parcial."

A regra de limitação da indenização ao prejuízo é inteligente, pois, segundo o artigo 779[44], o dano segurado envolve tudo, inclusive os gastos para evitar o sinistro, como as despesas para tentar salvar a coisa ou para diminuir o dano.

cumulatividade de seguros

Admite-se que se faça mais de um seguro para proteger o mesmo interesse. No mercado de seguro, isso é conhecido como infra-seguro. Contudo, a soma da proteção não pode superar o valor do prejuízo segurado. Tamanho o cuidado em evitar que o segurado receba um seguro superior ao do seu possível dano que o segurado, por força do artigo 782, deve informar ao segurador caso celebre mais de um seguro para proteger o mesmo dano[45].

Cumpre ao segurado, nesses casos, indicar qual o valor do novo seguro, tudo a fim de que não haja um seguro maior do que o do interesse segurado, respeitando-se os limites do artigo 778.

Assim, embora possa haver mais de um seguro incidente sobre o mesmo bem, as indenizações pagas por esses seguros, somadas, não podem ultrapassar o valor do bem segurado. O objetivo é óbvio: não se admite que o segurado obtenha proveito com o sinistro. Se o seguro for maior, o valor deve ficar restrito ao efetivo dano experimentado. A primeira seguradora contratada arcará com o seguro no limite que contratou. A segunda apenas responderá até se chegar ao valor do prejuízo.

Evidentemente, isso não se aplica se o risco segurado sobre o mesmo bem for de natureza diversa. Imagine-se que uma pessoa faz o seguro de sua casa com três seguradoras distintas: na primeira, contrata um seguro contra roubo, na segunda, um seguro contra incêndios e na terceira um de acidentes em geral (excluídos roubos e incêndio). Os três não se sobrepõem, pois cada um abrange um risco específico, e cada um possui um limite distinto.

Essa regra de limitar a quantidade de seguradoras, como se verá logo adiante, não se aplica ao seguro de vida, até porque não se pode mensurar o valor desse bem.

vício intrínseco

Como se segura apenas aquilo que se poderia identificar como risco, o artigo 784 determina a exclusão da garantia pelo sinistro

44 "Art. 779. O risco do seguro compreenderá todos os prejuízos resultantes ou conseqüentes, como sejam os estragos ocasionados para evitar o sinistro, minorar o dano, ou salvar a coisa."

45 "Art. 782. O segurado que, na vigência do contrato, pretender obter novo seguro sobre o mesmo interesse, e contra o mesmo risco junto a outro segurador, deve previamente comunicar sua intenção por escrito ao primeiro, indicando a soma por que pretende segurar-se, a fim de se comprovar a obediência ao disposto no art. 778."

provocado por vício intrínseco da coisa, que era desconhecido e, portanto, não declarado[46].

Eis um importante excludente da garantia oferecida pelo seguro.

Segundo o parágrafo único do mencionado artigo 784[47], os vícios intrínsecos são aqueles defeitos extraordinários da coisa, que não se encontram em outras da mesma espécie.

Pode-se, entretanto, ajustar um contrato de seguro especial, relativo precisamente aos possíveis vícios intrínsecos.

Aliás, o próprio dispositivo do artigo 784 deixa isso muito claro ao informar que os vícios intrínsecos não ordinariamente cobertos são apenas aqueles não declarados pelo segurado. Dessa forma, se o segurado mencionou a existência do vício, o seguro também o protegerá.

cessão do seguro

Em regra e salvo disposição em contrário, o contrato de seguro não possui natureza personalíssima. Assim, admite-se a sua transferência, caso se dê a alienação ou a cessão do interesse segurado. O artigo 785 do Código Civil cuida dessa situação[48].

sub-rogação do segurador

De acordo com o referido dispositivo, a transferência apenas se opera com o aviso escrito assinado do segurado, endereçado à seguradora, informando da alienação ou cessão, com o novo segurado assumindo a relação.

Segundo o artigo 786, paga a indenização, a seguradora sub-roga-se contra o autor da lesão, podendo cobrar o que pagou ao segurado[49]. Acima já se mencionou que esse conceito se encontrava cristalizado na Súmula 188 do Supremo Tribunal Federal: "*O segurador tem ação regressiva contra o causador do dano pelo que efetivamente pagou, até o limite máximo previsto no contrato de seguro.*"

A seguradora pode cobrar apenas aquilo que desembolsou.

Essa sub-rogação nos seguros de danos, todavia, não existirá se o causador do dano for alguém da família do segurado. Com efeito, de acordo com o § 1º do referido dispositivo, não será possível fazer a sub-rogação se o causador do dano pertencer à família do segurado[50].

46 "Art. 784. Não se inclui na garantia o sinistro provocado por vício intrínseco da coisa segurada, não declarado pelo segurado."

47 Parágrafo único do artigo 784: "Parágrafo único. Entende-se por vício intrínseco o defeito próprio da coisa, que se não encontra normalmente em outras da mesma espécie."

48 "Art. 785. Salvo disposição em contrário, admite-se a transferência do contrato a terceiro com a alienação ou cessão do interesse segurado."

49 "Art. 786. Paga a indenização, o segurador sub-roga-se, nos limites do valor respectivo, nos direitos e ações que competirem ao segurado contra o autor do dano."

50 Parágrafo 1º do artigo 786: "§ 1º Salvo dolo, a sub-rogação não tem lugar se o dano foi causado pelo cônjuge do segurado, seus descendentes ou ascendentes, consangüíneos ou afins."

Com isso, a família do segurado não tem seu patrimônio prejudicado, até porque, a rigor, era exatamente isso o que se pretendia evitar com a celebração do seguro.

O referido parágrafo, ao mencionar os familiares, não incluiu o companheiro. Parece, entretanto, que, numa leitura constitucional do dispositivo, levando-se em conta o artigo 226, § 3º, da Constituição Federal, que admite a união estável como entidade familiar, inclui-se nesse rol o companheiro.

O parágrafo segundo do artigo 786 aponta como ineficaz qualquer ato do segurado que diminua ou extinga os direitos do segurador em reclamar o dano contra o terceiro que o causou[51]. Dessa forma, o segurado não pode adotar medidas que dificultem ao segurador o seu poder de tentar reaver o dano de terceiro.

seguro de responsabilidade civil contra terceiros

O artigo 787 do Código Civil examina o seguro de responsabilidade civil contra terceiros[52]. Isto é, casos nos quais o segurador se compromete a responder pelos danos causados pelo segurado a terceiro. Trata-se de seguro muito comum.

Assim que tiver ciência do fato de dano a terceiro, deve o segurado, segundo o § 1º, do referido dispositivo legal, informar o fato ao segurador[53]. Corretamente, critica-se a redação da norma[54], que se refere ao "ato" do segurado, quando, em realidade, poderia ser um "fato" qualquer, como algo causado por terceiro ou de uma coisa, e não necessariamente um ato do segurado.

Se o segurado for acionado pelo terceiro, cumpre a ele, como manda o § 3º do artigo 787[55], dar pronta ciência ao segurador acerca do fato, até para que o segurador possa adotar medidas no processo judicial.

Como o segurador pode tentar defender-se, diz o § 2º do artigo 787[56], o segurado não poderá assumir qualquer responsabilidade ou

---

51 Parágrafo 2º do artigo 786: "§ 2º É ineficaz qualquer ato do segurado que diminua ou extinga, em prejuízo do segurador, os direitos a que se refere este artigo."

52 "Art. 787. No seguro de responsabilidade civil, o segurador garante o pagamento de perdas e danos devidos pelo segurado a terceiro."

53 Parágrafo 1º do artigo 787: "§ 1º Tão logo saiba o segurado das conseqüências de ato seu, suscetível de lhe acarretar a responsabilidade incluída na garantia, comunicará o fato ao segurador."

54 Ver Adalberto Pasqualotto, Contratos Nominados III, Ed. Revista dos Tribunais, São Paulo, 2008, p. 146.

55 Parágrafo 3º do artigo 787: "§ 3º Intentada a ação contra o segurado, dará este ciência da lide ao segurador."

56 Parágrafo 2º do artigo 787: "§ 2º É defeso ao segurado reconhecer sua responsabilidade ou confessar a ação, bem como transigir com o terceiro prejudicado, ou indenizá-lo diretamente, sem anuência expressa do segurador."

confessar alguma ação. Muito menos, poderá o segurado indenizar diretamente o terceiro lesado. Tudo deve ser feito com a anuência expressa do segurador.

Se o segurado falhar nesse dever e isso representar um dever de indenização – que poderia ser evitado –, o segurador terá como eximir-se da obrigação de pagar o seguro. Trata-se, bem vistas as coisas, de um seguro em benefício de terceiro.

seguros obrigatórios

O nosso ordenamento prevê alguns seguros obrigatórios. Eles são impostos a pessoas que exercem atividades potencialmente danosas à coletividade. O Decreto Lei nº 73, de 21.11.1966 menciona os casos de seguro obrigatório. O mais corriqueiro desses seguros obrigatórios é o dos danos pessoais causados por veículos automotores, o conhecido DPVAT, regulamentado pela Lei nº 8.441, de 13.7.1992.

O terceiro, vítima de um acidente que sofreu o dano, pode reclamar diretamente da seguradora, garante o artigo 788 do Código Civil, inovando em relação à lei civil anterior[57].

seguros de saúde

Um tipo de seguro bem comum no Brasil é o de saúde. Infelizmente, pela deficiência do serviço púbico de saúde, muitos buscam proteger-se do risco dos custos de um tratamento médico com um seguro dessa natureza. A matéria, pelo enorme interesse público, é regida pela Lei nº 9.656, de 3.6.98. Há, inclusive, um órgão do governo, a Agência Nacional de Saúde Complementar – ANS, incumbida de fiscalizar a atividade das seguradoras que atuam nesse segmento.

seguro de crédito

Vale tratar do seguro de crédito. Imagine-se a sociedade comerciante, que concede créditos a uma série de clientes. É legítimo que esta sociedade pretenda proteger-se dos riscos de receber um calote de um desses seus clientes. Daí ela procurar uma seguradora que consinta em lhe proteger desse risco, fazendo um seguro de créditos[58].

Nesse caso, a seguradora irá apreciar o negócio da segurada e os seus clientes habituais, para avaliar o grau de risco a que ela será exposta.

Nesse tipo de seguro, há uma peculiaridade: a segurada constantemente enfrentará uma exposição, como sói ocorrer com comerciantes. Pois, afinal, ela terá que conceder créditos, fazer concessões, negociar com seus devedores. Pode haver um desalinhamento entre os interesses da seguradora e da segurada incomum nos demais contratos de seguro de coisa. Enquanto nos demais seguros de dano o segurado e a seguradora têm um interesse harmonioso, de que o bem não sofra um dano, de forma que a segurada evitará que isso

57 "Art. 788. Nos seguros de responsabilidade legalmente obrigatórios, a indenização por sinistro será paga pelo segurador diretamente ao terceiro prejudicado."

58 Sobre o tema, Fabio Konder Comparato, O Seguro de Crédito, São Paulo, RT, 1968.

aconteça, no seguro de crédito, a segurada terá, pela natureza de seu negócio, que fazer concessões e, com isso, aumentar seu risco, não havendo nisso qualquer irregularidade.

Evidentemente, se a exposição aumentar de forma considerável, terá a segurada que informar o fato ao segurador.

Seguro de pessoa

Franz Kafka, um dos mais influentes escritores da história, formou-se em Direito e, com essa qualificação, foi, no começo do século XX, trabalhar em uma empresa de seguros. Na sua atividade profissional, atendia e entrevistava acidentados, que reclamavam o pagamento do seguro diante de um acidente sofrido.[59] Tornou-se um burocrata especializado na área de acidentes de trabalho: pessoas que sofreram danos físicos, por vezes até a morte, enquanto trabalhavam. Com essa experiência, Kafka escreve *O Processo*, no qual relata a angustiante história de um homem acusado de cometer algo que ele não compreende bem, enredado em um processo cujos trâmites jamais consegue entender. Já no tempo de Kafka, as pessoas buscavam ver seus danos absorvidos pelas seguradoras. Os acidentes de trabalho eram objeto de seguro pelas empresas empregadoras – e o dia-a-dia dessa análise impressionou fundamentalmente o brilhante escritor, pois sentiu a situação, não raro dramática, de quem precisa receber essa indenização.

Há os seguros relacionados especificamente à vida humana, direcionados aos casos de morte e invalidez. Naturalmente, as pessoas se preocupam com quem depende financeiramente delas, na hipótese de não poderem mais trabalhar e garantir os meios para uma vida confortável ou mesmo a mínima subsistência. Para proteger esse risco, promove-se um seguro de vida ou de acidentes pessoais.

Em regra, esse seguro se justifica pelo receio do instituidor, que mantém um grupo de pessoas ou uma pessoa determinada, de vir a falecer ou ficar incapacitado de trabalhar e, em consequência, deixar esse grupo (normalmente sua família) ou alguém específico desamparado.

Se o instituidor morrer ou ficar incapacitado, ele quer que essa pessoa (ou grupo) receba um valor ou uma renda, a fim de minorar o dano financeiro decorrente de sua falta.

Nesses seguros de pessoa (ou de vida), diferentemente do que ocorre nos seguros de dano, não há reparação, porém um valor pago a quem sofreu a perda. Não há limite do valor para o seguro, diz o ar-

59 Reiner Stach, Is That Kafka, Nova York, New Direction Books, 2016, 137.

tigo 789[60]. Isso porque não se considera um contrato de indenização. A vida não tem preço. De forma distinta do seguro de dano, não se procura indenizar. Não há uma equivalência econômica que se busca recuperar. Ademais, visa-se a dar um amparo aos prejudicados com a perda da vida ou da capacidade que não se resume às perdas materiais, mas também aos danos morais sofridos em situações como essa.

Isso faz sentido. Afinal, não há como mensurar o valor do bem vida. Portanto, o artigo 789 registra que o capital segurado, que deve ser pago ao beneficiário em caso de morte, é livremente estipulado pelo instituidor e pelo segurador.

Pela mesma razão, admite-se mais de um seguro de vida – aliás, não há limites técnicos ou legais – protegendo a mesma pessoa.

Entretanto, haverá, em regra, uma compatibilidade entre o valor fixado e o padrão de vida do segurado.

A vida protegida pode ser do instituidor do seguro ou de terceiro. Normalmente, contudo, a instituição desse seguro se faz em favor de terceiros e não do próprio instituidor. Consoante se salientou, normalmente o instituidor do seguro ajusta o negócio para a sua morte ou para a sua incapacidade, apontando outras pessoas, normalmente de sua família, como beneficiárias. Entretanto, nada impede que se promova um seguro de vida, no qual a vida segurada seja de pessoa distinta do instituidor.

Evidentemente, o cuidado da norma é o de impedir que se promova uma fraude, segurando a vida de um terceiro sem qualquer relação com o instituidor.

Se alguém contratar o seguro de vida de terceiro, deve o instituidor indicar o interesse na preservação dessa vida, registra o artigo 790[61]. De fato, não é ordinário que alguém faça um contrato para segurar a vida de terceiro. Tome-se a situação de uma pessoa que contrate um seguro de vida de, por exemplo, um tio já em idade avançada, sendo ela a beneficiária da morte do parente. Situações como essa, que fogem do comum, merecem uma explicação, sendo isso, corretamente, exigido por lei. Necessariamente, deve haver um interesse legítimo para a instituição.

De toda sorte, essa relação entre o instituidor e a pessoa cuja vida se segurou não é necessariamente econômica, mas pode tam-

60 "Art. 789. Nos seguros de pessoas, o capital segurado é livremente estipulado pelo proponente, que pode contratar mais de um seguro sobre o mesmo interesse, com o mesmo ou diversos seguradores."

61 "Art. 790. No seguro sobre a vida de outros, o proponente é obrigado a declarar, sob pena de falsidade, o seu interesse pela preservação da vida do segurado."

bém ser afetiva. Tome-se a situação de uma pessoa que depende de sua empregada, que cuida de seu bem-estar. Essa pessoa pode, legitimamente, querer segurar a empregada, pois a falta dela lhe causará enorme dano emocional. Imagine-se, ainda, o pai que firme um seguro de vida do seu genro, marido de sua filha, tendo esta última como beneficiada ou mesmo ele. O evidente interesse do pai é o de que, se sua filha ficar viúva, ela disponha de algum capital que lhe ampare, ou mesmo que ele, pai, receba algum valor com vistas a auxiliar a filha.

Como bem ressalva o parágrafo único desse artigo 790[62], há uma presunção de interesse do instituidor se a pessoa cuja vida se segurou for seu parente. Se não for assim, o instituidor terá que declarar seus propósitos. Assim, se o seguro de vida não se relacionar à morte do instituidor, deve o proponente declarar o seu interesse no seguro de vida de terceiro, havendo uma presunção de legítimo interesse se a vida segurada for de familiar próximo.

Se não houver um interesse legítimo, o seguro poderá ser anulado por simulação.

O beneficiário, em regra, é indicado pelo instituidor do seguro. Normalmente, o beneficiário vem registrado na apólice. Ademais, não pode haver apólice, desse seguro de vida, ao portador, registra o parágrafo único do artigo 760[63].

Nessa espécie de seguro, a seguradora se compromete a pagar um valor a alguém, indicado pelo instituidor, como se disse, no momento da morte ou de incapacidade de certa pessoa.

Se o instituidor não tiver indicado quem seria o beneficiário de seu seguro de vida, o artigo 792[64] aponta, de forma supletiva, a ordem: deve-se dar metade ao cônjuge e o resto aos demais herdeiros, respeitando-se a ordem da vocação hereditária. Em regra, essa metade deverá ser dividida entre os filhos. Caso o instituidor não tenha filhos, recebem os seus pais, se vivos forem. Caso não tenha pais vivos, mas apenas o cônjuge, este receberá a integralidade do seguro.

Veja-se que, a partir da vigência do Código de 2002, o cônjuge passou a integrar a lista dos herdeiros necessários, consoante o artigo 1.829 do Código Civil.

---

62 Parágrafo único do artigo 790: "Parágrafo único. Até prova em contrário, presume-se o interesse, quando o segurado é cônjuge, ascendente ou descendente do proponente."

63 Parágrafo único do artigo 760: "Parágrafo único. No seguro de pessoas, a apólice ou o bilhete não podem ser ao portador."

64 "Art. 792. Na falta de indicação da pessoa ou beneficiário, ou se por qualquer motivo não prevalecer a que for feita, o capital segurado será pago por metade ao cônjuge não separado judicialmente, e o restante aos herdeiros do segurado, obedecida a ordem da vocação hereditária."

O melhor entendimento, albergado pelo Supremo Tribunal Federal, equipara o companheiro ao cônjuge, embora a norma não tenha feito isso de forma expressa[65].

Por fim, vale citar a regra do parágrafo único do artigo 792[66], segundo a qual se não houver herdeiros do segurado, poderão habilitar-se como beneficiadas as pessoas que comprovarem que a morte do segurado as privou dos meios de subsistência.

Nesse particular, a lei tenta alcançar aquilo que seria a vontade presumida do falecido segurado. Em regra, claro, apenas se aplica se a apólice deixa de indicar quem seria o beneficiário do seguro.

De acordo com o artigo 793, pode-se instituir a companheira ou o companheiro como beneficiário[67]. A lei, contudo, exige que, ao tempo do contrato o segurado já fosse separado judicialmente, ou, ao menos, de fato.

Veja-se que, aqui, a lei cuida de distinguir a situação do companheiro daquela do amante. No primeiro caso, existe uma relação afetiva entre duas pessoas, criando uma entidade familiar, embora não sejam casados. Na hipótese do amante (ou da amante), a relação ocorre com uma pessoa, senão ambas, casadas e vinculadas a uma terceira pelo vínculo do casamento, que, apesar disso, tinham um relacionamento amoroso.

A nossa sociedade elegeu a monogamia como padrão. Uma pessoa pode manter relação digna de proteção familiar com apenas uma outra pessoa. Não se chancelam as relações de casal com mais de duas pessoas, pois se entende que isso quebra a força da família, um fundamental conceito da sociedade. Como o ordenamento não deseja estimular o contrário, não se admite que se institua a amante ou o amante como beneficiária de um seguro de vida.

Como bem registra o artigo 794, seguro de vida não é herança[68]. O valor do seguro não deve ser arrolado no inventário de quem instituiu esse bem em proveito de seus herdeiros. Ele é pago diretamente ao beneficiário, sem chance de os credores do instituidor reclamarem

---

65 Ver STF, RE 646.721, Rel. Min. Luís Roberto Barroso, STF, j. 10.5.17, e RE 878.694, Rel. Min. Luís Roberto Barroso, STF, j. 10.5.17.

66 Parágrafo único do artigo 792: "Parágrafo único. Na falta das pessoas indicadas neste artigo, serão beneficiários os que provarem que a morte do segurado os privou dos meios necessários à subsistência."

67 "Art. 793. É válida a instituição do companheiro como beneficiário, se ao tempo do contrato o segurado era separado judicialmente, ou já se encontrava separado de fato."

68 "Art. 794. No seguro de vida ou de acidentes pessoais para o caso de morte, o capital estipulado não está sujeito às dívidas do segurado, nem se considera herança para todos os efeitos de direito."

o valor. Assim, o montante recebido como seguro de vida não responde pelas dívidas do segurado.

Aliás, o artigo 795 fulmina de nulidade a transação para diminuir o valor do seguro devido ao beneficiário[69].

Quer-se evitar que o beneficiário, no momento em que está suscetível, seja vítima de um abuso da seguradora.

prêmio

O prêmio do seguro de vida será pago por um prazo limitado, ou por toda a vida do segurado, diz o artigo 796[70]. Dessa forma, para obter essa cobertura, o segurado pode ajustar o pagamento de um prêmio único ou diferido. Comumente, esses prêmios variam em função da idade e do estado de saúde do segurado.

De acordo com o parágrafo único do artigo 796[71], nas hipóteses de seguro individual, o segurador não poderá cobrar o prêmio. Diante do inadimplemento do segurado quanto ao pagamento dos prêmios, o segurador pode resolver o negócio, devolvendo a reserva, ou reduzir o capital que será pago no caso de morte, de forma proporcional ao que foi despendido pelo segurado.

Para o seguro de vida para o caso de morte, admite-se, no artigo 797[72], ajustar uma carência para o segurador. Dessa forma, se a pessoa cuja morte for segurada vier a falecer dentro de determinado prazo, ajustado como carência, a seguradora não deve pagar o valor do seguro. Há, então, a suspensão dos plenos efeitos desse contrato até que se verifique o prazo estabelecido.

Segundo o parágrafo único[73], se a morte do segurado ocorrer nessa época de carência, deve o segurador devolver ao beneficiário a reserva técnica formada.

suicídio

Em 1774, o alemão Goethe lança o romance epistolar *O sofrimento do jovem Werther*. Foi então um enorme sucesso. Em suma, Werther tem uma paixão por Carlota, embora essa já esteja prome-

---

69 "Art. 795. É nula, no seguro de pessoa, qualquer transação para pagamento reduzido do capital segurado."

70 "Art. 796. O prêmio, no seguro de vida, será conveniado por prazo limitado, ou por toda a vida do segurado."

71 Parágrafo único do artigo 796: "Parágrafo único. Em qualquer hipótese, no seguro individual, o segurador não terá ação para cobrar o prêmio vencido, cuja falta de pagamento, nos prazos previstos, acarretará, conforme se estipular, a resolução do contrato, com a restituição da reserva já formada, ou a redução do capital garantido proporcionalmente ao prêmio pago."

72 "Art. 797. No seguro de vida para o caso de morte, é lícito estipular-se um prazo de carência, durante o qual o segurador não responde pela ocorrência do sinistro."

73 Parágrafo único do artigo 797: "Parágrafo único. No caso deste artigo o segurador é obrigado a devolver ao beneficiário o montante da reserva técnica já formada."

tida a outro. Sem suportar essa situação de ficar sem a sua amada, Werther se suicida, com um tiro em seu olho direito. No livro, o jovem apaixonado não consegue viver com a angústia e tira a sua própria vida.

O tema do suicídio no seguro de vida tem enorme importância. Juridicamente, discutia-se a possibilidade de o beneficiário receber algo no caso de suicídio do segurado. Afinal, o segurado havia atuado dolosamente para que o risco ocorresse. Em outras palavras, o instituidor agiu diretamente para que o sinistro ocorresse, pois, afinal, se suicidou. O que era uma álea – o momento da morte –, passou a ser uma certeza, pois a vida foi tirada pelo seu dono.

Antes do advento do Código de 2002, entendia-se, com base no artigo 1440 do Código de 1916, que, se não houvesse premeditação, o segurador deveria arcar com o seguro. Com isso, abria-se espaço para acirrada discussão. Afinal, não era fácil apontar se houve ou não esse prévio interesse em suicidar para, com isso, beneficiar alguém.

A premeditação se relacionava especificamente à ideia de contratar o seguro para, em seguida, se matar – e, assim, beneficiar alguém. Evidentemente, em todo suicídio há alguma forma de premeditação. Queria-se evitar apenas quem estabeleceu o seguro já com esse propósito, o que constituiria em um golpe. Assim, no suicídio, havia sempre uma discussão acerca dessa premeditação. Caso ela fosse reconhecida, a seguradora via um fundamento para se recusar a arcar com o seguro.

O artigo 798 do Código Civil de 2002 pretendia acabar com a discussão[74], na medida em que fixou um critério assustadoramente objetivo: o segurador fica obrigado a arcar com a garantia se o suicídio ocorreu depois de dois anos da celebração do seguro. Caso, entretanto, o suicídio tenha ocorrido antes dessa data, não haverá o dever de arcar com o seguro.

O dispositivo afastou a análise da premeditação, de grande subjetividade, que vigorava anteriormente, para fixar um conceito objetivo: a distância de dois anos entre a instituição do seguro e o suicídio.

Esse critério objetivo tem a vantagem de evitar discussões. Contudo, na prática, ele pode ser escandalosamente injusto. Isso porque, na maior parte das vezes, quem se suicida age dominado por uma patologia. O suicida é tomado por uma angústia e desespero violento, perdendo por completo o controle. Nesses casos, que compõem a maioria, o segurado que se mata não age com vistas a burlar a se-

74 "Art. 798. O beneficiário não tem direito ao capital estipulado quando o segurado se suicida nos primeiros dois anos de vigência inicial do contrato, ou da sua recondução depois de suspenso, observado o disposto no parágrafo único do artigo antecedente."

guradora, mas por uma doença. Por outro lado, se há má-fé, bastaria que o segurado aguardasse o prazo de dois anos e, assim, fraudasse o seguro, beneficiando quem ele desejasse.

Diante disso, apesar da orientação normativa, melhor interpretá-la como uma presunção relativa que, diante das circunstâncias, pode ceder.

Aliás, o parágrafo único do artigo 798 diz que sequer pode haver cláusula afastando a incidência do seguro nos casos de suicídio[75].

Se houver tentativa de suicídio, e disso decorrer a invalidez, esta não estará coberta pelo seguro, pois não há risco decorrente de fato externo.

casos em que a seguradora não pode negar indenização

O artigo 799 arrola situações nas quais o segurador não pode recusar o pagamento do seguro[76]. Seriam situações nas quais a pessoa, cuja vida fora segurada, se expôs. Contudo, mesmo assim, a lei considera que, em algumas hipóteses, o segurador não pode deixar de arcar com o seguro. Isso vai se dar, por exemplo, se a perda da vida ou da capacidade se deu pela utilização de meio de transporte arriscado, pela prestação de serviço militar, pela prática de esporte ou por atos de humanidade.

Nos atos de humanidade, a lei fala em auxílio de outrem, mas pode haver um ato de humanidade para proteger, por exemplo, um animal ou coisa.

impossibilidade de sub-rogação

Consoante registra o artigo 800, no seguro de acidentes pessoais, ao contrário do que ocorre no seguro de dano, não há sub-rogação do segurador em relação ao causador do dano[77]. Eis outro aspecto que afasta esse tipo de seguro daquele que visa a reparar os danos. Isso se dá porque no seguro de vida, como se disse, não há um propósito de indenização. Se a seguradora pudesse reclamar uma reparação do causador do mal, poderia, até, ocorrer um benefício econômico dela, o que não faz qualquer sentido.

É de um ano (artigo 206, § 1º, II, a) o prazo prescricional do segurado de responsabilidade civil de terceiro para reclamar o reembolso da seguradora, contado da data em que recebe a citação

---

75 Parágrafo único do artigo 798: "Parágrafo único. Ressalvada a hipótese prevista neste artigo, é nula a cláusula contratual que exclui o pagamento do capital por suicídio do segurado."

76 "Art. 799. O segurador não pode eximir-se ao pagamento do seguro, ainda que da apólice conste a restrição, se a morte ou a incapacidade do segurado provier da utilização de meio de transporte mais arriscado, da prestação de serviço militar, da prática de esporte, ou de atos de humanidade em auxílio de outrem."

77 "Art. 800. Nos seguros de pessoas, o segurador não pode sub-rogar-se nos direitos e ações do segurado, ou do beneficiário, contra o causador do sinistro."

da ação de cobrança de terceiro, ou contado de quando ele paga a terceiro, com a concordância do segurador.

Nos demais seguros (artigo 206, § 1º, II, b), o prazo também é de um ano para que o segurado acione a seguradora, a contar da data da ciência do fato gerador do dano pelo segurado.

Há, contudo, quem defenda um prazo mais largo, de cinco anos, com base nas leis consumeristas.[78]

Será de três anos, diz o artigo 206, § 3º, IX, o prazo para o beneficiário reclamar do segurador.

A regra geral de dez anos de prescrição, prevista no artigo 205 do Código Civil, cede diante das normas específicas de seguro, acima indicadas.

78 "Seguro Saúde – Prescrição – Cobrança de despesas não cobertas – Contrato que se adequa às regras do art. 27 do Cód. de Defesa do Consumidor – Lapso prescricional de cinco anos – Procedência da ação - No mérito - Cirurgia não decorrente de tratamento para esterilidade - Despesas a serem custeadas pelo seguro-saúde – Indenização por danos morais devida, já que até o protesto de cheque foi o autor submetido – Recurso parcialmente provido.

(...)

Todavia, o contrato firmado com as empresas de saúde não tem a característica de seguro e sim, de prestação de serviços e, nesse aspecto, devem ser aplicadas as regras do Código de Defesa do Consumidor, sendo oportuna a explanação trazida no site Jus Navegandi, no artigo 'Seguro-Saúde – Prescrição' (Valcir Edson Mayer e Ivo De Pim)." (Apelação nº 267.9864/1-00 – 5ª Câmara Cível do TJSP – Seção de Direito Privado – Rel. Des. A.G. Mathias Coltro – j. 17.08.2005 – grifou-se).

Constituição de Renda

Constituir renda para alguém consiste em dar a uma pessoa determinado valor, por um certo tempo – eventualmente, de forma vitalícia –, muitas vezes a partir da alienação de certo bem. O conceito clássico residia substancialmente nisso: uma pessoa passava a propriedade de um bem a outra e esta, chamada rendeiro, em contraprestação, se obrigava a arcar com uma renda para um beneficiário. Este poderia ser um terceiro ou a própria pessoa que deu a coisa.

A finalidade do negócio, portanto, consiste em garantir uma renda a alguém. Para esse fim, conceitua-se como renda "*a série de prestações em dinheiro ou em outros bens, que uma pessoa recebe da outra, a quem foi entregue, para esse efeito, certo capital*"[1].

Diz-se que a constituição de renda nasceu como uma forma de burlar a cobrança de juros devida no empréstimo. Por meio dele, uma pessoa ficava obrigada a pagar para outra uma renda que não se relacionava necessariamente com o bem entregue.

No Código de 1916, a constituição de renda era tratada como direito real (nos artigos 749 e seguintes), pois estava atrelada a um imóvel. Como se disse, uma pessoa transferia a propriedade de um imóvel a outra que, por sua vez, ficava responsável por arcar com uma renda para quem havia dado o bem ou para terceiro, indicado pelo instituidor.

No Código Civil de 2002, o instituto passa a ser examinado como contrato, até porque se contemplou a constituição de renda graciosa, sem a necessidade de o instituidor entregar um bem, imóvel ou não, a quem fica obrigado a oferecer a renda.

---

1 Clóvis Bevilaqua, *Código Civil dos Estados Unidos do Brasil*, vol. 5, 10ª ed. Rio de Janeiro: Livraria Francisco Alves, 1954, p 140.

Cuida-se de uma espécie de contrato de pouco uso. Caio Mario, com razão, aponta que deixou de haver interesse nesse negócio depois do desenvolvimento do seguro ou da previdência privada. Isso porque, na constituição de renda, o beneficiário suportava o risco do inadimplemento do rendeiro ou de sua eventual insolvência. Com efeito, se o rendeiro deixar de arcar com sua obrigação por insuficiência de patrimônio, o objetivo do negócio se frustra. Eis uma história fácil de se imaginar: uma pessoa entrega a outra uma enorme quantia em dinheiro, para que esta, o rendeiro, ofereça, durante, por exemplo, 20 anos, uma renda mensal a terceiro, que seria o beneficiado. Se o rendeiro, nos primeiros meses, perde todo o seu patrimônio, ainda que de boa-fé, não terá como arcar com a renda. Eis porque quando o mesmo negócio passou a ser oferecido como um produto de uma instituição financeira, passou a ser muito mais seguro ao instituidor escolher esse meio de garantir a renda.

sujeitos

Os sujeitos desse contrato são o instituidor, que contrata, normalmente entregando a outra pessoa (o rendeiro) certo capital. O rendeiro (ou censuário) recebe o capital e fica obrigado a fazer a prestação periódica (renda) ao beneficiário. Este receberá a renda.

gratuita ou onerosa

A constituição de renda pode ser gratuita (artigo 803[2]) ou onerosa (artigo 804[3]). Na onerosa, o instituidor, que pode até ser o próprio beneficiário, entrega um bem móvel ou imóvel a outro que, a partir daí, retira os valores para arcar com a renda.

De fato, se o instituidor for a mesma pessoa que receberá a renda e o negócio foi instituído por dinheiro, poderá, ao fim, haver um empréstimo.

A constituição de renda onerosa é a mais comum. O instituidor transfere ativos de seu patrimônio ao rendeiro, que fica obrigado a arcar com a renda. Nela, o instituidor pode solicitar que o rendeiro preste uma garantia real ou fidejussória, diz o artigo 805[4], tudo a fim de proteger a obrigação assumida de conceder a renda.

Na modalidade onerosa, trata-se de negócio real, que apenas se aperfeiçoa depois de o instituidor entregar o capital ao rendeiro.

Na constituição de renda graciosa, o rendeiro se compromete a fornecer a renda a partir de um ato de generosidade. Esse ato se equi-

2 "Art. 803. Pode uma pessoa, pelo contrato de constituição de renda, obrigar-se para com outra a uma prestação periódica, a título gratuito."

3 "Art. 804. O contrato pode ser também a título oneroso, entregando-se bens móveis ou imóveis à pessoa que se obriga a satisfazer as prestações a favor do credor ou de terceiros."

4 "Art. 805. Sendo o contrato a título oneroso, pode o credor, ao contratar, exigir que o rendeiro lhe preste garantia real, ou fidejussória."

para a uma doação. Nessa espécie, caso não se tenha ajustado o prazo especificamente, presume-se que é o menor possível (ao contrário da constituição de renda onerosa, na qual, não havendo estipulação de prazo, presume-se vitalícia).

negócio formal

A constituição de renda é um negócio formal: o artigo 807 requer escritura pública para a sua constituição[5].

O prazo do oferecimento de renda pode ser ou não estipulado. Se o prazo for fixo, o rendeiro, normalmente, recebe do instituidor bens que razoavelmente correspondem ao valor das rendas que, ao longo do tempo, serão pagas. Isso faz com que o negócio, ao menos de forma ideal, tenha algo de comutativo. Esta característica, contudo, se perderá, caso, por exemplo, o beneficiário venha a falecer rapidamente, situação na qual cessa o dever de pagar a renda. Caso se ajuste por renda vitalícia, a contraprestação do rendeiro possivelmente será desproporcional ao que recebeu do instituidor, dependendo se o beneficiário tiver uma vida curta ou longa. A constituição de renda onerosa, portanto, será sempre um negócio aleatório, podendo essa álea ser maior ou menor dependendo das circunstâncias.

prazo

O prazo não poderá jamais superar a vida do beneficiário, embora possa superar a vida do rendeiro. Neste caso, os herdeiros do rendeiro manterão o dever de prover a renda.

Na constituição de renda graciosa, o prazo, em regra, é determinado.

renda graciosa

Uma outra característica da renda gratuita encontra-se registrada no artigo 813[6]. Segundo este dispositivo, a renda graciosa, por disposição do instituidor, pode ficar isenta de execuções pendentes e futuras. Quer-se com isso garantir que a generosidade do instituidor, normalmente com objetivos alimentícios, não fique destinada ao pagamento de uma dívida, ao invés de proteger a subsistência do beneficiado.

O artigo 810 permite que o credor da renda reclame do rendeiro a obrigação ajustada ou que dê garantia de que cumprirá as futuras[7].

garantia

Paulo Nader entende que a obrigação de oferecer garantia não se enquadra nos contratos de renda graciosos[8]. Essa interpretação faz sentido, principalmente ao analisar o referido dispositivo do artigo

5 "Art. 807. O contrato de constituição de renda requer escritura pública."

6 "Art. 813. A renda constituída por título gratuito pode, por ato do instituidor, ficar isenta de todas as execuções pendentes e futuras."

7 "Art. 810. Se o rendeiro, ou censuário, deixar de cumprir a obrigação estipulada, poderá o credor da renda acioná-lo, tanto para que lhe pague as prestações atrasadas como para que lhe dê garantias das futuras, sob pena de rescisão do contrato."

8 Paulo Nader, *Curso* de Direito Civil, Contratos, vol. 3, 3ª ed., Rio de Janeiro, Forense, 2008, p 392.

810 em conjunto com o artigo 805, que concede, apenas ao credor da modalidade onerosa, o poder de reclamar do rendeiro o oferecimento de garantias.

renda para pessoa falecida

Evidentemente, é nula a renda constituída para pessoa já falecida, ou, como também indica o artigo 808[9], para as pessoas que venham a falecer em até 30 dias depois da instituição do negócio, se a causa da morte decorrer de mal que já acometia o beneficiário no momento em que se formou a obrigação. Dessa forma, evitam-se fraudes ou a vantagem desmesurada.

De toda forma, a moléstia superveniente não é causa de anulação.

extinção

A extinção da constituição de renda pode dar-se pelo vencimento do prazo, pela morte do beneficiário ou pelo resgate.

O resgate é uma faculdade de o devedor (rendeiro) pagar, de uma só vez, as rendas devidas no futuro. Com isso, o rendeiro antecipa o pagamento e se libera da obrigação. Atente-se que o credor não pode exigir o resgate, pois cabe apenas ao rendeiro, em livre faculdade, escolher se deseja valer-se dessa forma de quitar sua obrigação. Evidentemente, isso não será possível nas rendas vitalícias, pois não se sabe o valor total da renda devida.

9 "Art. 808. É nula a constituição de renda em favor de pessoa já falecida, ou que, nos trinta dias seguintes, vier a falecer de moléstia que já sofria, quando foi celebrado o contrato."

Jogo e Aposta

O ordenamento jurídico poderia ter feito a escolha de não tolerar qualquer negócio cuja origem fosse o jogo, pois neste avulta a sorte, uma senhora caprichosa e sedutora. Para muitos, o jogo é um vício, que leva embora as economias e condena o jogador, e suas famílias, à pobreza.

No romance, "O jogador", Dostoievski narra a sina de Aleksei Ivánovitch, que perde tudo, de forma irresponsável e compulsiva, na roleta, até mesmo uma nova chance que a vida lhe oferece. Esse, de fato, é um mal que pode decorrer do jogo. O legislador poderia ter proibido qualquer obrigação derivada de jogo, assim como fizeram os romanos (e ainda fazem os Códigos Alemão[1] e Suíço[2], que não admitem a extração de qualquer efeito das dívidas de jogo).

O Direito Romano, fonte histórica de tantos contratos, não admitia a dívida oriunda de jogo – ressalvadas algumas hipóteses restritas, como o jogo doméstico.

O legislador pátrio reconhece a possibilidade de validade dessas obrigações, tratando, dentre os contratos típicos previstos no Código Civil, do jogo e da aposta. Contudo, a recepção pelo Direito vigente do jogo e da aposta não se dá de forma irrestrita. Atento à função social que os negócios devem cumprir, esses contratos têm sua eficácia mitigada, despidos da *actio;* são um "direito mutilado", na conhecida definição de Pontes de Miranda[3].

---

1 § 782 do Código Civil Alemão.

2 Artigo 513 do Código Suíço das Obrigações.

3 "Há direitos que não têm ou perderam pretensão ou ação. Circunstâncias históricas deram ao fato nome impróprio, pois ao complexo 'direito, pretensão e ação', tirando-se a ação, ou a ação e a

Embora trate dos dois – jogo e aposta –, a lei não os distingue. Em ambos os negócios, avulta o aspecto aleatório, residindo nisso a sua maior característica.

jogo

No jogo, ganha quem for merecedor de certo ato. Os jogadores estão envolvidos diretamente na atividade. Assim, a atuação dos jogadores (que, no caso, são os contratantes) faz diferença no resultado. Nesse negócio, os jogadores firmam uma obrigação de pagar certo valor ao contratante vencedor.

aposta

Diferentemente, na aposta, ganha aquele cuja opinião ou palpite se verificar correto, conforme resultado incerto. O resultado não depende de uma atividade direta dos contratantes. Ajusta-se que aquele cuja opinião estiver correta acerca de determinado fato será o vencedor e terá direito a receber o pagamento de alguma importância.

Um bom exemplo da diferença está no boxe: para os lutadores é jogo; para os espectadores – que ajustaram dar um valor ao que acertasse o palpite de quem seria o vencedor do embate –, cuida-se de aposta.

Por vezes, essa distinção revela-se difícil. Tome-se a roleta: seria jogo ou aposta? Nesses "jogos" de pura sorte, a diferença entre os dois contratos se desmancha, embora, se o "apostador" estiver, ele próprio, na mesa, pareça mais adequado falar em jogo.

De toda forma, o tratamento dispensado na lei aos dois contratos é exatamente idêntico, não havendo, pois, maior utilidade na diferenciação.

Por todas as razões, não será qualquer jogo ou aposta que merecerá o reconhecimento do Estado. Ao tratar do jogo e da aposta, o Código Civil apenas examina os contratos de jogo e aposta admitidos pelo ordenamento.

Vale, então, separar o joio do trigo. Afinal, como ensina Orlando Gomes, "*O contrato de jogo proibido não produz efeitos jurídicos*."[4] Nada, portanto, advém dos jogos ilícitos.

jogos ilícitos

São considerados ilícitos os jogos de azar nos quais não exista qualquer habilidade, como a roleta, o jogo de dados ou o "jogo do bicho". O resultado deles deriva exclusivamente da sorte. Promover esses jogos constitui uma contravenção. A Lei das Contravenções

pretensão, ficaria direito. Em verdade, trata-se de direitos desprovidos de pretensões ou da ação, ou de direitos mutilados." (Pontes de Miranda, Tratado de Direito Privado, 2ª ed., Tomo VI, Parte Geral, 1955, §640)

4 Orlando Gomes, *Contratos*, 26ª ed., Rio de Janeiro, Forense, 2008, p. 528.

Penais (Decreto-Lei n° 3.688, de 3.10.1941), no artigo 50, § 3º, aponta, num tipo aberto, como ilegais os "jogos de azar"[5].

Os contratos cuja origem decorrer desses "jogos de azar" são nulos.

Nos jogos ilícitos, não se admite qualquer produção de efeitos, diante da ilicitude do objeto. Esses negócios não geram sequer uma obrigação natural, diferentemente do que vai ocorrer nos contratos que espelhem os jogos e apostas admitidos.

Com relação aos pagamentos feitos em função desses jogos ilícitos, não haverá o poder de reclamar a repetição. Entende-se ser tão ilícito pagar como repetir. Uma vez pagas essas apostas, não se poderá reclamar a devolução. Mas isso não porque se considera a existência da dívida, mas porque o ordenamento jurídico não considera esse fato, nem como fonte legítima para exigir o pagamento, nem como para reclamar a repetição.

jogos tolerados

Os jogos e apostas tolerados serão aqueles não proibidos. Basicamente, são aqueles não mencionados pela lei como ilícitos. Toleram-se os jogos para os quais os jogadores devem demonstrar alguma habilidade ou talento – também conhecidos como os jogos de destreza –, servindo de exemplo o xadrez, o bridge e os esportes em geral. Esses jogos tolerados são aqueles regulados pelo Código Civil. As dívidas deles decorrentes não são exigíveis, porém se admite como correto e lícito o pagamento dessas dívidas.

jogos permitidos

A terceira categoria é a dos jogos permitidos e regulados. Orlando Gomes arrola a loteria, o turfe e a rifa[6]. Nesses casos, a obrigação gerada a partir desses atos é totalmente válida e eficaz, de sorte que se podem cobrar as dívidas dele decorrentes, tal como num contrato ordinário.

O Código Civil, ao examinar o jogo e aposta, regula a segunda hipótese: os jogos tolerados.

não formal

O contrato de jogo ou de aposta não requer nenhum formalismo. Ele pode nascer do simples consentimento.

Esses contratos são bilaterais ou plurilaterais, caso existam vários jogadores ou apostadores. Isso será apurado em função dos polos

---

5 Eis o texto da Lei:

"§ 3° - Consideram-se jogos de azar:

a) o jogo em que o ganho e a perda dependem exclusiva ou principalmente da sorte;

b) as apostas sobre corrida de cavalos fora de hipódromo ou de local onde sejam autorizadas;

c) as apostas sobre qualquer outra competição esportiva."

6 Orlando Gomes, *Contratos,* 26ª ed., Rio de Janeiro, Forense, 2008, p. 529.

dos oponentes. Por vezes, há vários jogadores do mesmo lado (como no futebol), embora existam apenas dois oponentes.

aposta unilateral

Excepcionalmente, admite-se a aposta unilateral. Ela vai ocorrer se alguém assume, unilateralmente, o dever de pagar algum valor a outra ou a outras pessoas se um determinado palpite seu for verdadeiro, não existindo qualquer dever dessa outra ou dessas outras pessoas[7].

oneroso

Trata-se de um contrato oneroso. Aqui vale destacar que o jogo feito entre amigos, sem qualquer interesse econômico, não tem relevância para o Direito. De fato, enquanto a finalidade do jogo for apenas a de entreter, em uma disputa recreativa, lúdica, sem qualquer proveito financeiro ao vencedor, a relação não receberá repercussão jurídica. A lei trata apenas da situação na qual os oponentes visam a obter um proveito econômico. Como ensina Adalberto Pasqualotto: "A *onerosidade, no entanto, é essencial para que exista risco de perda e chance de ganho, interesse que se vincula ao aspecto econômico* (*causa lucrandi*)."[8]

aleatório

Evidentemente, o jogo e a aposta encontram na álea uma de suas principais características. O negócio, portanto, é essencialmente aleatório. Com efeito, a álea está na sua razão de ser. Há uma indeterminação acerca do proveito econômico. Um fato futuro e incerto determinará a vantagem (ou não). Como anota Serpa Lopes, enquanto no contrato de seguro, a álea é preexistente, nos contratos de jogo e de aposta, a álea é criada pelas partes[9].

obrigação natural

O artigo 814 do Código Civil, o primeiro a tratar desses contratos, indica a sua natureza de obrigação natural[10]. Segundo o dispositivo, a dívida de jogo ou de aposta não obriga o pagamento. Em outras palavras, o devedor das dívidas com essa natureza não pode ser compelido ao pagamento.

Todavia, a dívida existe. Há o *debitum*, mas não a *obligatio*.

Uma vez paga voluntariamente a dívida, quem a pagou não pode reclamar a devolução. Não será, pois, possível reclamar a repetição, eis que, afinal, arcou-se com uma dívida existente. Nesse sentido, aliás, a regra do artigo 882 do Código Civil, que não ad-

---

7 A hipótese é registrada por Serpa Lopes, *Curso de Direito Civil*, Vol. IV, 5ª ed., Rio de Janeiro, Freitas Bastos Editora, 1999, p. 478.

8 Adalberto Pasqualotto, *Contratos* Nominados III, São Paulo, Ed. Revista dos Tribunais, 2008, p. 204.

9 Serpa Lopes, *Curso de Direito Civil*, Vol. IV, 5ª ed., Rio de Janeiro, Freitas Bastos Editora, 1999, p. 479.

10 "Art. 814. As dívidas de jogo ou de aposta não obrigam a pagamento; mas não se pode recobrar a quantia, que voluntariamente se pagou, salvo se foi ganha por dolo, ou se o perdente é menor ou interdito."

mite repetir o que se pagou para "cumprir obrigação judicialmente inexigível"[11].

O Direito, portanto, reconhece a existência da causa, embora não crie uma responsabilidade de pagamento ao devedor.

Trata-se de exemplo clássico de obrigação natural. Quis o legislador mutilar a eficácia dessas obrigações – retirando-lhe a exigibilidade –, embora reconhecendo que as partes possam convencionar um negócio com essa natureza.

Em função dessa característica, esse contrato não pode ser protegido por qualquer garantia especial, como a fiança ou outro ônus real. Da mesma forma, não cabe estabelecer uma cláusula penal, como reforço dessa obrigação.

Consoante o § 2º do artigo 814, a proibição de cobrança da dívida de jogo subsiste mesmo que o jogo não seja proibido[12]. Excetuam-se, consoante acima se mencionou, os jogos autorizados, como, por exemplo, a loteria esportiva.

Corretamente, o § 3º do artigo 814[13] excetua, da regra segundo a qual não existe exigibilidade dessas obrigações, os prêmios de competições esportivas, intelectuais ou artísticas, devidamente reguladas. Assim, nos concursos regulamentados, a parte vencedora terá o poder jurídico de reclamar o prêmio.

compensação

Anote-se, em tempo, que, pelas suas características, não se admite que essa obrigação sirva de compensação, a ponto de se poder quitar outra obrigação. Isso porque, no nosso ordenamento, a compensação se dá por força da lei: basta existir duas prestações fungíveis entre si de pessoas que ocupem os polos ativo e passivo, e vice-versa, numa relação obrigacional, para que se dê a compensação proporcional, independentemente da manifestação das partes. Essa característica é incompatível com as obrigações despidas da *obligatio*, pois uma das partes não poderá exigir o adimplemento da outra. Contudo, se o credor da outra obrigação admitir a compensação com a dívida de jogo (da qual era devedor), essa compensação terá eficácia.

ausência de repetição

Como se disse, o artigo 814 menciona que quem pagou não pode reclamar a repetição. Com isso, o ordenamento reconhece

11 "Art. 882. Não se pode repetir o que se pagou para solver dívida prescrita, ou cumprir obrigação judicialmente inexigível."

12 Parágrafo 2º do artigo 814: "§ 2º O preceito contido neste artigo tem aplicação, ainda que se trate de jogo não proibido, só se excetuando os jogos e apostas legalmente permitidos."

13 Parágrafo 3º do artigo 814: "§ 3º Excetuam-se, igualmente, os prêmios oferecidos ou prometidos para o vencedor em competição de natureza esportiva, intelectual ou artística, desde que os interessados se submetam às prescrições legais e regulamentares."

como válida a causa desses negócios. Existe o *debitum*, logo, o pagamento é bem feito e possuía uma causa admitida. Por conta disso, não há que se falar em restituição[14].

Consoante registra a última parte do artigo 814, admite-se que quem pagou reclame a restituição caso demonstre que foi vítima de dolo (isto é, houve, por exemplo, uma trapaça do vencedor). Haverá também dolo no caso de uma das partes ter absoluta certeza do resultado – e ter apostado dissimulando desconhecer o resultado. No jogo, deve haver a álea. Se uma das partes já conhecia de antemão o resultado do jogo ou da aposta, haverá dolo que, uma vez comprovado, autorizará a vítima a reclamar a restituição do que pagou.

O mesmo dispositivo ainda permite que se peça a restituição se quem perdeu o valor era menor de idade ou pessoa interditada. Entende-se que, nesses casos, uma parte tirou proveito da ingenuidade ou da inexperiência da outra. Portanto, ao apostar com um menor e se este perder, poderá haver a repetibilidade se reclamada pelo incapaz (ou por quem o assiste ou representa).

Portanto, a repetição pode ocorrer nessas duas hipóteses: provado o dolo ou no caso de contratação com incapaz.

Lembre-se que, no nosso sistema, até haver o reconhecimento judicial da interdição, a pessoa está habilitada a realizar todos os atos da vida civil.

Se a pessoa receber do incapaz ou do interditado, haverá pagamento indevido, previsto no artigo 876, justificando-se o poder de reclamar a restituição[15].

Como antes se alertou, a restituição de forma alguma terá lugar se o jogo for ilícito. Afinal, como explicita Bevilaqua, quem participa do jogo ilegal é um "delinquente" e, como tal, "não poderá erigir o seu delito em fundamento de uma ação."[16]

ocultação das origens

De acordo com o §1º do artigo 814[17], não se permitirá a tentativa da ocultação da origem do jogo, criando um novo negócio.

14 "Recurso especial. Dívida de jogo. Pagamento. Cheques. Ação de locupletamento. - Dívidas de jogo ou de aposta constituem obrigações naturais. Embora sejam incabíveis, é lícito ao devedor pagá-las. Se o pagamento é realizado por meio de cheques sem provisão de fundos, admite-se o manejo de ação de locupletamento para cobrá-los, sem que se esbarre na proibição de cobrança de dívida de jogo." (REsp 822.922/SP, Rel. Min. Humberto Gomes de Barros, DJ 01.08.2008)

15 "Art. 876. Todo aquele que recebeu o que lhe não era devido fica obrigado a restituir; obrigação que incumbe àquele que recebe dívida condicional antes de cumprida a condição."

16 Clovis Bevilaqua, *Código Civil dos* Estados Unidos do Brasil Comentado, vol. V, Rio de Janeiro, Livraria Francisco Alves, 1957, p. 182.

17 Parágrafo 1º do artigo 814: "§ 1º Estende-se esta disposição a qualquer contrato que encubra ou envolva reconhecimento, novação ou fiança de dívida de jogo; mas a nulidade resultante não pode ser oposta ao terceiro de boa-fé."

Imagine-se que, para escapar da impossibilidade de se reclamar a dívida, as partes criem um documento no qual o devedor, perdedor do jogo, reconheça um crédito, sem especificar a sua origem ou mencionando uma origem falsa. Provando-se que o documento visa a ocultar a origem da dívida, por vezes até mesmo expressando uma falsidade, o devedor poderá, de forma legítima, recusar o pagamento.

O Direito se preocupa em evitar que se encubra a origem da dívida por meio de um subterfúgio qualquer, a fim de escapar da determinação legal, que tira a exigibilidade dessas obrigações de contratos de jogo ou aposta.

Caso se identifique a origem, o novo negócio terá as mesmas características – entenda-se, limitações legais – dos contratos de jogo ou de aposta, isto é, o credor não poderá exigir a prestação, embora se reconheça a existência da dívida. Seguirá como um leão sem dentes.

terceiro de boa-fé

A lei, de forma inteligente, protege o terceiro de boa-fé. Afinal, o terceiro de boa-fé – aquele absolutamente estranho ao negócio – não conhecia a origem da obrigação. Assim, caso o documento acima mencionado – uma confissão de dívida – seja transferido para um terceiro, alheio à real origem da dívida, este terceiro poderá cobrar a prestação, independentemente de sua origem.

Essa proteção ao terceiro apenas subsiste se o jogo ou a aposta não forem ilícitos. Na hipótese de o negócio original ser nulo, não há que se dar qualquer validade ao negócio, ainda que ele tenha sido transferido a terceiro de boa-fé.

empréstimo para o jogo

De acordo com o artigo 815[18], o empréstimo na hora do jogo segue a mesma regra, isto é, não pode ser exigido. Portanto, se uma pessoa emprestou dinheiro à outra para jogar – e se esse ato ocorreu justo no momento do jogo ou da aposta –, a dívida ganha o mesmo status, perdendo a sua exigibilidade. Caso a lei não desse a esse empréstimo o mesmo tratamento da dívida de jogo, estar-se-ia, por via oblíqua, admitindo a plena exigibilidade da dívida de jogo.

Como anota Luiz Roldão de Freitas Gomes, a vedação ao empréstimo na hora do jogo também visa a evitar o proveito por alguém do estado de excitação do jogador[19].

Aqui, é muito importante identificar se o mútuo foi feito para que a pessoa pudesse jogar ou apostar. Importante demonstrar que quem emprestou sabia da finalidade do empréstimo, ou seja, do motivo daquele negócio. Apenas nessa hipótese o empréstimo perderá a *obligatio*.

---

18 "Art. 815. Não se pode exigir reembolso do que se emprestou para jogo ou aposta, no ato de apostar ou jogar."

19 Luiz Roldão de Freitas Gomes, *Contratos*, Rio de Janeiro, Renovar, 1999, p. 331.

Normalmente, isso é verificado porque o empréstimo se faz no mesmo local e na mesma hora em que o mutuário está jogando ou apostando. O mutuante, normalmente, aproveita-se da fragilidade emocional do mutuário para lhe emprestar o dinheiro, sendo esse o motivo pelo qual o legislador estendeu a esse negócio a ineficácia quanto à exigibilidade da dívida.

bolsa de valores

O artigo 816 informa que as aplicações na bolsa de valores e em mercadorias de preços flutuantes não são consideradas como jogo ou aposta[20]. Portanto, não se aplica à especulação financeira a perda de exigibilidade da prestação.

contratos diferenciais

No Código Civil de 1916, vedavam-se os denominados contratos diferenciais. Neles, especulava-se a cotação de determinada mercadoria ou valor. O Código antigo considerava ilícita a prática. Verificando a importância comercial desses negócios, o Código de 2002 deu tratamento diverso, admitindo essas operações.

sorteio

Por fim, o artigo 817 examina a situação do sorteio, que pode ser utilizado como meio de solucionar conflitos, para dividir coisas comuns ou em um processo de transação[21]. Aqui também não haverá jogo.

Esse meio de solução de conflitos apenas pode ser utilizado para direitos disponíveis. Essa forma é, por exemplo, bastante comum nas divisões de bens do espólio, hipótese na qual os sucessores convencionam que, por meio de sorteio, haverá a imputação dos quinhões.

O contrato que estipular esse sorteio terá a natureza de transação, sendo plenamente exigível seu cumprimento.

---

20 "Art. 816. As disposições dos arts. 814 e 815 não se aplicam aos contratos sobre títulos de bolsa, mercadorias ou valores, em que se estipulem a liquidação exclusivamente pela diferença entre o preço ajustado e a cotação que eles tiverem no vencimento do ajuste."

21 "Art. 817. O sorteio para dirimir questões ou dividir coisas comuns considera-se sistema de partilha ou processo de transação, conforme o caso."

Fiança

Contam que, em Siracusa, no século primeiro antes de Cristo, viviam dois grandes amigos: Damon e Pítias. Este último, por se insurgir contra o tirano local, foi condenado à morte. Deram-lhe, contudo, o direito a um último desejo antes de cumprir a pena. Foi então que Pítias pediu para dar adeus aos seus filhos, que moravam longe, além de um tempo para resolver problemas que adviriam de seu passamento. As autoridades, claro, temeram em conceder tal desejo. Afinal, Pítias, uma vez fora da cidade, fatalmente fugiria para não cumprir a execução. Contudo, para garantir que não escaparia da pena, Pítias ofereceu seu bom amigo Damon, que ficaria em seu lugar. Caso Pítias não voltasse no prazo ajustado, Damon morreria por ele. Assim foi feito. Damon ficou enquanto Pítias deixou Siracusa. No dia do cumprimento da pena, Pítias voltou desesperado. Contou que enfrentou todos os tipos de problema, mas superou todos, para que o seu amigo Damon não tivesse que cumprir a pena por ele. Comovido com a prova de amizade, conta a lenda que o tirano de Siracusa relaxou a sanção, mantendo vivos os dois amigos.

Na história que se contou, uma pessoa assume o cumprimento de um dever de outro, caso este venha a falhar. Em outras palavras, uma pessoa, estranha à relação obrigacional, admite arcar com o débito existente nessa relação, caso o devedor principal descumpra a obrigação. Pois é exatamente isso o que ocorre na fiança: uma pessoa assume o dever de pagar, se o devedor principal deixar de cumprir seu dever.

Assim, o fiador se coloca na posição do devedor, assumindo um ônus. "Fiança traz desgraça", reconhecia no século VI a.C., o filósofo Tales de Mileto.[1]

1 Giovani Reale, Sofistas, Sócrates e *Socráticos Menores*, 2ª ed., São Paulo, Loyola, 2013.

A prestação primária de uma obrigação é o dever assumido pelo devedor. Ela pode consistir, por exemplo, no pagamento de um valor, na prestação de um serviço e no que mais as partes, de forma lícita, convencionarem. Escondida por detrás dessa prestação primária, existe outra, uma prestação eventual, que apenas emergirá se o devedor falhar no seu dever de oferecer a prestação principal. Com efeito, caso o devedor fique inadimplente, deixando de entregar a prestação convencionada, o credor passa a ter direito de reclamar, além da prestação primária, uma indenização pelo dano sofrido em decorrência do inadimplemento. Esse dever secundário pode tomar conta, por inteiro, do fenômeno obrigacional, na hipótese de a prestação primária, diante do inadimplemento, perder sua razão de ser, ou pode vir acompanhada da prestação primária, quando ambas as prestações se completam.

Imagine-se a situação da noiva que contrata com o costureiro a confecção de um vestido para o seu casamento. Todavia, esse costureiro deixa de entregar o vestido no dia da cerimônia. Evidentemente, a contratante não tem nenhum interesse em receber a roupa depois do casamento já realizado. A prestação perdeu a sua utilidade. Logo, o dever primário (consistente na entrega do vestido de noiva) não precisa ser cumprido. Resta à contratante reclamar o dever secundário, de indenização pelos danos que sofreu exatamente porque a prestação primária não foi oferecida.

Pode ocorrer, também, de o tal costureiro ter entregue o vestido no dia da cerimônia, porém com defeitos (num modelo, digamos, diferente daquele convencionado). Neste caso, a prestação primária foi entregue, mas não de forma perfeita. Também haverá, aqui, o dever secundário, pois o devedor deverá arcar com os danos experimentados pela contratante, derivados do cumprimento defeituoso da prestação primária.

Portanto, a prestação primária pode existir isoladamente, nos casos em que o adimplemento foi perfeito; pode conviver com a prestação secundária, se o adimplemento foi parcialmente perfeito; ou, por fim, a prestação primária pode ser totalmente esquecida, caso ela já não tenha utilidade nem seja possível, hipótese na qual o credor contará apenas com o dever secundário.

Ciente de que, ao menos em potência, a obrigação pode terminar com uma indenização, o credor, antes de conceder o crédito, avalia as chances de o devedor cumprir a obrigação, ou, ao menos, de receber algum valor caso se dê o inadimplemento. Afinal, se o devedor deixar de cumprir o dever assumido, o credor poderá, como se sabe, exigir o contratado; porém, caso a prestação já não tenha utilidade ou não seja mais possível, o credor buscará uma reparação pelo dano que sofreu em decorrência do descumprimento.

O credor deverá estar atento, portanto, ao patrimônio do devedor, pois este conjunto de bens constituirá a garantia geral da obrigação. Nesse sentido, aliás, a regra do artigo 391 do Código Civil[2], segundo a qual respondem pelo inadimplemento das obrigações todos os bens do devedor. No exemplo dado acima, se o costureiro inadimplente não dispuser de ativos, como a noiva prejudicada poderá receber uma indenização?

garantia geral das obrigações

Assim, a garantia geral das obrigações é constituída pelo patrimônio do devedor. A palavra garantia, aliás, tem origem no antigo alemão *warentare*, que significava defender. Daí vieram os termos *waren* e *gewähren*, de onde saíram a *warrant* do inglês e a italiana *guarantire*[3].

Entretanto, pode o credor não estar seguro apenas com a garantia geral e requerer ao devedor que forneça garantias especiais, que ultrapassarão o patrimônio desse devedor. Com essa medida, o credor protege sua posição na hipótese de ter que reclamar a prestação secundária. Afinal, aumenta a sua chance de receber uma indenização e se protege, inclusive, de o devedor sofrer um revés em sua vida financeira e perder seus ativos.

garantias especiais

No Brasil, ao contrário do que ocorre em outros ordenamentos jurídicos, não há uma seção específica na lei tratando das garantias especiais. As garantias às obrigações encontram-se dispostas de forma não organizada em diversas leis. Na parte do Código Civil referente aos direitos reais, nas quais se indica um bem específico afetado com o propósito de proteger o pagamento. Trata-se das garantias reais, o *aval*, por sua vez, é examinado por lei específica, a *fiança* foi regulada entre os contratos, a *penhora*, em uma situação um pouco distinta, no Código de Processo Civil, e assim por diante[4].

garantia pessoais

Nas garantias reais, um bem fica afetado ao cumprimento da obrigação. Os exemplos clássicos são a hipoteca, o penhor e a anticrese. Caso o devedor falhe no seu dever e o credor passe a ter um crédito, os bens específicos, indicados nas garantias, serão alienados e o fruto dessa venda entregue ao credor, que, com isso, receberá seu crédito. Há, ainda, a possibilidade de esses bens serem adquiridos pelo próprio credor, mediante adjudicação compulsória. Isso se dá desde que, iniciada a execução judicial para a satisfação do crédito, penhorados os bens e realizada a avaliação destes, o credor ofereça

---

2 "Art. 391. Pelo inadimplemento das obrigações respondem todos os bens do devedor."

3 Assim explica Adalberto Pasqualotto, *Contratos Nominados III*, São Paulo, Ed. Revista dos Tribunais, 2008, p. 221.

4 Sobre as garantias, veja-se José Roberto de Castro Neves, *Direito das Obrigações*, 7ª Ed., Rio de Janeiro, GZ Editora, 2017.

por eles um preço não inferior ao da avaliação, na forma facultada pelo art. 876 do Código de Processo Civil[5].

Nas garantias pessoais, o patrimônio de um terceiro, inicialmente estranho à relação obrigacional, fica vinculado ao negócio. Caso a dívida não seja paga pelo devedor, um terceiro responderá por ela. Estas garantias, também chamadas de garantias fidejussórias, podem ser o aval e a fiança.

O aval é uma garantia típica do direito cambiário, na qual um terceiro se compromete a honrar uma dívida expressa num título de crédito.

Já a fiança é um contrato, regulado pelo Código Civil, de enorme uso prático. Pode-se dizer que a fiança ocupa o lugar da mais comum das garantias.

definição

O artigo 818 do Código Civil define a fiança[6]. Por contrato, uma pessoa, o fiador, assume uma obrigação de outro, o devedor, caso este devedor não a cumpra.

Em outras palavras, um terceiro, inicialmente estranho à relação obrigacional que vincula credor e devedor, fica, por força de um contrato, obrigado, perante o credor, a responder à dívida do devedor.

Na fiança, o fiador tem a *obligatio*, porém não o *debitum*.

Ele encontra-se obrigado a arcar com a dívida, embora o passivo original seja de outra pessoa. A rigor, o fiador responderá subsidiariamente, na hipótese de o devedor principal falhar. O dever do fiador mantém-se em potência, para ganhar efetividade se o devedor principal não responder pela dívida.

A fiança protege a obrigação principal que, por sua vez, pode ser de dar, de fazer ou de não fazer. O fiador, idealmente, fica obrigado a entregar a mesma prestação que daria o devedor principal da obrigação. Isso, claro, não será possível se a obrigação for personalíssima. Nesse caso, o fiador apenas poderá suportar a prestação secundária, sendo chamado na hipótese de inadimplemento, para arcar com os danos sofridos pelo credor.

Aliás, é pouco comum que esse contrato estabeleça, nas obrigações de fazer e de não fazer, que o fiador deva cumprir as prestações primárias, obrigando-o a um fazer ou a um não fazer. Usualmente, nas obrigações de fazer e de não fazer, o fiador funciona como um garantidor do negócio, sendo convocado, no inadimplemento, a arcar com uma eventual indenização.

5 "Art. 876. É lícito ao exequente, oferecendo preço não inferior ao da avaliação, requerer que lhe sejam adjudicados os bens penhorados."

6 "Art. 818. Pelo contrato de fiança, uma pessoa garante satisfazer ao credor uma obrigação assumida pelo devedor, caso este não a cumpra."

Com efeito, normalmente, o dever do fiador recai sobre a prestação secundária. Na maior parte dos casos, o fiador é chamado se a obrigação principal é a de pagar dinheiro (como no caso do mútuo, da compra e venda ou da locação, por exemplo), assim como nos casos nos quais já se liquidou o valor da indenização em decorrência do inadimplemento.

De acordo com o artigo 821[7], a fiança pode recair, até mesmo, em dívidas futuras (nestes casos, porém, o fiador apenas poderá ser demandado depois que a dívida se tornar certa e exigível).[8]

Vê-se, pois, que a fiança, como espécie de garantia, é um contrato acessório de outro, no qual se estipulou uma obrigação. A fiança protege o credor de um outro negócio no qual ela orbita. Caso o contrato principal seja perfeitamente cumprido, a fiança perde seu objeto. Na hipótese de se reconhecer a nulidade do contrato principal, a fiança, como acessório, também não sobrevive.

É muito comum, por exemplo, nos contratos de locação e de empréstimo que o credor solicite ao devedor que ofereça fiador.

No Direito Romano, já se conhecia a garantia pessoal, na qual um terceiro respondia pela prestação do devedor. Em um primeiro momento, havia a *sponsio*. Ela era instituída com uma pergunta feita pelo credor ao garantidor: "*idem mihi dari spondes?*" (promete-se dar-me o mesmo que o devedor prometeu?[9]). O garantidor deveria responder: "*spondeo*", isto é, "*prometo*", e o negócio estava sacramentado.

Na *fidepromissio* havia uma situação semelhante. A diferença principal das duas era a de que a *sponsio* só era acessível aos cidadãos romanos, diferentemente da *fidepromissio*, que se aplicava também aos estrangeiros.

Mais tarde, no Direito justinianeu, havia a *fideiussio*, que, em suma, previa o mesmo conceito da fiança. Nessa fase, o *fideiusso* foi sistematizado como um acessório e criou-se o conceito de benefício

7 "Art. 821. As dívidas futuras podem ser objeto de fiança; mas o fiador, neste caso, não será demandado senão depois que se fizer certa e líquida a obrigação do principal devedor."

8 "Processo Civil. Execução. Fiança em caráter rotativo. Imprestabilidade do documento como título executivo extrajudicial. Incidência do art. 1485, CCB. Dissidio não demonstrado. Recurso não conhecido. I- a execução pressupõe título liquido, certo e exigível (CPC, art. 586), sob pena de nulidade (CPC, art. 618). II- não se apresenta como título executivo extrajudicial instrumento de fiança relativo a dívida futura em montante indeterminado. III- as dividas futuras ensejam fiança. O fiador, porém, em tal circunstância, somente poderá ser judicialmente acionado depois de certa e liquida a obrigação do devedor principal. (...)" (REsp 2.069/SP, Rel. Ministro Sálvio de Figueiredo Teixeira, Quarta Turma, julgado em 10/04/1990). No mesmo sentido, REsp n° 216.704/SP e REsp 279.299/SP.

9 José Carlos Moreira Alves, *Direito Romano*, vol II, 6ª Ed., Rio de Janeiro, Forense, 1997, p. 59.

da ordem, de que se tratará adiante com mais vagar. De acordo com o *beneficium*, "Il fideiussore convenuto può oppore al creditore che el si rivolga prima contro el debitore principale"[10]. O fiador deixava de ser um devedor solidário, para se transformar em um devedor eventual, chamado apenas se falhasse o devedor principal. Essa noção vige até hoje.

A etimologia da palavra fiança, assim como *fideiusso*, tem origem em *fides*, confiança. Sim, pois, na fiança, confia-se em que o fiador irá arcar com a dívida, se o devedor não o fizer.

sujeitos

As figuras no contrato de fiança são o fiador, aquele que se compromete a arcar com uma dívida de terceiro, o credor, que celebra o contrato de fiança, e o afiançado (devedor principal), aquele cuja dívida eventualmente será paga pelo fiador. Serpa Lopes menciona que "a fiança tem um aspecto de triângulo, do ponto de vista subjetivo", envolvendo essas três figuras: credor, fiador e afiançado[11].

Em alguns casos, admite-se a subfiança, hipótese na qual haverá um segundo fiador, que responderá pela dívida se o primeiro fiador falhar. A esse segundo fiador denomina-se abonador.

ato formal

A fiança, diz o artigo 819, dar-se-á sempre por escrito – cuida-se de ato formal[12]. Logo, trata-se de um contrato solene, embora não haja necessidade de escritura pública. A fiança, portanto, não se presume. A manifestação de vontade nesse sentido deve vir escrita.

interpretação restrita

A sua interpretação é restritiva, como todo contrato benéfico. Assim, o papel do fiador deve ser restrito àquilo que ele ajustou. Ele não responde por algo que não previu[13], assim como não pode

---

10 Pietro Bonfante, Instituzioni di Dirrito Romano, ottava edizione, Milano, casa Editrice Dottor Francesco Villardi, 1925, p. 428.

11 Miguel Maria de Serpa Lopes, *Curso de Direito Civil*, vol. IV, 5ª ed., Rio de Janeiro, Livraria Freitas Bastos, 1999, p. 500.

12 "Art. 819. A fiança dar-se-á por escrito, e não admite interpretação extensiva."

13 Nesse sentido, a Súmula 214 do STJ, segundo a qual "o fiador na locação não responde por obrigações resultantes de aditamento ao qual não anuiu." Na mesma linha, "AGRAVO REGIMENTAL. EMBARGOS À EXECUÇÃO. FIANÇA EM CONTRATO DE FORNECIMENTO DE PRODUTOS DERIVADOS DE PETRÓLEO. ALEGAÇÃO DE QUE O ACÓRDÃO RECORRIDO TERIA DADO INTERPRETAÇÃO EXTENSIVA À GARANTIA. RECURSO ESPECIAL. INTERPRETAÇÃO DE CLÁUSULA E REEXAME DE PROVAS. DESCABIMENTO. SÚMULAS 5 E 7/STJ. Prova súmula 07/STJ. 1.- O contrato de fiança deve ser interpretado restritivamente, nos termos do art. 1.483 do Código Civil de 1916, ou seja, a responsabilidade dos fiadores restringe-se aos termos do pactuado na avença original, com a qual expressamente consentiram. 2.- No caso em análise, todavia, o que o Acórdão recorrido consignou não foi o fato de ter havido a realização de um contrato aditivo entre credor e devedor, do qual não tenha participado o fiador, mas, que por força dos termos da própria carta de fiança contratada, a fiadora, ora agravante, se responsabilizou solidariamente pelo pagamento dos fornecimentos de quaisquer

comprometer-se por mais ou algo diferente do que se estipulou na obrigação garantida. "*Não pode obrigar-se nem in aliud, nem in majus, nem in duriorem causam, pelo que o código declara que a fiança não pode exceder o que é devido ao devedor, nem ser contraída em condições mais graves*"[14]. A responsabilidade do fiador estará sempre circunscrita ao limite da obrigação que garantiu.[15]

Entretanto, pode ocorrer de a fiança não ser benéfica e o fiador receber uma contraprestação. É o que vai ocorrer, por exemplo, nas fianças bancárias, nas quais a instituição financeira recebe um valor para atuar como fiador. Neste caso, a interpretação do negócio, pela sistemática, deixa de ser a mesma aplicada aos contratos benéficos.

Se esse for um produto oferecido pela instituição financeira aos seus clientes, admite-se que a análise do negócio seja, até mesmo, apreciada como uma relação de consumo[16].

fiança sem consentimento do devedor

A fiança – veja-se o artigo 820[17] – pode ser feita mesmo sem o consentimento do devedor. Afinal, trata-se de um negócio entre fiador e credor, em benefício do credor. O afiançado não precisa participar dessa relação.

Perde-se a clareza desse conceito – de que a fiança consiste numa relação exclusiva entre credor e fiador – porque, comumente, a fiança é instituída em conjunto com outro contrato, do qual funciona como acessória. Assim, pode haver um contrato de locação (celebrado, claro, entre locador e locatário) e, no mesmo instrumento, ajustar-se a fiança, esta fixada entre o locador (credor do aluguel) e o fiador (quase sempre indicado pelo locatário e, muitas vezes, sendo essa indicação uma condição do negócio). Contudo, nada impe-

---

produtos ou materiais feitos pela Petrobrás Distribuidora à empresa afiançada, independentemente de serem as operações realizadas pela matriz ou pela filial. 3.- Nesse contexto, a alegação de que a garantia teria sido dada apenas para o estabelecimento matriz e não para a filial só poderia ter sua procedência verificada mediante interpretação de cláusula do contrato de fiança, bem como do reexame do acervo fático-probatório da causa, o que não se admite em âmbito de Recurso Especial, ante os óbices das Súmulas 5 e 7 deste Tribunal. 4.- Agravo Regimental improvido. (AgRg no REsp 1152768/MS, Rel. Ministro Sidnei Beneti, Terceira Turma, julgado em 06.08.2013) ". No mesmo sentido: REsp 277.540/SP e EREsp 299.251/RS. do fiador até a entrega das chaves" (REsp 277.540/SP, Rel. Ministro Felix Fischer, Quinta Turma, julgado em 13.12.2000). No mesmo sentido EREsp 299.251/RS.

14 Roberto de Ruggiero, *Instituições de Direito Civil*, vol. III, São Paulo, Saraiva, p. 391.

15 Ver J. M. Othon Sidou, *Fiança*, Rio de Janeiro, Forense, 2000.

16 Com efeito, segundo a Súmula 297 do STJ, "o Código de Defesa do Consumidor é aplicável a instituições financeiras."

17 "Art. 820. Pode-se estipular a fiança, ainda que sem consentimento do devedor ou contra a sua vontade."

diria que o contrato de fiança fosse firmado exclusivamente entre o locador e o fiador, sem a intervenção do locatário, num instrumento autônomo. Com efeito, consoante o antes mencionado artigo 820, a fiança pode ser concedida mesmo contra a vontade do devedor principal. Como reconhece Ruggiero tratando da fiança: "uma declaração de vontade do devedor principal não é necessária"[18].

Embora isso não seja usual, pode haver fiança mesmo ausente o consentimento expresso do credor (em alguns ordenamentos, como o argentino, a fiança pode ser constituída não apenas por contrato, mas também por ato unilateral). Isso porque a fiança protege o credor. Se a fiança não for condição do negócio e existir apenas como uma vantagem adicional do credor, concedida pelo devedor ou pelo fiador, não haverá prejuízo do primeiro com a nova garantia.

O credor, portanto, aparece como parte em dois negócios: como credor do devedor principal e como credor do fiador, no contrato de fiança, que é acessório.

Evidentemente, se o credor recebe a dívida por um desses dois – o devedor principal ou o fiador –, encerra-se a obrigação principal, pois há apenas um *debitum*.

gracioso

A princípio, a fiança é um contrato gratuito e unilateral. Ela, em regra, é concedida graciosamente pelo fiador em benefício do devedor principal. O fiador, na maior parte dos casos, não recebe qualquer remuneração por isso.

A graciosidade, contudo, não é da natureza da fiança, pois não compõe a sua essência. Excepcionalmente, como antes já se registrou, admite-se a fiança remunerada, embora essa não tenha sido examinada pelo Código Civil. O tipo era tratado pelo revogado artigo 259 do Código Comercial. Essa modalidade de fiança ocorre, mais comumente, nos casos nos quais o devedor procura uma instituição financeira para garantir uma obrigação sua, convencionando uma remuneração para assumir o ônus.

Pode-se afirmar que a fiança prevista no Código Civil é apenas graciosa em função de regras como a da última parte do artigo 819, segundo a qual a interpretação da fiança será sempre restritiva, favorecendo o fiador. Esse conceito encontra-se em total harmonia com a norma do artigo 114, que dispõe que os negócios graciosos são interpretados restritivamente. Esse mesmo conceito não teria lugar se o negócio fosse oneroso.

unilateral

Além disso, reconhece-se na fiança graciosa a sua natureza unilateral porque, nessa relação, apenas o fiador assume uma obrigação: a de responder pelo devedor perante o credor.

18 Roberto de Ruggiero, *Instituições de Direito Civil*, vol. III, São Paulo, Saraiva, p. 389.

contrato acessório

Como contrato acessório, vive em função do contrato principal, no qual se estabelece a dívida. Há uma relação de absoluta dependência, de sorte que a fiança segue o destino do contrato principal. *Acessorium sequitur suum principalis*. Esse conceito, aliás, encontra-se presente na segunda parte do artigo 184 do Código Civil, segundo o qual "a invalidade da obrigação principal implica a das obrigações acessórias".

Caso o credor perdoe a dívida, a fiança perderá o objeto. Se o contrato principal for nulo, nula será a fiança. Com efeito, a regra do artigo 824 registra o conceito, óbvio até, de que não pode haver fiança de obrigação nula[19].

O artigo 824, contudo, prevê uma exceção. Ela se dará caso o fiador conhecesse a incapacidade do devedor principal e, ainda assim, tivesse admitido dar a fiança. Como era do conhecimento do fiador a situação de absoluta incapacidade do afiançado, este fiador não poderá, no futuro, apresentar esse fato para afastar seu dever de arcar com a obrigação afiançada.

Apesar de o negócio celebrado por pessoa incapaz ser nulo (artigo 3º do Código Civil), o fiador terá que honrá-lo nessas circunstâncias.

Para a validade da fiança, necessário que o fiador conte com a autorização do seu cônjuge, diz o artigo 1.647, III, do Código Civil,[20] salvo se o regime entre eles for o da separação total de bens.

Havendo abuso do cônjuge na negativa de conceder a autorização para a fiança, o juiz pode supri-la. Imagine-se a situação de um comerciante que precisa, por conveniências comerciais, dar uma fiança, mas sua esposa, por um motivo vil e menor, recusa-se a ajudar o marido. A situação pode ser levada ao Judiciário e, caso o juiz verifique o ato abusivo na negativa, poderá suprir a ausência de autorização do cônjuge. Assim estabelece o artigo 1.648 do Código Civil[21].

Se não ocorreu a autorização, o cônjuge, que não foi indagado, pode anular a fiança (artigo 1.649[22]). Segundo o citado dispositivo, o cônjuge pode fazer isso até dois anos depois de terminada a sociedade conjugal.

---

19 "Art. 824. As obrigações nulas não são suscetíveis de fiança, exceto se a nulidade resultar apenas de incapacidade pessoal do devedor."

20 Veja-se, nesse sentido, a Súmula 232 do STJ, segundo a qual "A fiança prestada sem autorização de um dos cônjuges implica a ineficácia total da garantia."

21 "Art. 1.648. Cabe ao juiz, nos casos do artigo antecedente, suprir a outorga, quando um dos cônjuges a denegue sem motivo justo, ou lhe seja impossível concedê-la."

22 "Art. 1.649. A falta de autorização, não suprida pelo juiz, quando necessária (art. 1.647), tornará anulável o ato praticado, podendo o outro cônjuge pleitear-lhe a anulação, até dois anos depois de terminada a sociedade conjugal."

intuitu personae

Discute-se se existe uma relação *intuitu personae* entre o credor e o fiador. Não haverá necessariamente, entre fiador e credor, uma relação de confiança. O credor apenas tem a expectativa – depois de verificar alguns dados concretos – de que o fiador garanta a prestação.

Se, no curso do contrato principal, o devedor solicitar a alteração do fiador, por outra pessoa igualmente solvente, não haverá, salvo algum aspecto peculiar e especial, motivo para que o credor recuse a substituição. Contudo, o credor deve aceitar o fiador, razão pela qual a doutrina se inclina a dizer que existe uma natureza personalíssima nesse negócio[23].

Examinada a questão por outro ângulo, é natural supor que exista uma relação de proximidade entre o devedor e o fiador. Isso porque normalmente o devedor apresenta o fiador ao credor. O garantidor, na maior parte das vezes, aceita celebrar a fiança em função de algum vínculo (muitas vezes, a amizade) com o devedor.

Nesse passo, outro tema, ainda ligado ao aspecto personalíssimo, é a possibilidade de o fiador desincumbir-se da obrigação se, por algum motivo, perder-se a sua relação com o devedor. É o que vai ocorrer, por exemplo, se o marido presta fiança para a sogra, mas depois se separa da filha desta, perdendo-se o vínculo familiar. O STJ tem o entendimento de que, demonstrada essa ulterior perda de relação entre fiador e afiançado, o primeiro pode exonerar-se[24].

Evidentemente, o fiador não pode desonerar-se de um momento para o outro, surpreendendo o credor. Afinal, como antes se viu, o contrato de fiança existe entre fiador e credor, em benefício deste último. Salvo expressamente previsto de forma diferente, irrelevante a relação entre fiador e afiançado. Ademais, muitas vezes, o credor apenas concedeu o crédito porque confiava em que estaria amparado com a garantia oferecida pelo fiador. Portanto, se o fiador for exone-

23 Assim Arnaldo Rizzardo, Contratos, 8ª ed., Rio de Janeiro, Forense, 2008, p. 980, e Caio Mario da Silva Pereira, Instituições de Direito Civil, vol. III, 12ª ed., Rio de Janeiro, Forense, 2007, p. 494.

24 Mencione-se, como exemplo, os seguintes julgados: AgRg no REsp 911.240/SP, Rel. Ministro Hamilton Carvalhido, Sexta Turma, julgado em 15.05.2008; REsp 555.615/RS, Rel. Ministro Paulo Gallotti, Sexta Turma, julgado em 02.03.2004; REsp 285.821/SP, Rel. Ministro Hamilton Carvalhido, Sexta Turma, julgado em 19.09.2002. Vale, ainda, transcrever a seguinte ementa: "AGRAVO INTERNO NO AGRAVO EM RECURSO ESPECIAL. LOCAÇÃO. FIANÇA. ALTERAÇÃO QUADRO SOCIETÁRIO. EXONERAÇÃO. POSSIBILIDADE. RENÚNCIA AO BENEFÍCIO DE ORDEM. CABIMENTO. 1. Nos termos da jurisprudência desta Corte, é possível a exoneração da garantia fidejussória prestada à sociedade após a retirada do sócio ao qual foi dada a garantia inicialmente, tendo em vista que contrato fidejussório é intuitu personae. 2. A fiança prestada em contrato de locação, com cláusula de vigência "até a entrega das chaves", não implica renúncia à faculdade de exonerar-se o fiador da garantia, concedida pelo art. 835 do CC/2002. Precedente. 3. Agravo interno não provido." (AgInt no AREsp 687.507/RJ, Rel. Ministro Ricardo Villas Bôas Cueva, Terceira Turma, julgado em 12.09.2017, DJe 21.09.2017)

rar-se, deve-se oferecer outra garantia – eventualmente apresentar outro fiador – ao credor, a fim de que seu crédito não fique desprotegido. A perda ou a insuficiência da garantia pode, como se sabe, funcionar como fundamento do vencimento antecipado da obrigação, consoante o artigo 333, III, do Código Civil[25].

indicação do fiador

Quando alguém indicar fiador, o credor não está absolutamente obrigado a aceitá-lo. É natural que o credor não concorde em ter como fiador pessoa sem patrimônio apto a pagar a dívida, ou o insolvente. Todavia, se o fiador apresentado for pessoa idônea e munida de patrimônio suficiente para arcar com a dívida, a recusa do credor pode ser abusiva e, por isso mesmo, condenável, como adiante falaremos.

O artigo 825[26] indica que o credor deve aceitar o fiador indicado se este for pessoa idônea, com domicílio no município onde se prestou a fiança e tiver bens suficientes para responder pela obrigação. Assim, a norma arrola três requisitos: idoneidade moral, domicílio no município onde prestou a fiança e capacidade financeira.

Justifica-se a necessidade de o fiador apontado viver no mesmo domicílio: com isso, facilita-se a citação do fiador (e, logo, sua inclusão no processo judicial), caso a dívida principal não seja paga, majorando as chances de recebimento mais rápido do crédito.

Contudo, pode o fiador apontado renunciar ao foro de seu domicílio e as partes elegerem um foro de maior comodidade ao credor.

O mais evidente dos requisitos, entretanto, é a capacidade financeira. Afinal, se o fiador não tiver bens que suportem o pagamento da obrigação, ele não se prestará ao fim de garantir o pagamento da dívida. Diante disso, natural que o credor, ao avaliar se aceita o fiador, peça comprovantes da boa situação financeira do garantidor.

Não pode haver abuso de direito, com recusas injustificadas, por parte do credor. Ensina Serpa Lopes que o credor não tem "*um direito potestativo de recusar imotivadamente o fiador apresentado*"[27]. Se o devedor apresentar uma pessoa idônea, com patrimônio suficiente para arcar com a dívida garantida, não há justificativa para a recusa do credor, o que apenas gera um embaraço.

---

25 "Art. 333. Ao credor assistirá o direito de cobrar a dívida antes de vencido o prazo estipulado no contrato ou marcado neste Código: III - se cessarem, ou se se tornarem insuficientes, as garantias do débito, fidejussórias, ou reais, e o devedor, intimado, se negar a reforçá-las."

26 "Art. 825. Quando alguém houver de oferecer fiador, o credor não pode ser obrigado a aceitá-lo se não for pessoa idônea, domiciliada no município onde tenha de prestar a fiança, e não possua bens suficientes para cumprir a obrigação."

27 Miguel Maria de Serpa Lopes, *Curso de Direito Civil*, vol. IV, 5ª ed., Rio de Janeiro, Livraria Freitas Bastos, 1999, p. 512.

Se o credor se recusar sem fundamento, o que pode ocorrer em uma renovação de contrato, o devedor, em última análise, terá como se socorrer do Judiciário, solicitando que, reconhecido o abuso, admita-se o fiador indicado como hábil a cumprir essa função.

Imagine-se, apenas para dar cores à hipótese, que o locador pretenda resolver a relação locatícia, mas encontra-se vinculado pelo contrato. Nesses negócios, é praxe existir a exigência de o locatário apresentar um fiador. Pois suponha-se que faleceu o fiador indicado e o locatário tenha que substitui-lo. Vendo nisso uma oportunidade de encerrar a relação, o locador passa a resistir, um a um e sucessivamente, aos nomes de fiadores propostos pelo locatário, sem que, para isso, haja um fundamento sólido. Neste caso, seria razoável que o locatário reclamasse do Judiciário uma proteção contra o abuso, impondo ao locador admitir um fiador idôneo e, assim, mantivesse vivo o contrato de locação.

Lembra, entretanto, Caio Mario que o "*demandista habitual*" pode ser rejeitado[28]. Já Beviláqua diz que "*O rixoso e o chicanista habitual podem ser considerados inidôneos como fiadores.*"[29]

De acordo com o artigo 826, se o fiador fica insolvente, o credor pode exigir sua substituição[30]. Se o devedor deixar de fazê-lo, o credor poderá suscitar a aplicação do há pouco citado artigo 333, III, do Código Civil, reclamando o vencimento antecipado da obrigação. Portanto, para obstar esse vencimento da obrigação, caberá ao devedor apresentar, oportunamente, outro fiador apto.

Evidentemente, para que a situação econômica do fiador seja fundamento para a sua substituição, por pleito do credor, deve haver uma modificação dela depois de assumida a fiança.

Se o credor aceitou o fiador mesmo ciente de seu combalido estado financeiro, deve arcar com as suas escolhas, não podendo, em seguida, reclamar a alteração. Portanto, a situação do fiador, para permitir que o credor reclame a sua substituição, deve ter ocorrido depois de celebrada a fiança.

Com razão, entende-se que esse dever de substituir o fiador apenas tem lugar se a fiança era uma condição do negócio principal, do qual a fiança é acessório. Se, entretanto, a fiança foi oferecida por mera generosidade, de forma espontânea, o credor não teria como reclamar a substituição do fiador.

---

28 Caio Mario da Silva Pereira, *Instituições de Direito Civil*, vol. III, 12ª ed., Rio de Janeiro, Forense, 2007, p. 498.

29 Clovis Bevilaqua, Código Civil dos Estados *Unidos do Brasil Comentado*, vol. V, Rio de Janeiro, Livraria Francisco Alves, 1957, p. 193.

30 "Art. 826. Se o fiador se tornar insolvente ou incapaz, poderá o credor exigir que seja substituído."

Já se disse que o objeto da fiança se analisa de forma restritiva. Entretanto, segundo o artigo 822, a fiança não limitada abrange os acessórios, para englobar todo o valor da dívida e abarcar outros gastos, como custas judiciais, juros e multas[31].

fiança por valor menor do que a dívida

A fiança pode dar-se para um valor menor que o da dívida garantida, na chamada fiança parcial. O contrário, contudo, não pode ocorrer, isto é, a fiança não pode ser dada para proteger valor superior ao da dívida. Afinal, ela não tem o propósito de gerar um enriquecimento ao credor. Este não receberá nada além do seu prejuízo ou da dívida reclamada. Esse conceito já era previsto nas Institutas de Justiniano: "*Fideiussores ita obligare non possunt, ut plus debeant quam debet is proquo obligantur*", isto é, os fiadores não podem obrigar-se a dever mais do que foi afiançado[32].

Nesse sentido, o artigo 823 registra que se o valor for superior ao da dívida, ela valerá apenas até o seu limite[33]. Embora a lei fale de validade, claramente trata-se de hipótese de ineficácia.

Isso se justifica inclusive porque a fiança é um pacto acessório e, logo, não pode superar o principal.

Segundo o artigo 830, o fiador pode estipular por qual parte da dívida ele se responsabiliza, fracionando sua responsabilidade[34].

Na seção II do capítulo dedicado à fiança, a lei trata dos efeitos desse negócio.

Conceitualmente, o credor cobra a dívida do devedor. Apenas se este falhar, o credor ficará autorizado a cobrar do fiador.

benefício da ordem

O fiador, em regra, somente responde na falha do devedor, salvo se ajustou que responderia de forma solidária ou se renunciou ao benefício da ordem.

O fiador dispõe, em regra, do benefício da ordem. Isto é, segundo o artigo 827 do Código Civil, o fiador, uma vez demandado pelo pagamento, pode exigir que, antes de seus bens, primeiro sejam executados os bens do devedor principal[35].

---

31 "Art. 822. Não sendo limitada, a fiança compreenderá todos os acessórios da dívida principal, inclusive as despesas judiciais, desde a citação do fiador."

32 *Institutas do Imperador Justiniano*, Recife, Typografia Mercantil, 1879.

33 "Art. 823. A fiança pode ser de valor inferior ao da obrigação principal e contraída em condições menos onerosas, e, quando exceder o valor da dívida, ou for mais onerosa que ela, não valerá senão até ao limite da obrigação afiançada."

34 "Art. 830. Cada fiador pode fixar no contrato a parte da dívida que toma sob sua responsabilidade, caso em que não será por mais obrigado."

35 "Art. 827. O fiador demandado pelo pagamento da dívida tem direito a exigir, até a contestação da lide, que sejam primeiro executados os bens do devedor."

Trata-se de um corolário da natureza acessória da fiança, em um conceito que, como antes se destacou, surgiu ainda no Direito Romano.

Diz o parágrafo único desse artigo 827 que o fiador deve, para que o seu patrimônio não responda pela dívida, apontar os bens livres do devedor situados no mesmo município do local da execução[36]. Esses bens devem ser suficientes para solver o débito.

Com isso, primeiro se colhem os bens do devedor principal e, apenas depois, os do fiador. O fiador não terá como desfrutar dessa prerrogativa se o devedor principal for insolvente ou falido[37].

O benefício de ordem é um direito do fiador a que ele pode, entretanto, renunciar. Se for citado para pagar a dívida do afiançado e silenciar-se acerca do benefício, entende-se que o fiador abriu mão dessa prerrogativa.

Consoante a redação do artigo 827, o fiador tem até o momento da contestação para suscitar o benefício. Depois disso, preclui seu direito de invocar a prerrogativa, de sorte que o credor terá como cobrar a dívida diretamente do fiador.

O artigo 828 arrola os casos nos quais o fiador não aproveita o benefício de ordem. Isso vai ocorrer se o fiador expressamente o renunciou; se o fiador ajustou também ser devedor solidário; e se o devedor for insolvente ou falido.

Não havia esse benefício na fiança comercial (prevista no revogado artigo 258 do Código Comercial) diante da natureza solidária dessa espécie de fiança.

Segundo o Enunciado 364 da IV Jornada de Direito Civil, promovido pelo Conselho da Justiça Federal, é nula a renúncia antecipada ao benefício de ordem nos contratos de adesão[38].

solidariedade

Na hipótese de se colocar como solidário, o fiador não terá como suscitar o benefício de ordem. Entretanto, tenha-se presente que, mesmo na fiança solidária, não se perde a natureza acessória dessa relação, com todas as consequências daí concorrentes.

Caso tenha que pagar a dívida do afiançado, o fiador responde com todos os seus bens. Responderá, inclusive, se a fiança for concedida em um contrato de locação, com o imóvel em que vive, na

36 Parágrafo único do artigo 827: "Parágrafo único. O fiador que alegar o benefício de ordem, a que se refere este artigo, deve nomear bens do devedor, sitos no mesmo município, livres e desembargados, quantos bastem para solver o débito."

37 Orlando Gomes, *Contratos*, 26ª ed., Rio de Janeiro, Forense, 2008, p. 540.

38 Enunciado 364 da IV Jornada de Direito Civil: "No contrato de fiança é nula a cláusula de renúncia antecipada ao benefício de ordem quando inserida em contrato de adesão."

medida em que a Lei nº 8.009, de 29.3.1990, referente à proteção do bem de família, expressamente exclui a situação do fiador em contrato de locação (artigo 3º, VII[39]).

pluralidade de fiadores

Nada impede que a fiança seja prestada por mais de uma pessoa. A fiança conjunta denomina-se co-fiança. O artigo 829 fornece o conceito de que, se há mais de um fiador para a mesma dívida, presume-se a solidariedade entre eles[40]. Aquele co-fiador que pagou se sub-roga na dívida em relação aos demais, podendo cobrar dos últimos a cota parte de cada um (aliás, como veremos logo adiante, este co-fiador que pagou pode, também, cobrar a dívida do devedor principal).

Dessa forma, havendo mais de um fiador, em regra o credor poderá acionar qualquer um deles, salvo se comprovado que não existe a solidariedade entre eles.

O fiador, citado na ação ajuizada pelo credor, pode, como registra o artigo 130, I, do Código de Processo Civil[41], chamar ao processo o devedor principal e, se houver, os outros co-fiadores.

O parágrafo único do artigo 829 cuida do caso de não haver solidariedade entre os co-fiadores[42]. Neste caso, prevalece o *concursu partes fiunt*, de sorte que cada co-fiador responde por uma parte específica.

Entretanto, admite-se que os co-fiadores estabeleçam o limite de sua fiança, como indicam expressamente os artigos 828 e 830, além de se depreender do já referido artigo 823.

Nesse caso, por óbvio, cada co-fiador responderá apenas no limite do que convencionou. Se não houver uma estipulação clara do limite de responsabilidade de cada um dos co-fiadores, presume-se que responderão em partes iguais.

Aliás, é lícito, como antes se ressaltou, que se estipule um "fiador do fiador", também chamado de abonador no direito português. O caso é de retrofiança, na qual uma fiança garante o crédito even-

39 "Art. 3º A impenhorabilidade é oponível em qualquer processo de execução civil, fiscal, previdenciária, trabalhista ou de outra natureza, salvo se movido: VII - por obrigação decorrente de fiança concedida em contrato de locação;"

40 "Art. 829. A fiança conjuntamente prestada a um só débito por mais de uma pessoa importa o compromisso de solidariedade entre elas, se declaradamente não se reservarem o benefício de divisão."

41 "Art. 130. É admissível o chamamento ao processo, requerido pelo réu: I - do afiançado, na ação em que o fiador for réu;"

42 Parágrafo único do artigo 829: "Parágrafo único. Estipulado este benefício, cada fiador responde unicamente pela parte que, em proporção, lhe couber no pagamento."

tual que o fiador terá com o afiançado, caso o primeiro tenha que pagar a dívida do último perante o credor[43].

sub-rogação

O artigo 831 indica duas importantes consequências do pagamento da dívida feita pelo fiador[44]. Em primeiro lugar, o fiador que pagar fica sub-rogado nos direitos do credor. Logo, ele pode cobrar do devedor ou dos demais co-fiadores o valor que pagou.

Com relação aos co-fiadores, aplica-se o mesmo conceito da solidariedade. Diante disso, ao cobrar dos demais co-fiadores, o co-fiador que pagou ao credor principal só terá como reclamar a cota parte de cada um. Caso o co-fiador que arcou com o pagamento procure o afiançado (isto é, o devedor principal), poderá este, em regra, cobrar por tudo o que pagou, reembolsando-se integralmente.

O fiador, por sua vez, poderá reclamar do devedor tão somente aquilo que despendeu. O pagamento da fiança não pode ser fonte de enriquecimento.

Outro ponto importante consiste em que o fiador apenas terá como cobrar do devedor se arcar com a totalidade da dívida. Se pagar ao credor apenas parte dela, não poderá subrogar-se, pois, nesse caso, passaria a concorrer com o credor para receber do devedor. Como explica Bevilaqua, "no sistema do Código, a sub-rogação só é possível, quando o credor se acha integralmente desinteressado."[45]

O artigo 831, parágrafo único[46], do Código Civil apresenta a mesma regra existente na solidariedade (artigo 283[47]), no sentido de que a parte do co-fiador insolvente fica distribuída entre os demais co-garantidores.

Não haverá direito de sub-rogação ao devedor quando: (a) o fiador não informar o pagamento feito ao credor e, por isso, o devedor vier a pagar a mesma dívida; (b) fiança for oferecida com *animus donandi*, ou seja, o fiador a deu como uma forma de doação ao devedor; (c) se o fiador tiver pago dívida não devida, ou pagar em exces-

43 Sobre o tema, Luís Manuel Teles de Menezes Leitão, *Garantia das Obrigações*, 2 ed., Coimbra, Almedina, 2008, p. 121.

44 "Art. 831. O fiador que pagar integralmente a dívida fica sub-rogado nos direitos do credor; mas só poderá demandar a cada um dos outros fiadores pela respectiva quota."

45 Clovis Bevilaqua, *Código Civil dos Estados* Unidos do Brasil Comentado, vol. V, Rio de Janeiro, Livraria Francisco Alves, 1957, p. 199.

46 Parágrafo único do artigo 831: "Parágrafo único. A parte do fiador insolvente distribuir-se-á pelos outros."

47 "Art. 283. O devedor que satisfez a dívida por inteiro tem direito a exigir de cada um dos co-devedores a sua quota, dividindo-se igualmente por todos a do insolvente, se o houver, presumindo-se iguais, no débito, as partes de todos os co-devedores."

so, situação na qual o fiador não poderá cobrar o excesso do devedor; e (d) se o fiador tiver pago sem ser demandado, quando o devedor principal tinha uma causa extintiva que poderia ter sido oposta.

Fora isso, paga a dívida pelo fiador, este, por subrogação, pode cobrar do devedor principal o que despendeu.

Ao quitar a dívida, já se disse, o fiador pode exigir o reembolso precisamente daquilo que desembolsou. Caso, entretanto, tenha quitado a dívida com dação, isto é, entregando coisa diversa da prestação inicialmente prevista, poderá cobrar do devedor o valor da coisa entregue, desde que ela não tenha um valor superior ao da obrigação assumida. Afinal, o limite do reembolso será sempre o da obrigação principal.

O devedor, registra o artigo 832, paga também pelas perdas e danos que o fiador eventualmente sofrer ao solver a dívida[48].

O devedor deve pagar ao fiador os mesmos juros ajustados na obrigação principal, registra o artigo 833[49]. Caso não existam juros previstos, valerão os legais, sendo certo que esses juros incidem desde o momento em que o fiador desembolsou os valores.

Tratemos da extinção da fiança.

extinção de fiança

Se a fiança tiver um prazo determinado, com o seu termo encerram-se as obrigações do fiador. Entretanto, até o termo, o fiador não pode exonerar-se unilateralmente.

renúncia antecipada

Discute-se se pode haver a renúncia antecipada de exoneração da fiança. O STJ admite essa possibilidade. Esse ajuste, em rigor, é comum nos contratos de locação. Contudo, essa renúncia deixa de valer, caso o contrato seja prorrogado por tempo indeterminado, "*uma vez que o Direito não se compraz com relação jurídica eterna e permanente, especialmente no campo dos direitos pessoais, como é o caso da fiança*"[50].

Na fiança dada em locação de imóveis, muitas vezes se estabelece que a garantia subsistirá até a entrega das chaves. Nesses casos, mesmo se houver a prorrogação da locação, o fiador seguirá vinculado.

Esse tema foi objeto de extensa discussão jurisprudencial, prevalecendo, ao final, o conceito de que a garantia deveria per-

48 "Art. 832. O devedor responde também perante o fiador por todas as perdas e danos que este pagar, e pelos que sofrer em razão da fiança."

49 "Art. 833. O fiador tem direito aos juros do desembolso pela taxa estipulada na obrigação principal, e, não havendo taxa convencionada, aos juros legais da mora."

50 REsp nº 1426857, Rel. Ministra Regina Helena Costa, Quinta Turma, julgado em 13.05.2014, DJe 19.05.2014.

durar até o término da relação. Entretanto, o fiador pode solicitar sua exclusão da relação, reconhecida a sua natureza *intuito personae*[51].

exoneração

Caso, contudo, a prorrogação do contrato for estabelecida por ação renovatória, deve o fiador ser citado, para inteirar-se de que sua obrigação segue firme. O mesmo se pode dizer se a prorrogação se der por convenção das partes.

Segundo o artigo 835[52], na fiança por prazo indeterminado, o fiador pode exonerar-se, ficando, entretanto, obrigado pelo prazo de 60 dias contados da notificação que deu notícia ao credor que estava desonerando-se da garantia[53].

---

51 "Agravo Regimental em Recurso Especial. Locação. Exoneração da fiança. Cabimento. Intuitu Personae.

1. O entendimento que restou consolidado no âmbito da 3ª Seção desta Corte Superior de Justiça no julgamento dos Embargos de Divergência nº 566.633/CE, é no sentido de que os fiadores continuam responsáveis pelos débitos locatícios posteriores à prorrogação legal do contrato até a efetiva entrega das chaves, se anuíram expressamente a essa possibilidade e não se exoneraram na forma dos artigos 1.500 do Código Civil de 1916 ou 835 do Código Civil de 2002.

2. Tendo o fiador notificado o locador de sua pretensão de exoneração do pacto fidejussório, direito lhe assiste de se ver exonerado da obrigação, uma vez que o contrato fidejussório é intuitu personae, sendo irrelevante, no caso, que o contrato locatício tenha sido estipulado por prazo determinado e ainda esteja em vigor. (AgRg no REsp 911240/SP, Rel. Ministro Hamilton Carvalhido, Sexta Turma, julgado em 15.05.2008, DJe 18.08.2008)

"Recurso Especial. Locação. Fiança. Interpretação Restritiva. Morte do Locatário. Extinção do Contrato.

1. O contrato de fiança deve ser interpretado restritivamente, não vinculando o fiador a prorrogação do pacto locatício sem sua expressa anuência, ainda que haja cláusula prevendo sua responsabilidade até a entrega das chaves.

2. Ressalva do ponto de vista do relator.

3. Por ser contrato de natureza intuitu personae, a morte do locatário importa em extinção da fiança e exoneração da obrigação do fiador. (REsp 555615/RS, Rel. Ministro Paulo Gallotti, Sexta Turma, julgado em 02.03.2004, DJ 04.10.2004, p. 356)

52 "Art. 835. O fiador poderá exonerar-se da fiança que tiver assinado sem limitação de tempo, sempre que lhe convier, ficando obrigado por todos os efeitos da fiança, durante sessenta dias após a notificação do credor."

53 "Civil. Fiança dada à pessoa jurídica. Contrato de fornecimento de passagens aéreas. Transferência de propriedade da empresa. Saída dos sócios garantidos. Desaparecimento do elemento fidúcia. Comunicação formal à autora. Dívida surgida a posteriori, durante a nova gestão. Exoneração dos fiadores. Cc, arts. 1.006, 1.491, 1.500 e 1.503. I. A fiança é dada em caráter personalíssimo, de sorte que mesmo em caso de garantia dada a favor de pessoa jurídica, tal elemento sofre afetação quando há transferência de titularidade na empresa, fazendo desaparecer a razão essencial daquele ato. II. Destarte, vendidas as cotas sociais e comunicada a autora de que isso ocorrera, bem como que a fiança antes celebrada deixava de existir, improcede a pretensão da credora de considerar perene a garantia, ainda que novos sócios, desconhecidos dos garantes, houvessem passado a gerir os negócios e assumido dívidas posteriores àquela comunicação. III. A cláusula de

O devedor principal terá que apresentar outro fiador, sob pena de o credor requerer o vencimento antecipado da dívida, como lhe permite o artigo 333, III, do Código Civil.

óbito do fiador

O artigo 836 arrola outra situação de extinção da fiança, que ocorre com a morte do fiador[54]. Com efeito, a fiança fica limitada até o momento da morte do fiador.

Os herdeiros, contudo, respondem, nos limites da herança (artigo 1.792 do Código Civil[55]), pela fiança dada, mas apenas se o falecimento do fiador tiver ocorrido depois do inadimplemento do afiançado.

Caso, no momento do óbito do fiador, não existia dívida a ser paga, a fiança tem seu término, sem que nada se possa reclamar dos herdeiros do fiador.

A cláusula de renúncia antecipada de exoneração da fiança, comum em contratos de locação, não prevalece em caso de morte do fiador. Desse modo, a obrigação de prestar fiança não é transmitida aos seus herdeiros, mesmo quando o fiador renuncia a faculdade prevista no artigo 835 e se obriga a prestar fiança até o momento da entrega das chaves do imóvel objeto da locação.[56]

defesa do fiador

O fiador, uma vez cobrado, está autorizado a oferecer as suas exceções pessoais, resguarda o artigo 837[57], como, *v.g.*, a compensação. Dessa forma, para quitar a dívida do afiançado, o fiador pode compensar seu crédito com o credor da obrigação para a qual se concedeu a fiança, pois esse credor da obrigação principal possui uma

renúncia prevista no art. 1.500 do Código Civil não prevalece indefinidamente. IV. Recurso especial não conhecido." (REsp 419.128/ES, Rel. Ministro Aldir Passarinho Junior, Quarta Turma, julgado em 06.03.2003)

54 "Art. 836. A obrigação do fiador passa aos herdeiros; mas a responsabilidade da fiança se limita ao tempo decorrido até a morte do fiador, e não pode ultrapassar as forças da herança."

55 "Art. 1.792. O herdeiro não responde por encargos superiores às forças da herança; incumbe-lhe, porém, a prova do excesso, salvo se houver inventário que a escuse, demostrando o valor dos bens herdados."

56 "PROCESSUAL CIVIL. AGRAVO REGIMENTAL NO AGRAVO DE INSTRUMENTO. EXTENSÃO DA RESPONSABILIDADE DO FIADOR. EVENTO MORTE. CONTRATO INTUITU PERSONAE. EXTINÇÃO DA GARANTIA. (...). Nesse diapasão, tendo o contrato de fiança natureza intuitu personae, e acontecendo o evento morte do fiador ou do afiançado, como está sujeito a acontecer nos contratos de locação, a obrigação também se extingue, exonerando, por consequência, e a partir daí, o espólio. Agravo regimental a que se nega provimento." (AgRg no Ag 772.179/PR, rel. Min. Raul Araújo, Quarta Turma, julgado em 27.08.13). Nesse sentido, ainda, REsp 439.945/RS, REsp 173.026, REsp 147.813/SC e AgRg no Ag 772.179/PR.

57 "Art. 837. O fiador pode opor ao credor as exceções que lhe forem pessoais, e as extintivas da obrigação que competem ao devedor principal, se não provierem simplesmente de incapacidade pessoal, salvo o caso do mútuo feito a pessoa menor."

dívida com o fiador. Esse fiador também tem como opor as defesas gerais extintivas da obrigação que poderiam ser suscitadas pelo devedor principal, tal como a prescrição.[58]

O fiador se desobriga, registra o artigo 838, em algumas situações. Entre elas encontra-se a de o devedor agravar a situação (como, por exemplo, consentir com o aumento do valor devido, ou diferir o prazo para o pagamento), sem a autorização do fiador. Evidentemente, o fiador não ficará exonerado se anuir, ainda que posteriormente, com as alterações da dívida por ele afiançada.

Na hipótese comum de o credor admitir a moratória do devedor, ou seja, permitir a suspensão da dívida, sem a vênia do fiador, este também ficará desobrigado[59]. Isso porque o fiador admite manter-se responsável por dívida de terceiro durante certo tempo, em determinadas condições. Caso o credor decida aumentar esse prazo de pagamento, apenas poderá seguir contando com a garantia se, para isso, concordar o fiador.

Evidentemente, uma mera tolerância não resultará no final da fiança. O ato suscetível a afastar o dever do fiador deve ser aquele que, de alguma forma, onere o garantidor. Isso porque, como se disse, a fiança deve ser interpretada restritivamente.

Portanto, caso sobrevenha uma novação, sem a intervenção do fiador, com a reestruturação da primeira obrigação, e apenas na primeira o fiador participou, este pode recusar o pagamento da dívida. Afinal, a fiança é um acessório da obrigação e com a novação, há um novo negócio. No Código Civil de 1916, havia a regra do artigo 1.006 expressa no sentido de que o fiador ficava exonerado se houvesse novação sem o seu consenso. O Código de 2002 não possui norma expressa nesse sentido, porém o conceito segue inabalado.

De outro lado, se o fiador participa da novação, ele, claro, seguirá responsável.

Igualmente o fiador fica isento de responder pela dívida se o credor tornar impossível a sub-rogação. Isso ocorre se o credor adotar qualquer ato que abale negativamente o patrimônio do devedor principal.

Por fim, o artigo 838 menciona, como hipótese de exoneração da responsabilidade do fiador, a situação de o credor admitir receber

58 Ver Lauro Laertes de Oliveira, *Da Fiança*, São Paulo, Saraiva, 1981.

59 "Fiança. Transação entre credor-locador e devedor-locatario. Moratoria. Desconhecimento. Fiador. I - a concessão de moratória ao devedor-locatário sem consentimento do fiador, o desobriga da obrigação. Aplicação do art. 150 do Codigo Civil. II - recurso especial conhecido e provido." (Resp 40.414/sp, rel. Ministro Pedro Acioli, Sexta Turma, julgado em 01.03.1994)

do devedor objeto diverso do ajustado inicialmente, em uma dação em pagamento. Se isso ocorrer, extingue-se o contrato principal e, logo, seu acessório, que seria a fiança, segue o mesmo caminho.

O artigo 839 do Código Civil ainda trata de outra situação na qual o fiador fica excluído de seu dever de responder pelo devedor[60]. Cuida-se da hipótese de o credor negligenciar no seu dever de executar o devedor e este cair em insolvência. Caso o fiador demonstre que, no momento em que o credor foi concitado a iniciar a execução, o devedor tinha bens livres, que poderiam saldar o crédito, mas não foram excutidos por desídia do credor, o fiador ficará liberado. O direito não vai proteger os "dorminhocos" – ou *Dormientibus Non Sucurrit Ius*, como diziam os antigos.

Portanto e em suma, o fiador se exonera: (a) caso demonstre a nulidade absoluta da obrigação principal, da qual a fiança é acessória, ou se foi anulada (se a hipótese era de anulabilidade); (b) se demonstrar que já houve o pagamento da obrigação principal (direto ou por meios indiretos, como a novação, compensação ou confusão); (c) se a dívida foi remida; (d) no caso de prescrição; (e) se o fiador demonstrar que o afiançado alterou a situação da dívida e, com isso, agravou a situação; (f) se o prazo oferecido para a fiança já se escoou, ou, se a fiança for por prazo indeterminado, que ela tenha sido denunciada na forma adequada; (g) caso a fiança não tenha contado com a necessária outorga do cônjuge.

papel social da fiança

Registre-se, por derradeiro, o importante papel social desempenhado pela fiança. Nas relações contratuais existe, por óbvio, interesses particulares de cada uma das partes. O credor, quem se expõe, tem o justo interesse de se proteger. O devedor, de boa-fé, também não deseja prejudicar o credor. Contudo, muitas vezes, esse devedor não tem como garantir completamente o credor, protegendo-o de um inadimplemento por vezes involuntário, embora tenha interesse em obter o crédito. Eis o conflito de interesses. A fiança surgirá nesse momento como uma ferramenta eficaz para permitir a proteção desses propósitos, conjugando-os. Com a fiança, o credor terá a garantia de que não sofrerá maiores prejuízos com o eventual inadimplemento – e, com essa segurança, concederá o crédito desejado pelo devedor.

Essa dinâmica altamente salutar se avista em diversos negócios. Entretanto, na locação imobiliária ela encontra não apenas um enorme uso prático, senão também ganha relevo sua função social.

60 "Art. 839. Se for invocado o benefício da excussão e o devedor, retardando-se a execução, cair em insolvência, ficará exonerado o fiador que o invocou, se provar que os bens por ele indicados eram, ao tempo da penhora, suficientes para a solução da dívida afiançada."

Em um país com graves problemas habitacionais, a fiança serve como instrumento poderoso. Exatamente em função desse contrato acessório, os locadores se sentem protegidos a entregarem seus imóveis em locação, na maior parte dos casos para locatários que não possuem patrimônio suficiente para arcar com o temido inadimplemento. A fiança, assim, permite que o negócio ocorra, com evidentes e proveitosas vantagens sociais. Esse contrato, portanto, não pode ser visto sem atentar à sua bela e importante vocação social.

Transação

Se tivéssemos que apontar um momento na história no qual a humanidade esteve mais perto da extinção, talvez se aponte para o episódio da crise dos mísseis de Cuba, no qual os Estados Unidos e a União Soviética, em 1962, estiveram muito perto de iniciar uma guerra atômica. Aconteceu que a União Soviética, no auge da guerra fria, se preparava para levar mísseis nucleares para Cuba, onde ficariam próximos ao solo norte-americano. Os americanos descobriram o plano e promoveram um bloqueio naval. Ameaçaram invadir Cuba, na época um país comunista. Os russos e os americanos passaram a se ameaçar mutuamente. Por muito pouco, o mundo escapou de uma batalha nuclear, que fatalmente destruiria grande parte da humanidade. Ao fim, costurou-se um delicado acordo: os americanos se comprometiam a não invadir Cuba e a retirar alguns de seus mísseis na Turquia e na Itália. A União Soviética, por sua vez, deixaria de armar os cubanos com mísseis nucleares. A guerra foi evitada porque cada uma das partes cedeu. O mundo, ao menos por ora, estava salvo.

O conflito entre as pessoas é algo comum. A forma mais civilizada de encerrar esses impasses passa pelo diálogo e pela concessão. Denomina-se transação o contrato no qual as partes cedem para encerrar uma disputa.

Uma parte acredita ser credora de certa quantia de outra, enquanto o suposto devedor, por sua vez, acha que nada deve. Instaura-se o impasse. Se não houver um consenso, as partes vão levar essa lide ao Judiciário ou a uma arbitragem. Entretanto, a elas pode interessar a solução amigável do problema, cada uma cedendo um pouco do direito que imaginam ter. O credor aceita receber menos do que inicialmente desejava e o devedor concorda em pagar mais do que acreditava ser sua obrigação. Celebram, assim, um acordo, um contrato específico visando a solucionar a incerteza jurídica que eles disputavam. O nome técnico deste contrato, que extingue essa disputa, por meio da qual as partes fazem concessões recíprocas, é transação.

O termo "transação" é largamente utilizado para designar um negócio, normalmente um acordo. Entretanto, tecnicamente, transação é um contrato específico. Trata-se de uma forma de terminar ou de prevenir um litígio, por meio do qual as partes admitem concessões mútuas, encerrando uma situação de incerteza jurídica.

Assim, mister que na transação exista reciprocidade, isto é, ambas as partes devem ceder. Se apenas uma parte reconhece o direito pretendido pela outra, haverá uma renúncia pura, doação ou algo similar. Na transação, ambas as partes cedem. Existe, pois, essa concessão bilateral, mútua, de lado a lado.

Na transação, como se disse, há uma discussão, uma *res dubia*, objeto de disputa entre as partes. Se inexistente a controvérsia, não haverá transação. Não há apenas um acordo, porém um negócio que visa a solucionar um impasse.

O artigo 850,[1] tratando exatamente desse tema, informa ser nula a transação se o litígio já tiver sido decidido por sentença transitada em julgado, ou se for verificado, posteriormente, que as partes transatoras não tinham nenhum direito sobre o objeto da transação. Em outras palavras, deve haver uma discussão real e verdadeira, a ser solucionada pela transação.

No Código de 1916, a transação era referida na parte do Código Civil que relacionava as formas de extinção das obrigações.

De fato, por meio da transação, extingue-se uma obrigação.

No Código de 2002, a sua regulação legal foi deslocada para a parte dos contratos em espécie. Na verdade, como se registrou, a transação é uma forma de terminar a obrigação, pois, por meio dela, as partes extinguem uma relação jurídica. Entretanto, ao mesmo tempo, é um contrato específico, com importantes peculiaridades, merecendo tratamento isolado.

Por todas as razões, há o interesse social de que as incertezas jurídicas sejam extintas, de que as pessoas cheguem a um consenso e de que a paz, ao invés do conflito, prevaleça. Na transação, esse espírito de pacificação exalta e as partes cedem.

1 "Art. 850. É nula a transação a respeito do litígio decidido por sentença passada em julgado, se dela não tinha ciência algum dos transatores, ou quando, por título ulteriormente descoberto, se verificar que nenhum deles tinha direito sobre o objeto da transação."

Na verdade, há, corretamente, um estímulo para que as partes transijam. O artigo 139, V, do Código de Processo Civil concita o juiz a promover o acordo entre as partes em litígio.[2] O Código de Processo Civil de 2015, para incentivar a conciliação entre as partes, trouxe para o início do processo judicial a etapa de conciliação, antes mesmo da apresentação de defesa pela parte ré. Trata-se de relevante mudança em relação ao código anterior, o qual previa a etapa conciliatória apenas no meio do procedimento contencioso, no momento da instrução probatória. Outra relevante alteração promovida pelo CPC de 2015 no intuito de estimular a transação entre as partes foi a introdução da mediação – antes presente apenas na esfera extrajudicial – ao processo judicial.

No mesmo sentido, o artigo 2º da Lei nº 9.099, de 26.9.1995,[3] que criou os Juizados Especiais Cíveis e Criminais. Este dispositivo também indica que as partes devem, quando possível, terminar seus litígios por meio da transação.

A transação é um contrato antigo, já delineado pelos romanos, que a chamavam de *transactio*. Os mesmos elementos se encontravam presentes: as partes cedem mutuamente para chegar a um acordo, pondo fim a uma incerteza jurídica.

Classicamente, via-se a transação apenas como um ato declaratório. Por meio dela, as partes apenas declaravam uma nova situação, extinguindo uma discussão.

Hoje, contudo, admite-se que, ao extinguir uma obrigação, pode haver uma natureza constitutiva, como ocorre se alguém, para resolver uma disputa, transfere um bem para outra.

capacidade

Evidentemente, se a obrigação antiga se extinguir pela criação de outra, haverá, na realidade, uma novação. Assim, a transação se caracteriza por ser uma forma de extinção completa da lide que antes havia entre as partes.

O artigo 840, nesse sentido, informa ser possível às partes encerrar essas divergências mediante concessões mútuas.[4] Trata-se, portanto, de uma forma de extinguir uma incerteza.

A transação pode ocorrer antes de iniciado um litígio judicial ou arbitral, ou no curso dele.

---

2 "Art. 139. O juiz dirigirá o processo conforme as disposições deste Código, incumbindo-lhe: V - promover, a qualquer tempo, a autocomposição, preferencialmente com auxílio de conciliadores e mediadores judiciais;"

3 "Art. 2º O processo orientar-se-á pelos critérios da oralidade, simplicidade, informalidade, economia processual e celeridade, buscando, sempre que possível, a conciliação ou a transação."

4 "Art. 840. É lícito aos interessados prevenirem ou terminarem o litígio mediante concessões mútuas."

Evidentemente, as partes transatoras devem ter capacidade. Se a transação se der por representação, fundamental que o mandatário possua poderes para realizar o ato, como registra o artigo 661, § 1º, do Código Civil.

Veja-se que os pais apenas podem transacionar em nome de seus filhos menores se autorizados judicialmente para tanto, registra o artigo 1.691.[5]

O mesmo se pode dizer dos cônjuges, que necessitam da vênia de seu consorte para transacionar, salvo, claro, se casados no regime de separação total de bens, como se vê do artigo 1.647.

direitos patrimoniais

Apenas pode haver transação se o conteúdo for de direitos patrimoniais, ou seja, temas de caráter privado, ressalva o artigo 841.[6] Não se pode transacionar, por exemplo, direitos de personalidade ou sobre o dever de prestar alimentos (embora se admita discutir e ajustar acerca do *quantum*, porém jamais o direito em si de recebê-los). Da mesma forma, não se admite transacionar sobre matéria de direito de família, como, por exemplo, a situação de reconhecimento de um filho ilegítimo.

Nesse sentido, o artigo 846 menciona que a transação cível não extingue a ação penal.[7] Com efeito, a responsabilidade civil não se confunde com a penal, como ensina o artigo 935 do Código Civil.[8] Assim, o fato de o autor do crime celebrar uma transação com a vítima para tratar dos efeitos civis do seu ato – como, por exemplo, o valor da reparação – nada afetará a discussão acerca da responsabilidade penal.

Importante a regra do já referido artigo 850, segundo o qual não se admite a transação sobre litígio já transitado em julgado se uma das partes não tinha ciência disso, ou caso se verifique, posteriormente, que os transatores não tinham direito sobre o objeto da transação.

Da mesma forma, não se admite a transação sobre negócios ilícitos.

---

5 "Art. 1.691. Não podem os pais alienar, ou gravar de ônus real os imóveis dos filhos, nem contrair, em nome deles, obrigações que ultrapassem os limites da simples administração, salvo por necessidade ou evidente interesse da prole, mediante prévia autorização do juiz."

6 "Art. 841. Só quanto a direitos patrimoniais de caráter privado se permite a transação."

7 "Art. 846. A transação concernente a obrigações resultantes de delito não extingue a ação penal pública."

8 "Art. 935. A responsabilidade civil é independente da criminal, não se podendo questionar mais sobre a existência do fato, ou sobre quem seja o seu autor, quando estas questões se acharem decididas no juízo criminal."

forma

O artigo 842 trata da forma da transação.[9] Segundo o dispositivo, esse contrato será sempre escrito, conceito que deriva, até mesmo, do bom senso – pois, afinal, as partes estão pacificando as suas divergências e "palavras no ar" são mais suscetíveis de gerar a cizânia. Ao colocar no papel, a tendência é a de diminuir o atrito (ou identificar perfeitamente onde ele reside).

Admite-se transação por instrumento público ou particular, dependendo do tema em discussão, pois pode ser que a lei exija tal formalidade. Isso vai ocorrer, por exemplo, se a transação envolver a transferência de um bem imóvel, caso em que será necessário um instrumento público, que possa ser levado ao registro.

Na transação particular, não é necessária a intervenção de advogados.

Se a transação se relacionou a questões discutidas em juízo, ela pode ser homologada pelo juiz ou por escritura pública. Caso homologada por juiz, o processo será extinto, com julgamento do mérito, segundo o artigo 487, III, b, do Código de Processo Civil,[10] que faz expressa referência à transação.

Caso uma parte decida questionar a validade de uma transação homologada por juiz, por meio de sentença, deverá recorrer a uma ação rescisória, visando a desconstituir um ato judicial, prevista no artigo 966 do Código de Processo Civil. Se, de outra ponta, a transação não for homologada judicialmente, a medida para anulá-la será a ação anulatória, na qual se indicará o vício material que inquina o ato.

De toda sorte, vale registrar que, na eventual medida para anular uma transação, o juiz, a princípio, deve analisar os seus aspectos externos. Apenas excepcionalmente aprecia-se o conteúdo do acordo.

interpretação restritiva

Segundo o artigo 843, a interpretação da transação é sempre restritiva.[11] Isso faz todo sentido. Normalmente, a transação é construída da discussão que vai do crucial e passa pelos detalhes. Assim, natural que as partes tenham apreciado dedicadamente a sua redação. Não se pode buscar interpretar o que foi escrito de forma ampliativa.

objeto

A segunda parte do artigo 843 traz um dos temas mais polêmicos acerca da transação: a possibilidade de, por meio dela, haver a transferência de direitos. Para a doutrina clássica, que, aliás, foi

---

9 "Art. 842. A transação far-se-á por escritura pública, nas obrigações em que a lei o exige, ou por instrumento particular, nas em que ela o admite; se recair sobre direitos contestados em juízo, será feita por escritura pública, ou por termo nos autos, assinado pelos transigentes e homologado pelo juiz."

10 "Art. 487. Haverá resolução de mérito quando o juiz: III - homologar: b) a transação;"

11 "Art. 843. A transação interpreta-se restritivamente, e por ela não se transmitem, apenas se declaram ou reconhecem direitos."

repetida pela lei, a transação serve apenas para reconhecer direitos, isto é, possui somente efeitos declaratórios.

Seguindo esse entendimento, a transação apenas declararia uma situação já existente, reconhecida, entretanto, por todas as partes envolvidas.

Parece falha essa linha porque se distancia do que ocorre, muitas vezes, na prática. Para solucionar seus litígios, não raro as partes envolvem outros bens ou direitos, inicialmente estranhos à lide. Tome-se a discussão acerca da propriedade, por exemplo, de uma casa. Duas pessoas – um ex-casal – divergem acerca da propriedade, cada qual reclamando-a para si. Nada impede que um deles, para extinguir o problema, 0ceda sua pretensão recebendo, em troca, um automóvel, como forma de negociar o acordo. Um dos cônjuges pode aceitar ficar com o tal carro e abrir mão de discutir a propriedade da casa. Faz-se então um contrato – uma transação –, por meio do qual ambas as partes cedem e opera-se a transferência da propriedade do carro e da casa. Não haverá, aqui, apenas uma declaração, porém um ato constitutivo.

Evidentemente, em muitos casos existe apenas uma declaração, situações nas quais não haverá a incidência de impostos, pois nela não se encontra fato gerador de tributos.

indivisibilidade

Outra característica marcante da transação é a sua indivisibilidade. De acordo com o artigo 848, anulada qualquer das cláusulas de transação, toda ela será nula.[12] Trata-se do conceito da indivisibilidade da transação.

Isso se justifica porque na transação os acordos são discutidos nos detalhes. As concessões, de lado a lado, são realizadas mediante outras concessões, vindas da contraparte. Caso se anulasse apenas um lado, a fina e sutil harmonia e o equilíbrio do negócio estariam comprometidos.

A transação é, portanto, um monólito. Para ela, não se aplica o conceito *utile per inutile non viciatur*. A única exceção é contida no parágrafo único do referido artigo 848.[13] Isso ocorrerá se ficar comprovada a falta de relação entre os dispositivos anulados com a harmonia geral do negócio.

res inter alios

O artigo 844 oferece outra importante regra: a transação é, como os demais contratos, *res inter alios*.[14] Ela apenas se dirige aos transatores, não afetando terceiros.

---

12 "Art. 848. Sendo nula qualquer das cláusulas da transação, nula será esta."

13 Parágrafo único do artigo 848: "Parágrafo único. Quando a transação versar sobre diversos direitos contestados, independentes entre si, o fato de não prevalecer em relação a um não prejudicará os demais."

14 Art. 844. A transação não aproveita, nem prejudica senão aos que nela intervierem, ainda que diga respeito a coisa indivisível.

Os parágrafos desse artigo 844, entretanto, apresentam as exceções a essa regra.[15]

Segundo o § 1º, o fiador fica desobrigado se houver a transação. Trata-se de uma consequência óbvia. A fiança é um negócio acessório, que, por consequência, segue o destino do negócio principal.

Os parágrafos 2º e 3º indicam que a transação também afetará os obrigados solidários, tanto no caso da solidariedade passiva como ativa. Isso faz sentido porque, na solidariedade, o co-devedor pode ser cobrado pela integralidade da dívida, enquanto na solidariedade ativa o co-credor encontra-se autorizado a cobrar a totalidade do crédito. Se esse débito ou crédito for transacionado, o co-devedor ou co-credor solidário fatalmente sofrerá os efeitos do ato.

Isso, entretanto, não ocorrerá se a co-devedor ou co-credor solidário se referir apenas a parte da dívida.

Caso um bem seja transferido como parte da transação e, depois, descobrir-se que quem o transferiu não tinha poderes para tanto (havendo, pois, evicção), a parte prejudicada não poderá reclamar a invalidade da transação, registra o artigo 845.[16]

Evidentemente, a parte prejudicada pode suscitar as perdas e danos que sofreu.

Veja-se que esse dispositivo do artigo 845 acaba por admitir que, na transação, exista a transferência de um bem, em contradição com a segunda parte do artigo 843, na crítica antes referida.

cláusula penal

O artigo 847 faz menção à possibilidade de as partes estipularem uma pena convencional para o caso de um transator descumprir o ajustado.[17] Em rigor, a lei não precisaria admitir a estipulação dessa pena contratual, pois é lícito estabelecer essa disposição, independentemente dessa específica disposição.

Possivelmente, o legislador levou em conta o fato de que a inclusão de cláusula penal em transação é situação comum. Como as partes experimentaram uma discussão, na qual, comumente, discutem os valores, natural que elas desejem, ao estabelecer um acordo, já prever o montante devido no caso de inadimplemento.

Os efeitos da transação homologada, como antes se mencionou, são os da coisa julgada.

15 § 1º Se for concluída entre o credor e o devedor, desobrigará o fiador.

16 "Art. 845. Dada a evicção da coisa renunciada por um dos transigentes, ou por ele transferida à outra parte, não revive a obrigação extinta pela transação; mas ao evicto cabe o direito de reclamar perdas e danos."

17 "Art. 847. É admissível, na transação, a pena convencional."

erro de direito

Esse negócio pode ser anulado pelos vícios que inquinam os atos jurídicos. O dispositivo trata apenas dos vícios da vontade. Aliás, o artigo 849 relaciona esses vícios,[18] mas deixa de fora o erro de direito, o *error iuris*.

Em seguida, o parágrafo único do mesmo artigo repete o conceito de que o vício de direito não anula a transação.[19]

Não se anula a transação por erro da interpretação do direito – erro de direito –, anula-se apenas por erro de fato. O dispositivo é inteligente e justificável em negócios dessa natureza. Afinal, muitas vezes, as divergências existem exatamente por conta de disputa de interpretação legal. Ao transacionar, as partes cedem, a fim de que prevaleça uma determinada orientação. Por isso, o Código Civil veda que, após celebrar a transação, uma das partes reclame o erro de direito. Não fosse assim, as discussões seriam eternas, pois haveria a possibilidade de um transator suscitar a anulação do ato sob o fundamento de que não compreendeu bem, – do ponto de vista das implicações legais, – seu ato, arrependendo-se posteriormente do acordo celebrado.

O erro admitido como apto a anular a transação é aquele referente à pessoa ou à coisa.

O artigo 849 tampouco faz referência à lesão, de sorte que esse vício também pode ser suscitado como fundamento de nulidade do ato.

invalidade

Por derradeiro, o artigo 850 menciona outras duas hipóteses de invalidade da transação. A primeira, antes mencionada, ocorre se a transação for feita embora já existisse decisão judicial que solucionava de forma definitiva o litígio, o que era desconhecido por uma das partes. Evidentemente, não se fala aqui de sentença ou acórdão ainda sujeito a recurso. A decisão capaz de gerar a invalidade é a definitiva, que extingue o impasse jurídico. Sem incerteza, não haveria mais lugar para a transação.

A outra hipótese, também referida no artigo 850, se relaciona a que se descubra, depois de firmada a transação, que nenhuma das partes possuía direito sobre o seu objeto. Em outras palavras, as partes discutiam e litigavam sobre algo a que nenhuma delas tinha qualquer direito. A transação, portanto, será nula.

18 "Art. 849. A transação só se anula por dolo, coação, ou erro essencial quanto à pessoa ou coisa controversa."

19 Parágrafo único do artigo 849: "Parágrafo único. A transação não se anula por erro de direito a respeito das questões que foram objeto de controvérsia entre as partes."

Compromisso

O nome compromisso é um galicismo. Deriva do termo "compromis" de origem francesa. Trata-se, por assim dizer, de uma espécie de transação, na qual as partes indicam um terceiro (ou terceiros), denominado árbitro, para decidir sobre um tema que elas disputam. Esse terceiro ou terceiros escolhidos pelas partes irão, uma vez compreendido o objeto do debate, dar uma solução à lide, apresentando uma decisão acerca da contenda.

No Código de 1916, assim como a transação, o compromisso era colocado entre as formas de extinção das obrigações. O Código de 2002, valendo-se de mais técnica, identifica o compromisso como uma espécie de contrato, por meio do qual as partes escolhem árbitros para solucionar a disputa surgida entre elas.

Na sistemática do Código Civil de 1916, as partes, depois de receber a decisão do árbitro, ainda poderiam discutir o tema judicialmente, uma vez que o laudo arbitral não possuía força cogente. Muito comumente, aquele que recebesse uma decisão adversa corria para o Judiciário, buscando uma nova decisão (preferencialmente favorável), tornando o compromisso de pouca utilidade prática.

Lei de Arbitragem

Isso acabou com o advento da Lei nº 9.307, de 23.9.1996, a Lei de Arbitragem. Ela conferiu ao laudo emanado pelo árbitro o efeito de uma decisão judicial definitiva, fortalecendo o instituto da arbitragem.

Logo após a edição da norma, discutiu-se muito a sua constitucionalidade. Para alguns, o nosso ordenamento jurídico não poderia conviver com a arbitragem, diante da garantia constitucional, prevista no artigo 5º, XXXV, da Constituição Federal, que protege o amplo acesso ao Judiciário.

Acabou prevalecendo, corretamente, a ideia de que as partes têm o poder de dispor, tratando-se de direitos patrimoniais, da forma como o seu litígio será resolvido, renunciando à jurisdição estatal, para entregá-la a uma pessoa, ou um grupo de pessoas, da confiança mútua. O artigo 853 do Código Civil remete o tema à referida lei especial.[1]

Assim, a menção, contida no Código Civil, ao compromisso deixa de ter maior sentido prático, pois o tema é examinado por norma específica sobre a arbitragem.

O compromisso, no Código Civil, é tratado por apenas três artigos, que, em rigor, são desnecessários. Como veremos, o primeiro, artigo 851, admite o compromisso;[2] o segundo – o artigo 852[3] – diz, de forma torta, que ele se aplica apenas às questões estritamente patrimoniais; finalmente o terceiro, artigo 853, como dito acima, remete a regulação do tema para a Lei de Arbitragem.

Como se disse, a grande mudança advinda da Lei de Arbitragem, em comparação com o compromisso previsto no Código Civil, consiste na força dada à decisão do árbitro. De acordo com a regra da Lei de Arbitragem, a parte, depois de recebida a decisão da arbitragem, não pode questionar no Judiciário o conteúdo – ou seja, a correção – da sentença arbitral. Permite-se, somente, discutir aspectos externos, como os vícios da independência do árbitro, ou um erro de procedimento.

especialidade

A arbitragem tem larga utilização no exterior e constitui um meio eficaz de solucionar conflitos. Para situações de temas específicos que demandam um conhecimento particular – como, por exemplo, uma discussão que envolva aspectos técnicos da construção de grandes embarcações – possivelmente a arbitragem será o meio mais indicado, pois se pode apontar um árbitro, munido de intimidade com a matéria objeto do debate.

direitos disponíveis

Assim como na transação, apenas se admite a arbitragem sobre direitos patrimoniais disponíveis. Exatamente por isso, não é possível firmar compulsoriamente a arbitragem, por exemplo, em contratos de consumo ou nas disputas que envolvam direitos indisponíveis, como se dá no caso da filiação.

cláusula compromissória

A arbitragem é prevista, na maior parte das vezes, por meio de cláusula compromissória, na qual, inserida em um contrato, se

---

1 "Art. 853. Admite-se nos contratos a cláusula compromissória, para resolver divergências mediante juízo arbitral, na forma estabelecida em lei especial."

2 "Art. 851. É admitido compromisso, judicial ou extrajudicial, para resolver litígios entre pessoas que podem contratar."

3 "Art. 852. É vedado compromisso para solução de questões de estado, de direito pessoal de família e de outras que não tenham caráter estritamente patrimonial."

renuncia à jurisdição estatal. Pode ser também que, ao longo de uma relação contratual, as partes convencionem que eventuais questões decorrentes daquele negócio serão decididos por meio de arbitragem, muitas vezes já indicando uma instituição que se encarregará dos aspectos procedimentais.

Segundo o artigo 3º da Lei nº 9.307, de 23.9.1996:

> "Art. 3º As partes interessadas podem submeter a solução de seus litígios ao juízo arbitral mediante convenção de arbitragem, assim entendida a cláusula compromissória e o compromisso arbitral."

Ninguém, salvo em um caso patológico, celebra um contrato para divergir. Ao contrário, a essência do contrato reside na convergência das vontades: é um ato de harmonia.

As partes experientes, entretanto, sabem que, no curso da relação, pode sobrevir algum conflito. Mais ainda, as pessoas mudam – e, por vezes, perdem a razão. Ofélia, personagem de *Hamlet*, registra que "sabemos o que somos, mas não o que seremos." Shakespeare coloca essa frase na boca de alguém que perdeu o juízo: portanto, tampouco ela sabe o que é e, logo, muito menos o que será. Como a vida demonstra: as situações mudam e as pessoas mudam – conflitos surgem onde antes reinava uma profunda harmonia.

Quem julgará esses eventuais litígios?

Como se disse, as partes de um determinado contrato podem estabelecer, de antemão, que renunciam à jurisdição estatal, estabelecendo a arbitragem como meio de solução de eventual controvérsia.

O artigo 4º da Lei de Arbitragem define a cláusula compromissória:

> "Art. 4º A cláusula compromissória é a convenção através da qual as partes em um contrato comprometem-se a submeter à arbitragem os litígios que possam vir a surgir, relativamente a tal contrato.
>
> § 1º A cláusula compromissória deve ser estipulada por escrito, podendo estar inserta no próprio contrato ou em documento apartado que a ele se refira."

Estabelece-se, dessa forma, um vínculo eventual, que apenas ocorre se sobrevier um litígio entre os contratantes.

Na maior parte das vezes, a cláusula compromissória é estabelecida no próprio contrato, que visa a outro fim. Nada impede, como registra a própria lei, que ela seja estipulada em um documento apartado, como um aditamento ao contrato original. Trata-se, portanto, de um pacto acessório.

Requer-se dela uma mínima formalidade. Sem isso, não pode ser exigida por qualquer das partes e imposta a outra. Admite-se, entretanto, que se comprove o consentimento com a cláusula compromissória, por exemplo, pela troca de e-mails.

A cláusula compromissória é feita de forma preventiva. Ela fica aguardando, em potência, a verificação de um litígio, para, apenas então, revelar a sua força.

O ordenamento, de toda forma, concede a essa estipulação uma força peculiar, pois a cláusula compromissória tem natureza autônoma em relação ao contrato no qual se encontra inserida. Assim expressamente registra a citada Lei de Arbitragem:

> "Art. 8º A cláusula compromissória é autônoma em relação ao contrato em que estiver inserta, de tal sorte que a nulidade deste não implica, necessariamente, a nulidade da cláusula compromissória."

compromisso arbitral

Diante disso, em uma eventual discussão acerca da existência, validade e eficácia dessa cláusula ou do contrato no qual ela se encontra, caberá ao árbitro, e não ao juiz estatal, a primeira apreciação dos temas. Como registra Pedro Batista Martins, "Havendo estipulação compromissória, a arbitragem deverá ser instituída, mesmo se aparentemente patológica, pois a discussão sobre a sua existência, validade e eficácia se processa em sede de arbitragem."[4]

Instaurado o litígio, as partes elegem o tribunal arbitral, que pode ser composto por um ou mais árbitros, obrigatoriamente em número ímpar, por força do artigo 13, § 1º, da Lei de Arbitragem.[5]

O momento da indicação do árbitro revela-se fundamental. Afinal, a arbitragem será boa ou ruim fundamentalmente em função dos árbitros, cuja decisão – espera-se: correta, inteligível, apurada e rápida – será um espelho da competência e integridade dos julgadores.

A guerra mais famosa da antiguidade nasceu em decorrência da má escolha do árbitro. Diz a lenda que, em determinado momento, as três mais poderosas deusas do Olimpo – Afrodite, Hera e Atenas –disputavam um pomo de ouro, com a seguinte inscrição: "À mais bela". Não foi fácil encontrar alguém que se dispusesse a atuar como árbitro. Finalmente, Paris, um príncipe troiano, exilado no Peloponeso, aceita o encargo: caberia a ele decidir qual das deusas ficaria com

4 Pedro Batista Martins, Apontamentos sobre a Lei de Arbitragem, Rio de Janeiro, Forense, 2008, p. 62.

5 Parágrafo 1º do artigo 13 da Lei nº 9.307/96: "§ 1º As partes nomearão um ou mais árbitros, sempre em número ímpar, podendo nomear, também, os respectivos suplentes."

o pomo. De forma sub-reptícia, as três deusas buscaram cooptá-lo. Cada uma oferece algo. Hera a riqueza, Atenas o poder e Afrodite o amor. Paris acaba aceitando a última oferta e elege Afrodite como vencedora da arbitragem. As duas deusas derrotadas não perdoam o príncipe. Logo após o processo, Paris conhece e seduz a lindíssima Helena, que era casada com Menelau, soberano de uma cidade grega. Paris e Helena fogem para Troia. Os gregos se unem para resgatar Helena, ajudados pelas deusas, derrotadas na arbitragem. Como se vê, o mais célebre conflito da mitologia grega se deu por uma arbitragem mal feita, na qual o árbitro permitiu que sua decisão fosse afetada pela oferta das partes.

Escolhidos os árbitros, cumpre às partes, aí incluídos os árbitros, assinarem a convenção de arbitragem. Trata-se, em rigor, do contrato de arbitragem.

A celebração do termo de arbitragem não pode preceder à escolha dos árbitros porque estes também devem firmar esse contrato. Bem vistas as coisas, os árbitros se vinculam ao negócio, contraindo deveres e direitos, como a de proferir a decisão sobre a causa que lhe é submetida, assim como receber uma remuneração pela sua atividade.

Nesse contrato, portanto, as partes indicam os aspectos básicos do litígio, tais como a qualificação das partes e dos árbitros, além de identificar a matéria objeto da lide, cuja solução foi submetida ao tribunal arbitral.[6]

O propósito desse contrato consiste em estabelecer as regras que vão reger o processo de solução de conflitos entre as partes. O acordo, portanto, funciona como um meio para se atingir outro fim.

---

6 Segundo o artigo 10 da Lei de Arbitragem, eis as informações que necessariamente devem constar do compromisso:

Art. 10. Constará, obrigatoriamente, do compromisso arbitral:

I - o nome, profissão, estado civil e domicílio das partes;

II - o nome, profissão e domicílio do árbitro, ou dos árbitros, ou, se for o caso, a identificação da entidade à qual as partes delegaram a indicação de árbitros;

III - a matéria que será objeto da arbitragem; e

IV - o lugar em que será proferida a sentença arbitral

LEASING

O leasing é um contrato sofisticado, desenvolvido recentemente. Tem sua origem nos Estados Unidos. Seu nome deriva do termo inglês "lease", ou seja, arrendar.

O seu conceito encontra-se, deficientemente, definido no parágrafo único ao artigo 1º da Lei nº 6.099, de 12.9.1974, depois alterado pela Lei nº 7.132, de 26.10.1983.[1] No Brasil, o instituto recebeu o nome de arrendamento mercantil, embora siga muito conhecido pela denominação original: leasing. A doutrina nacional, em um primeiro momento, viu esse negócio com certa perplexidade, tentando encaixá-lo em algum tipo contratual pré-existente, como a compra e venda ou a locação.[2] Depois, reconheceu suas características peculiares, merecendo tratamento próprio. O instituto é regulado pela mencionada Lei nº 6.099, alterado pela Lei nº 7.132, de 21.10.83.

sujeitos

As partes desse negócio são, de um lado, o arrendante (ou arrendatário), normalmente, pessoa jurídica, embora possa ser pessoa física, e, de outro, a arrendadora, necessariamente uma pessoa jurí-

1 "Parágrafo único - Considera-se arrendamento mercantil, para os efeitos desta Lei, o negócio jurídico realizado entre pessoa jurídica, na qualidade de arrendadora, e pessoa física ou jurídica, na qualidade de arrendatária, e que tenha por objeto o arrendamento de bens adquiridos pela arrendadora, segundo especificações da arrendatária e para uso próprio desta. "

2 Ver Waldirio Bulgarelli, Contratos Mercantis, 3ª ed., São Paulo, Atlas, 1984, p. 355 e seguintes.

dica. A arrendadora deve adotar a forma jurídica de uma sociedade anônima, segundo o artigo 4º da Resolução nº 2.309 do Banco Central. Além disso, aplicam-se a elas, diz o mesmo dispositivo, as condições estabelecidas para o funcionamento de instituições financeiras. Devem receber autorização do Banco Central para atuar (artigo 3º da Resolução 2.309) e têm sua atividade regulada pelo Banco Central.

objeto

No leasing, o arrendante, que pretende usar certo bem móvel infungível, ajusta com a arrendadora – uma instituição financeira – que esta adquira esse bem e, imediatamente em seguida, o alugue para ele. Fica estabelecido que, ao final de um prazo previamente fixado, o arrendante tem a faculdade de, se quiser, adquirir tal bem. Haverá, claro, a possibilidade de o arrendante devolver o bem ou seguir com a locação.

valor

O valor da prestação paga pelo arrendante, enquanto usar o bem do arrendador, normalmente é superior que o valor de mercado da locação. Isso porque nessa locação com promessa de compra e venda há um financiamento. Assim, pode-se dizer que o leasing é um misto de compra e venda, locação e financiamento.

Há, bem vistas as coisas, uma garantia enorme da arrendadora, pois ela é a dona do bem dado em leasing.

operação financeira

Suas características mais marcantes residem em ser uma operação financeira, com a participação de um intermediário, em haver a retenção da propriedade pelo arrendador e no fato de que a posse do bem permanece com o arrendatário. Além disso, o valor pago pelo arrendatário é um misto de aluguel com início de compra e há uma opção, para o arrendatário, ao final do prazo: adquirir o bem pagando o preço residual, renovar o aluguel ou devolver a coisa.

Como se mencionou, o leasing tem uma história recente. Ele passa a se desenvolver como leasing industrial, levado adiante por grandes empresas, como a multinacional IBM, que desejavam colocar seus produtos no mercado. A IBM, por exemplo, oferecia aos seus clientes a possibilidade de ficar com o bem, como uma locação, porém com a possibilidade, passado algum tempo, de compra. Dessa forma, permitia-se que o comerciante, mesmo sem a disponibilidade imediata do capital, adquirisse o produto.

Há o registro de que uma sociedade americana, chamada U.S. Leasing Corporation passou a praticar o modelo desse negócio, adquirindo bens – muitas vezes automóveis – para que os alugasse ajustando-se a possibilidade de, depois de certo prazo, que o locatário adquirisse o bem, objeto do arrendamento. Isso se deu em 1952. A sociedade prosperou e a partir daí vieram outras, seguindo o modelo.

Em pouco tempo, surgiram sociedades dedicadas ao leasing em diversos outros países.

Entre nós, como dito, o negócio foi regulamentado apenas em 1974, por meio da Lei nº 6.099, embora o leasing já fosse praticado antes. A lei não primava pela técnica e cuidava, acima de tudo, dos aspectos tributários dessa operação.

oneroso e formal

Trata-se de um contrato oneroso e formal, pois requer prova escrita. O leasing não possui natureza de contrato real, mas consensual.

Entre os tipos de leasing conhecidos encontra-se o leasing financeiro, no qual, por proposta do arrendatário, a financeira/arrendadora adquire o material e celebra o contrato de leasing.

elementos

O artigo 5º da Lei nº 6.099, indica elementos que devem necessariamente constar do contrato.[3] Dentre os mais relevantes se encontram a perfeita descrição do bem, a fim de que possa ser identificado o prazo do arrendamento – normalmente de 2 a 5 anos –; o valor da contraprestação, seus critérios de reajuste e a forma de exercício da opção de compra.

Cumpre lembrar que, no leasing, paga-se também o valor de depreciação do equipamento.

leasing operacional

Outro tipo é o leasing operacional, no qual há a locação de instrumentos, com a possibilidade, ao final do prazo, de compra ou de rescisão. Nestes casos, o arrendador é o fabricante do material ou do instrumento. Em regra, nesses casos, quem recebe o instrumento obtém da arrendadora a assistência técnica, com a manutenção do bem dado em arrendamento.

lease back

Outra forma é o "Lease Back", previsto no artigo 9º da Lei nº 6.099, com a alteração da Lei nº 7.132. Nesses casos, uma pessoa vende a outra certo bem e, imediatamente em seguida, toma esse bem em arrendamento mercantil. Com isso, o tomador e arrendatário ganha liquidez, o que pode ser conveniente ao seu negócio.[4]

3 "Art 5º Os contratos de arrendamento mercantil conterão as seguintes disposições:

a) prazo do contrato;

b) valor de cada contraprestação por períodos determinados, não superiores a um semestre;

c) opção de compra ou renovação de contrato, como faculdade do arrendatário;

d) preço para opção de compra ou critério para sua fixação, quando for estipulada esta cláusula."

4 "Art. 9º - As operações de arrendamento mercantil contratadas com o próprio vendedor do bem ou com pessoas jurídicas a ele vinculadas, mediante quaisquer das relações previstas no art. 2º desta Lei, poderão também ser realizadas por instituições financeiras expressamente autorizadas pelo Conselho Monetário Nacional, que estabelecerá as condições para a realização das operações previstas neste artigo."

características

O leasing pode ser visto, como se disse, como a conjunção de alguns negócios. Ao entregar a coisa, aproxima-se da locação, embora com ela não se confunda. O arrendatário, assim como na locação, deve usar a coisa conforme a sua finalidade. Ou, ao menos, como a sua finalidade convencionada.

As diferenças centrais entre a locação e o leasing podem ser as seguintes: (a) o preço da prestação no leasing é superior: isso porque o leasing funciona muitas vezes como uma forma de financiamento para a aquisição do bem; (b) ao final do prazo ajustado no contrato, o locatário devolve o bem ao locador ou renova a locação, enquanto, no leasing, há uma terceira opção para o arrendatário: ele pode adquirir o bem. A faculdade da escolha pertence ao arrendatário; e (c) na locação, o risco da perda é do dono, ao passo que, no leasing, excepcionalmente, o arrendatário a suportará.

Há também no leasing claros aspectos de compra e venda, embora financiada. Isso porque a empresa de leasing atua como financiadora. A rigor, a principal atividade da sociedade que o concedeu o arrendamento é financiar a eventual compra do bem. Eis porque o preço pago pelo arrendatário é superior ao da locação.

O pagamento feito pelo arrendatário pode ser sucessivo, em prestações mensais, por exemplo, ou de trato único. Não há forma prévia fixada e isso pode ser estabelecido pelas partes.

extinção

O contrato de leasing se encerra com a morte do arrendatário, se este for pessoa física, com o término do prazo ou pelo inadimplemento das obrigações. Esta última hipótese ocorre, por exemplo, se o arrendatário deixa de pagar a sua prestação. O arrendador pode reclamar a devolução do bem e a devolução do dinheiro, servindo o contrato como título executivo. O negócio também se encerra em decorrência do perecimento do bem ou por acordo das partes.

Bibliografia

AHRENS, Enrique. *História Del Derecho*, Buenos Aires, Editorial Impulso, 1945.

ALVES, José Carlos Moreira. Direito Romano, 14ª ed., Rio de Janeiro. Forense, 2007.

_______. Direito Romano, vol II, 6ª Ed., Rio de Janeiro, Forense, 1997.

ANDRIGHI, Nancy e Sidney Beneti. Comentários ao novo código civil, Vol. IX., Rio de Janeiro, Forense, 2008.

ANDRIGHI, Nancy *et al.*. Comentários ao artigo 608 do Código Civil. in: SÁLVIO DE FIGUEIREDO TEIXEIRA (coord). Comentários ao Novo Código Civil – vol. IX. Rio de Janeiro: Forense, 2008.

AMOROSO LIMA, Alceu. *Introdução ao Direito Moderno*, 4ª ed., Rio de Janeiro, Editora PUC, 2001.

ASSIS, Araken de. *Contratos Nominados*, Vol. 2, 2ª ed., São Paulo, Ed. Revista dos Tribunais, 2009.

AZEVEDO, Antonio Junqueira. *Princípios do Novo Direito Contratual e Desregulamentação do Mercado, Direito de Exclusividade nas Relações Contratuais de Fornecimento, Função Social do Contrato e Responsabilidade Aquiliana do Terceiro que contribui para Inadiplemento Contratual, in* Revista dos Tribunais, nº 750, São Paulo, ed. RT, 1998.

BARROS MONTEIRO, Washington de., Maluf, Carlos Alberto Dabus, Tavares da Silva, Regina Beatriz. Curso de Direito Civil 5, Direito das Obrigações, 2ª parte, 36ª ed., São Paulo, Saraiva, 2009.

BETTI, Emilio. *Teoria General Del Negócio Jurídico*, Madrid, Editorial Revista de Derecho Privado.

BEVILAQUA, Clóvis. Código Civil dos Estados Unidos do Brasil Comentado, vol. V, Rio de Janeiro, Livraria Francisco Alves, 1957.

_______. Código Civil dos Estados Unidos do Brasil, vol. 5, 10ª ed. Rio de Janeiro, Livraria Francisco Alves, 1954.

BONFANTE, Pietro. Histoire du Droit Romaine, tome premier, Paris, Sirey, 1928.

_______. Instituzioni di Dirrito Romano, ottava edizione, Milano, casa Editrice Dottor Francesco Villardi, 1925.

BULGARELLI, Waldirio. Contratos Mercantis, 3ª ed., São Paulo, Atlas, 1984.

CALLIÈRES, François de. Negociar: a mais útil das artes, Rio de Janeiro, Edições de Janeiro, 2018.

CÂMARA, Alexandre Freitas. *Comentários à Reforma da Lei de Locações*, Rio de Janeiro, Ed. Lúmen Juris, 2010.

CAPANEMA, Sylvio, José Guilherme Vasi Werner e Thiago Cardoso Neves. Direito do Consumidor, Rio de Janeiro, Forense, 2018.

CASES, José Maria Trepat Código Civil Comentado, Vol. VIII, São Paulo: Editora Atlas, 2003.

CASTRO NEVES, José Roberto de. Direito das Obrigações, 7ª Ed., Rio de Janeiro, GZ Editora, 2017.

_______. O Direito das Obrigações, 6ª ed., Rio de Janeiro, GZ Editora, 2016.

_______. O Direito das Obrigações, 2ª ed., Rio de Janeiro, GZ Editora, 2009.

_______. O Código do Consumidor e as Cláusulas Penais, 2ª ed., Rio de Janeiro, Forense, 2006.

CAVALCANTI, José Paulo. *Sobre o Ato ou Negócio Jurídico de Procuração*, Fasa, Recife, 1992.

CAVALIERI, Sergio. Programa de Direito do Consumidor, São Paulo, Atlas, 2008

CHAMOUN, Ebert. *Instituições de Direito Romano*, Rio de Janeiro, Ed. Forense, 1951.

COELHO, Fabio Ulhôa. *Curso de Direito Civil*, Vol. 3, São Paulo: Saraiva, 2005.

COMPARATO, Fabio Konder. *O Seguro de Crédito*, São Paulo, RT, 1968.

CRETELLA JÚNIOR, José. *Curso de Direito Romano*, 26ª ed., Rio de Janeiro, Forense, 2001.

DICKSTEIN, Marcelo. *A boa-fé objetiva na modificação tácita da relação jurídica: surrectio e suppressio*, Rio de Janeiro, Lúmen Júris, 2010.

FACHIN, Luiz Edson. Contrato de Comissão: caracterização no estatuto mercantil e a guarda da matéria na codificação introduzida pela Lei nº 10.406, de 10 de janeiro de 2002, *Questões do Direito Civil Contemporâneo Brasileiro*, Rio de Janeiro, Renovar, 2008.

FERGUSON, Niall. *A Ascensão do Dinheiro*, São Paulo: Editora Planeta, 2009.

FILHO, Espínola. *A Locação Residencial e Comercial*, vol. I, São Paulo, Livraria Freitas Bastos, 1956.

FILHO, Nagib Slaibi. A Obrigação de Diligência e a Responsabilidade Civil do Profissional Liberal, Revista da EMERJ, v. 9, nº 36, 2006.

FORGIONI, Paula Andréa. *Contrato de Distribuição*, São Paulo, Ed. Revista dos Tribunais, 2005.

GAMA, Guilherme Calmon Nogueira da. *Função Social no Direito Civil*, São Paulo, Atlas, 2007.

GILISSEN, John. *Introdução Histórica ao Direito*, Lisboa, Fundação Calouste Gulbekian, 1979.

GOFF, Jacques Le. *A Idade Média e o dinheiro*, Rio de Janeiro, Editora Civilização Brasileira, 2013.

GOMES, Orlando. *Direitos Reais*. 21ª ed., Rio de Janeiro. Forense, 2012.

_______. *Contratos*, 26ª ed., Rio de Janeiro, Forense, 2008.

GOMES, Luiz Roldão de Freitas. *Contrato*, Rio de Janeiro, Renovar, 1999.

GONÇALVES, Carlos Roberto. Direito Civil Brasileiro 3, 9ª ed., São Paulo, Saraiva, 2012.

_______. Direito Civil Brasileiro 3, 7ª ed., São Paulo, Saraiva, 2010.

_______. Direito Civil Brasileiro, 2ª Ed., São Paulo: Saraiva, 2006.

_______. Direito Civil Brasileiro – vol. III. São Paulo; Saraiva, 2004.

GROPPALI, Alessandro. *Introdução ao Estudo do Direito*, 3ª ed., Coimbra. Coimbra Editora, 1978.

GAGLIANO, Pablo Stolze e Rodolfo Pamplona Filho, Novo Curso de Direito Civil, Tomo 2, Vol. IV, São Paulo, Saraiva, 2008.

IHERING, Rudolf Von. *A luta pelo direito*, 12ª ed., Rio de janeiro, Forense, 1992.

_______. *A evolução do direito*, 2ª ed., Salvador, Livraria Progresso, 1956.

_______. *O espírito do direito romano*, v. III, Rio de Janeiro, Alba Editora, 1943.

JUNIOR, Nelson Nery e Rosa Maria de Andrade Nery. Código Civil Comentado, 8ª ed. , São Paulo, Editora Revista dos Tribunais, 2011.

KING, Ross. *O Domo de Brunelleschi*, São Paulo, Record, 2013.

LEITÃO, Luís Manuel Teles de Menezes. *Garantia das Obrigações*, 2ª ed., Coimbra, Almedina, 2008.

LEVITT, Steven D. e Stephen J. Dubner, *Freakonomics*, 7ª ed., Rio de Janeiro, Elsevier, 2005.

LOPES, Serpa. *Curso de Direito Civil*, Vol. IV, 5ª ed., Rio de Janeiro, Freitas Bastos Editora, 1999.

MACKELDEY, F. *Derecho Romano*, Madrid, A. Ramirez, 1844

MARTINS, Pedro Batista. *Apontamentos sobre a Lei de Arbitragem*, Rio de Janeiro, Forense, 2008.

MARTINS, Sérgio Pinto. Cláusula de não concorrência inserida no contrato de trabalho. In: Revista de Direito do Trabalho, vol. 107, 2002.

MARTINS-COSTA, Judith. *A Boa-Fé no Direito Privado*, São Paulo, Marcial Pons, 2015.

MARKY, Thomas. *Curso Elementar de Direito Romano*, 8ª Ed., São Paulo, Saraiva, 1995.

MATOS PEIXOTO, José Carlos. *Curso de Direito Romano*, 4ª ed., Rio de Janeiro, Haddad Editor, 1960.

MAYNZ, Charles. *Cours de Droit Romain*, Tome Deuxième, Bruxelas, Bruylant-Christophe & Cie Libraires-Éditeurs, 1877.

MENDONÇA, Carvalho de. Tratado de Direito Comercial Brasileiro, vol. II, 1963.

MIRANDA, Pontes de, Tratado de Direito Privado, 2ª ed., Tomo VI, Parte Geral, 1955.

_______. Tratado de Direito Privado, vol. 3, Rio de Janeiro, Editora Brsoi, 1954.

MIRANDA CARVALHO, E. V. de. "A responsabilidade quinquenal do empreiteiro e a exceção do art. 1.245 do Código Civil", Revista dos Tribunais, RT n° 116/3, nov. 1938.

MOREIRA ALVES, José Carlos. *Direito Romano*, vol. II, 6ª ed., Rio de Janeiro, 1997, Forense.

MORTIMER, Ian. Séculos de Transformações, Rio de Janeiro, Difel, 2018.

NADER, Paulo. *Curso de Direito Civil, Contratos*, vol. 3, 3ª ed., Rio de Janeiro, Forense, 2008.

NASCIMENTO, Walter Vieira. *Lições de História do Direito*, 14ª ed., Rio de Janeiro, Forense, 2003.

NEGREIROS, Teresa. *Teoria dos Contratos*, Rio de Janeiro, Renovar, 2002.

NEVES, Thiago Ferreira Cardoso Neves. Contratos Mercantis, 2ª ed., Rio de Janeiro, GZ, 2018.

OLIVEIRA, Lauro Laertes de. *Da Fiança*, São Paulo, Saraiva, 1981.

PAIVA, Alfredo de Almeida. Aspectos do Contrato de Empreitada, Edição Revista Forense, 1955.

PASQUALOTTO, Adalberto. *Contratos Nominados III*, São Paulo, Ed. RT, 2008.

PENTEADO, Luciano de Camargo. *Efeitos Contratuais Perante Terceiros*. São Paulo: Editora Quartier Latin, 2007, p. 122.

PETTER, Lafayete Josué. Princípios Constitucionais da Ordem Econômica, São Paulo, Revista dos Tribunais, 2008.

QUELLER, Donald E. The Office of Ambassador in the Middle Ages, New Jersey, Princeton Legacy Library, 1967.

RADBRUCH, Gustav. *Filosofia do Direito*, 6ª ed., Coimbra, Armênio Amado Editor, 1979.

REALE, Giovani. *Sofistas, Sócrates e Socráticos Menores*, 2ª ed., São Paulo, Loyola, 2013.

RIBEIRO, Renato Ventura Ribe Direito de Retenção do Contrato de Empreitada, Revista de Direito Privado 26/229, abr.jun/2006.

RIPERT, Georges. *Les Forces Créatrices Du Droit*, Paris, LGDJ, 1955.

_______. *A regra moral nas obrigações civis*, 2ª ed., Campinas, Bookseller, 2002.

RIZZARDO, Arnaldo. *Contratos*, 8ª ed., Rio de Janeiro, Forense, 2008.

_______. *Contratos*, 6ª Ed., Rio de Janeiro: Forense, 2006.

RUGGIERO, Roberto de. *Instituições de Direito Civil*, vol. III, São Paulo, Saraiva.

SÁ MENDES, Sergio. *Direito Romano Resumido*, 2ªed., Rio de Janeiro, Ed. Rio, 1978.

SALVO VENOSA, Silvio de. Direito Civil: Contratos em espécie e responsabilidade civil, São Paulo: Editora Atlas, 2001.

SANSEVERINO, Paulo de Tarso Vieira. *Contratos Nominados III*, 2ª ed., São Paulo, Ed. Revista dos Tribunais, 2011.

SCHREIBER, Anderson. *Direitos da Personalidade*, São Paulo, Atlas, 2011

SIDOU, J. M. Othon. *Fiança*, Rio de Janeiro, Forense, 2000.

SILVA, José Afonso da. Comentário Contextual à Constituição, 2ª ed. São Paulo, Malheiros Editores.

SILVA PEREIRA, Caio Mario da. Instituições de Direito Civil, Vol. III, 20ª ed., Rio de Janeiro, Forense, 2016.

_______. Contratos, vol. III, 12ª ed., Rio de Janeiro, Forense, 2007.

STACH, Reiner. *Is That Kafka*, Nova York, New Direction Books, 2016.

TEPEDINO, Gustavo et al.. Código Civil Interpretado, Vol. II., Rio de janeiro, Editora Renovar, 2006.

TEPEDINO, Gustavo et al. Comentários ao artigo 608 do Código Civil de 2002. In: Código Civil Interpretado Conforme a Constituição da República. Rio de Janeiro: Renovar, 2012.

THEODORO NETO, Humberto. *Efeitos Externos do Contrato*, Rio de Janeiro, Forense, 2007.

URBANO, Hugo Evo Magro Corrêa. A Eficácia Externa dos Contratos e a Responsabildiade Civil de Terceiros. In: Gustavo Tepedino e Luiz Edson Fachin (org.). Doutrinas Essenciais: Obrigações e Contratos – vol. IV.

WALD, Arnoldo. Obrigações e Contratos, 14ª ed., vol. II, Ed. Revista dos Tribunais, São Paulo, 2000.

WIEACKER, Franz. *História do Direito Privado Moderno*, 2 ed., Lisboa, Fundação Calouste Gulbekian, 1967.

WILSON, John. *Carriage of Goods by Sea*, 2ª ed., Londres, Pitman Publishing, 1993.

Este livro foi impresso nas oficinas gráficas da Editora Vozes Ltda.,
Rua Frei Luís, 100 – Petrópolis, RJ.